本书由复旦大学陈树渠比较政治发展研究中心资助出版

比较政治发展研究丛书
Comparative Political Development Studies

西方政党政治与民主危机

郭定平 ◎ 主编

PARTY POLITICS AND DEMOCRATIC CRISIS
IN WESTERN COUNTRIES

复旦大学出版社

前言 Preface

比较政治发展研究是政治学研究的重要领域，无论在东方还是在西方，其学术历史均源远流长，积累深厚。中国先秦诸子百家的思想家们在实地考察当时各国内政外交的基础上，对当时的政治发展有大量的精彩评论和深入分析，并深刻洞察和揭示了人类政治文明的一些发展规律。西方古希腊思想家柏拉图和亚里士多德对当时各个城邦的政治体制和公共生活也有广泛深入的比较研究，并奠定了西方比较政治发展研究的基础。古往今来，世界各国不仅创造了各具特色的政治制度类型，也走出了精彩纷呈的政治发展道路。这些均成为比较政治学研究取之不竭的素材和资源。

人类历史进入21世纪之后，世界政治正面临百年未有之大变局。一方面，近代以来的现代化与全球化浪潮席卷地球的每个角落，将各个国家和地区紧密联系起来，由于人流、物流、资金流、信息流的加速推进，人们的经济、社会和文化生活史无前例地处于相互影响和相互依赖之中。这种现代化和全球化在带来巨大进步和空前繁荣的同时，也潜存着各种隐患和危机，由此导致反现代化和逆全球化的现象层出不穷。另一方面，随着中国的快速发展和其

西方政党政治与民主危机

他新兴经济体的成长,世界大国关系和全球政治经济格局正在经历显著的变迁和重组。大国关系的调整和世界格局的重组历来都是充满矛盾和冲突的动荡过程。在此过程中,中国将发挥怎样的建设性作用,如何成为人类社会和平、发展、繁荣和稳定的中坚力量,就是一个引人瞩目的重大问题。因此,加强对世界各国政治发展的研究,促进中国与世界各国的相互理解,构建中国与外部世界的良性互动关系,就是一个非常紧迫的任务。

复旦大学陈树渠比较政治发展研究中心正是一个适应新时代要求应运而生的学术研究交流平台。中心成立于2012年春天,由香港宝声集团董事长陈耀璋先生为纪念早年曾在复旦大学政治学系任教的先人陈树渠博士而捐资建立。中心成立后,复旦大学国际关系与公共事务学院同仁以中心为平台,依托复旦大学的学术交流网络,邀请世界各国政治学科中具有国际领先水平的一流学者,建构比较政治发展研究的双边、多边互动关系,致力于比较政治学科领域的学术交流与沟通,开拓政治研究和发展的新领域、新方向。同时,我们也希望以中心为学术交流平台,有效推动政策对话,以促进国内实务界与学术界、政策研究部门和理论研究部门的交流,发挥中心汇集前沿学术动态、助力国家建设发展的功能。

中心的学术研究与交流工作主要分为三大类:第一类是组织、发布中心的年度课题项目,根据学术发展和国家建设的需要,每年选定年度课题的相关主题,资助20—30项研究课题,注重培养中青年政治学研究者。第二类是主办、协办或承办不同类型和规模的学术会议,推动学术交流,目前主要包括"世界政党与国家治理"年度论坛、北大-复旦"国家治理"深度学术论坛、复旦-人大"政治学知识体系"论坛、复旦"政治思想史"年度学术会议、中国-印度国家治理与发展合作论坛、金砖国家治理与发展年度会议等。第三类是邀请世界各国一流的政治研究学者来访讲学或短期授课,地域不限,五湖四海,时间灵活,长短均可;也欢迎一些学者顺访讲学。从这个意义上讲,中心不仅面向复旦大学,面向上海和中国,而且是面向世界各国政治学界的一个学术研究交流平台。

本书荟萃了中心 2020—2021 年度的部分优秀学术成果,内容包括课题研究论文精选和附录(附录包含学术会议精华综述和学术讲座精彩回顾两个部分)。本年度的课题研究论文聚焦"西方政党政治与民主危机",这是近年来比较政治学研究的重大主题(本书书名根据此主题确定),已经引起学界广泛关注和高度重视。我们精选了从不同视角研究这一主题的九篇论文,包括清华大学政治学系严宇博士的《差异化政府回应性:西方民主与经济不平等关系研究的前沿成果》、复旦大学社会科学高等研究院王中原博士的《新技术时代的西方选举:智能选举的算法过程、政治后果及其多圈层治理》等。其中,我们特地翻译了意大利著名政治学家、锡耶纳大学教授毛里齐奥·科塔关于欧洲政治的研究论文。我们希望这些最新研究成果有益于加深国内读者对西方政党政治与民主危机的理解。

2020 年初新冠肺炎(COVID-19)疫情的暴发极大地影响了人们的生活,也在很大程度上改变了世界多国政治发展的进程和世界政治格局。这一突如其来的新挑战既为比较政治研究带来了许多新的课题,也给我们的学术研究和交流造成了一些新的障碍。我们为此不得不暂停或取消了一些常规的学术交流活动,包括学术会议和学术讲座。但是,我们继续发布学术课题,成功组织了年度课题研究。随着国内疫情防控的进展,我们也抓住时机通过线上线下相结合的方式逐步恢复举办了部分学术会议和一些学术讲座。本书内容就是以2021年的相关学术成果为主编选而成。

中心的任何一项学术研究交流活动的开展均离不开很多领导、专家学者和学生的积极参与和大力支持。首先是香港宝声集团董事长陈耀璋先生持续捐资助学,支持我们中心的各项研究交流活动。其次是国内外各位专家学者积极参加学术会议、完成学术课题或者来访讲学,贡献他们的研究成果和学术智慧。再次是复旦大学校内的各位老师发挥积极性与主动性,协助组织和参与中心的各项活动,付出了大量的心血和辛勤的劳动。我们中心的老师和各位助管精心组织和安排每一项活动,保证了全年各项研究交流活动的顺利进行。复旦大学出版社副编审邬红伟先生非常关心和支持我们的学术活动并担任本书的责任编辑,他的专业水平和敬业精神为本书增色颇多。在此对长期关心、支持、参与中心各项学术研究交流活动的各位领导、专家、老师和同学表示衷心的感谢!

尽管我们一直积极努力,中心工作一定尚有不尽如人意之处,本书编辑整理方面的差错纰漏可能也在所难免,祈望各位专家和读者批评指正。

郭定平

2022年7月28日

于复旦大学文科楼研究室

目录 Contents

课题研究论文精选

差异化政府回应性：西方民主与经济不平等关系研究的前沿
　　成果　　　　　　　清华大学政治学系　严　宇 / 3
新技术时代的西方选举：智能选举的算法过程、政治后果及其
　　多圈层治理　　复旦大学社会科学高等研究院　王中原 / 28
脆弱性、柔韧性与回应性：长期危机下的欧洲精英体系
　　　　　　　　　　意大利锡耶纳大学　毛里齐奥·科塔 / 56
欧洲激进右翼政党代表性分析
　　　　　　　　　　　　燕山大学文法学院　朱炳坤 / 78
在自由与安全之间：突发公共卫生事件中的中美问责体制
　　比较
　　　　　　中共中央党校（国家行政学院）　梁玉柱 / 104
德国选择党的兴起与政党体制的多极化
　　　　　复旦大学国际关系与公共事务学院　王长鑫 / 137
瑞士"全政党政府"模式的形成
　　　　　　　　　　　中共上海市委党校　胡淑佳 / 159

中东欧和西欧族党核心诉求的差异及其内在逻辑
     上海政法学院政府管理学院 杨友孙
     上海政法学院语言文化学院 尹春娇 / 180
加拿大政党体制的转型与调整：卡特尔化与政党全国化
     复旦大学国际关系与公共事务学院 王晓青 / 211

附　录

（一）学术会议精华综述

第五届"复旦-政治思想史"会议综述　　　　　　　　 / 241
"第四届世界政党与国家治理论坛"会议综述　　　　　 / 245
"比较政党政治理论创新学术研讨会暨第十二届比较政治学
 论坛"会议综述　　　　　　　　　　　　　　　　 / 253

（二）学术讲座精彩回顾

王珏副教授主讲"科技人才的跨国流动与合作网络"　　 / 267
王珏副教授主讲"政府干预与创新行为效果研究"　　　 / 269
虞崇胜教授主讲"提升制度秉赋：超越制度优势的国家治理
 现代化目标"　　　　　　　　　　　　　　　　　 / 271
钱皓教授主讲"加拿大联邦大选后中加关系的走向"　　 / 275
陶然教授主讲"转型发展的中国模式"　　　　　　　　 / 277
张望教授主讲"岸田时代的日本政治与中日关系走向"　 / 281
王胜强教授主讲"现代人自由的三个层面"　　　　　　 / 286
徐勇教授主讲"长周期与中国政治"　　　　　　　　　 / 291
郭台辉教授主讲"中国政治学创新的历史资源"　　　　 / 297
佟德志教授主讲"何为政治？中国共产党百年政治话语体系
 及其变迁"　　　　　　　　　　　　　　　　　　 / 304
卢先堃教授主讲"世贸组织改革"　　　　　　　　　　 / 308

课题研究论文精选

差异化政府回应性：西方民主与经济不平等关系研究的前沿成果[*]

清华大学政治学系　严　宇

作为国家与社会关系的经典议题之一，政府回应性一直受国内外政治学界的广泛关注。罗伯特·达尔（Robert Dahl）曾指出："民主政体的关键特征之一就是政府持续地回应公众的偏好。"[①] 对政府回应性的早期研究基本集中于西方民主国家，这与理论界将政府回应性视为民主政府的根本要义有关。到目前为止，针对西方民主国家的研究已经从政治家的意识形态和决策行为、政策等角度探究了政府回应性的程度与成因，取得了丰硕成果，形成了较为完整的研究谱系。近年来，有关政府回应性与经济不平等关系的研究发现，西方民主政府对富人的回应程度要高于对中下层群体的回应程度。[②] 这引起了学界对民主制度良性运转的广泛关

---

[*] 本文部分内容已发表，参见严宇、孟天广：《修正还是强化：重访西方民主与经济不平等的关系》，《国外社会科学》2022年第1期，第108—119页。已发表内容在本文中略有修改。

[①] Robert A. Dahl, *Polyarchy: Participation and Opposition*, Yale University Press, 1971.

[②] Larry M. Bartels, *Unequal Democracy: The Political Economy of the New Gilded Age*, Princeton University Press, 2008; Martin Gilens, *Affluence and Influence: Economic Inequality and Political Power in America*, Princeton University Press, 2012; Nathan Kelly, *America's Inequality Trap*, University of Chicago Press, 2020; Brian Schaffner, Jesse Rhodes and Raymond La Raja, *Hometown Inequality: Race, Class, and Representation in American Local Politics*, Cambridge University Press, 2020.

注,并对贫富差距所引发的政治不平等产生了深切担忧。

最近十几年间,政府回应性与经济不平等关系的实证研究发展迅速,已经涌现出一批优秀成果。这些成果为论证经济不平等导致政府差异化回应提供了坚实的经验证据,明确了经济不平等与政治不平等之间的强相关关系。这些研究最初主要关注美国,近年来逐渐扩展到欧洲等地区。研究结果表明,经济不平等对政府回应性的影响似乎具有"普遍性",即便像民主历史悠久、制度成熟的德国、荷兰等欧洲国家都难以避免政府差异化回应的挑战。对于经济不平等如何引发差异化政府回应,学者们从不同角度展开了探索,现有研究视角可以归为三类:政治参与、政党政治和描述性代表。

通过对上述研究的总结提炼,本文试图做出以下两大贡献:一是引发读者对民主制度的深度思考,尤其是对当前全球范围内贫富差距扩大背景下,民主制度如何良性运行的理解。虽然以代议制为代表的现代民主政体出现较晚,历史较短,但是已经在世界范围内被民众所认可。即便人们并不一定了解民主制度的真正内涵和潜在问题,民主制度仍广受欢迎和追捧,被认为是解决所有政治问题的万能药。[1] 但事实并非如此。民主制度能否带来政治平等需要诸多条件,本文从经济资源分配的角度对这一问题进行了思考。二是丰富中国学界对政府回应性这一经典议题前沿研究的了解,为学界从比较视野推进相关研究提供借鉴。近年来,中国的政府回应性已经引发了学界广泛关注,并取得了初步成果。[2] 对相

---

[1] Doh Chull Shin and Hannah June Kim, "How Global Citizenries Think About Democracy: An Evaluation and Synthesis of Recent Public Opinion Research", *Japanese Journal of Political Science*, 2018, Vol. 19, No. 2, p. 222.

[2] Jidong Chen, Jennifer Pan and Yiqing Xu, "Sources of Authoritarian Responsiveness: A Field Experiment in China", *American Journal of Political Science*, 2016, Vol. 60, No. 2, pp. 383-400; Junyan Jiang, Tianguang Meng and Qing Zhang, "From Internet to Social Safety Net: The Policy Consequences of Online Participation in China", *Governance*, 2019, Vol. 32, No. 3, pp. 531-546; Tianguang Meng and Zheng Su, "When Top-Down Meets Bottom-Up: Local Officials and Selective Responsiveness within Fiscal Policymaking in China", *World Development*, 2021, Vol. 142, pp. 105-443.

关前沿研究的系统梳理能为国内学界开展比较研究、思考中国经验在概念和理论上的学术意义提供启发。

一、政府回应性：概念与研究谱系

作为连接政府和公众的关键纽带，政府回应性（government responsiveness）指的是政府对公共民意的吸纳、对公众需求积极采取措施加以满足的行为。① 与之关系密切的另一政治学概念是代表（representation）。② 二者的相似之处在于，政府是否代表公众可以用政府是否通过政策回应民意来衡量，这种代表方式也被称为政策性代表（policy representation）；不同之处在于，代表还有其他表现形式或类型，譬如，关注民选代表是否反映被代表者人口学特征的描述性代表（descriptive representation）③、聚焦于选举结果是否反映公共民意的选举性代表（electoral representation）。④

由于民意可以用意识形态、政治态度、政策偏好（包括政府开支）加以测量，有关政府回应性的研究也出现了如下三种视角：聚焦民意与政治家行为（包括议员、候选人等）关联性的双向回应性

---

① Stuart Soroka and Christopher Wlezien, *Degrees of Democracy: Politics, Public Opinion, and Policy*, Cambridge University Press, 2010.

② Hanna Fenichel Pitkin, *The Concept of Representation*, University of California Press, 1967.

③ Jane Mansbridge, "Should Blacks Represent Blacks and Women Represent Women? A Contingent 'Yes'", *Journal of Politics*, 1999, Vol. 61, No. 3, pp. 628-657; Anthony H. Birch, *Representation*, Praeger, 1971. Anthony H. Birch, *Concepts and Theories of Modern Democracy*, Routledge, 2002.

④ Gary W. Cox, *Making Votes Count: Strategic Coordination in the World's Electoral Systems*, Cambridge University Press, 1997; Arend Lijphart and Don Aitkin, *Electoral Systems and Party Systems: A Study of Twenty-Seven Democracies, 1945-1990*, Oxford University Press, 1994; Joseph A. Schumpeter, *Capitalism, Socialism and Democracy*, Routledge, 1976; Rein Taagepera and Matthew Soberg Shugart, *Seats and Votes: The Effects and Determinants of Electoral Systems*, Yale University Press, 1989.

(dyadic responsiveness)、关注政策产出的集体回应性(collective responsiveness)以及强调民意与政府循环互动的动态回应性(dynamic responsiveness)。这三种方式构成了民主国家政府回应性研究的主要谱系。显然,这三种视角的差异并不在同一个维度上,双向回应性关注的是政治家的态度与行为,而集体回应性则聚焦政策结果,因此二者在政府回应性的表现形式上有所不同。而动态回应性则反映了前两种研究视角的局限,即它们都只考察某一时点、时段内政府的回应程度。动态回应性要求公众与政府的互动关系应该是动态的、互为影响的。因此,第三种方式并非聚焦政府的回应结果,而是强调回应的动态特征。

这里本文简要介绍三种研究视角的主要成果。

首先,双向回应性是政府回应研究谱系中最早、也是最为常见的视角。[1] 该视角主要以政治家行为来衡量政府是否回应公众。作为双向回应性的经典研究,沃伦·米勒(Warren Miller)和唐纳德·斯托克斯(Donald Stokes)在1963年发表的论文提出,在美国选民可以通过两种路径影响议员的唱票表决(Roll Call Vote):一是选民通过选举,选出最接近其偏好的议员;二是选民通过表达自身偏好,影响议员对其偏好的认知。通过对20世纪50年代末期民意调查和政府公开数据的分析,两位作者发现议员行为对选民偏好的回应在所考察的三个政策领域——社会福利、外交事务和公民权中存在显著差异。其中,在社会福利领域,议员对选民的回应程度最强,其次是公民权领域,最后是外交事务。[2] 同样的,拉

---

[1] Stephen Ansolabehere, James M. Snyder and Charles Stewart Ⅲ, "Candidate Positioning in Us House Elections", *American Journal of Political Science*, 2001, pp. 136-159; Larry M. Bartels, *Unequal Democracy: The Political Economy of the New Gilded Age*, Princeton University Press, 2008; Robert S. Erikson, Michael B. MacKuen and James A. Stimson, *The Macro Polity*, Cambridge University Press, 2002; Warren E. Miller and Donald E. Stokes, "Constituency Influence in Congress", *American Political Science Review*, 1963, Vol. 57, No. 1, pp. 45-56.

[2] Warren Miller and Donald Stokes, "Constituency Influence in Congress", *American Political Science Review*, 1963, Vol. 57, No. 1, pp. 45-56.

里·巴特尔斯（Larry Bartels）在研究美国政府对社会各阶层的回应是否存在差异时，也主要通过对参议院议员的唱票表决开展研究。①

其次，政策回应性的研究视角从政策的内容、变动和意识形态切入，探讨政策是否体现了民意。第一，从政策内容切入的研究一般聚焦于某一特定政策领域，例如伽柏·西蒙诺维奇（Gabor Simonovits）等人聚焦美国各州的最低工资法，发现各州最低工资数额要比民众所希望的数额保守，即低 2 美元。② 第二，关注政策变动的研究则可以跨越政策领域的限制，以政策是否随着民意而变动来衡量政府回应的程度。代表性的著作如马丁·吉伦斯（Martin Gilens）的《财富与影响力》。③ 吉伦斯收集了美国联邦政府 1980 年到 2002 年制定的超过 2 000 份政策提案，通过考察政策是否随着民意偏好变动来研究政府回应。本杰明·佩奇（Benjamin Page）和罗伯特·夏皮罗（Robert Shapiro）的文章同样聚焦于政策变动与民意偏好变动的一致性。④ 第三，从意识形态角度切入的研究则聚焦于探究政策背后的意识形态是否反映了公众的意识形态。⑤ 通过意识形态视角开展研究的好处在于，意识形态不仅能够体现公众深层次的价值观，而且不容易受知识、情绪、他人等因素影响，更加稳定。

---

① Larry M. Bartels, *Unequal Democracy: The Political Economy of the New Gilded Age*, Princeton University Press, 2008.
② Gabor G. Simonovits, Andrew M. Guess and Jonathan J. Nagler, "Responsiveness without Representation: Evidence from Minimum Wage Laws in Us States", *American Journal of Political Science*, 2019, Vol. 63, No. 2, pp. 401-410.
③ Martin Gilens, *Affluence and Influence: Economic Inequality and Political Power in America*, Princeton University Press, 2012.
④ Benjamin I. Page and Robert Y. Shapiro, "Effects of Public Opinion on Policy", *American Political Science Review*, 1983, Vol. 77, No. 1, pp. 175-190.
⑤ Brian Schaffner, Jesse Rhodes and Raymond La Raja, *Hometown Inequality: Race, Class, and Representation in American Local Politics*, Cambridge University Press, 2020; Jan Rosset, Nathalie Giger and Julian Bernauer, "More Money, Fewer Problems? Cross-Level Effects of Economic Deprivation on Political Representation", *West European Politics*, 2013, Vol. 36, No. 4, pp. 817-835.

最后,动态回应性强调政府回应的动态特征和过程,即政府与民意是互为因果、互相影响的。政府对民意的回应所产生的结果,包括议员行为和政府政策,会影响、改变公众的偏好,而公众偏好的变动会进一步促使政府对其变动做出回应,最终形成政府与民意动态互动的良性循环。这种互为因果、互动循环的关系与大卫·伊斯顿(David Easton)所提出的系统论十分相似,因此动态回应性可以看作是伊斯顿系统论的一种表现形式。动态回应性的经典理论包括克里斯托弗·沃勒齐恩(Christopher Wlezien)所提出的"自动调温器模型"(The Thermostatic Model)[1]与罗伯特·埃里克森(Robert Erikson)等人提出的"宏观政治系统理论"(The Macro Polity)[2]。譬如,沃勒齐恩用"自动调温器"来比喻民意与政府回应的互动关系,其中民意是温度计,而政府则是调节温度的空调。[3] 该模型的提出源于美国普通家庭中所安装的温度调节系统。该模型的主要内容由三个相互关联的情境组成:第一,政策出台后,公众会形成一定的认知与态度。如果政策严重偏离公众的偏好,公众将通过某些渠道释放信号,让政府加以回应。第二,为应对民众对既有政策的态度,政府对政策作出调整。第三,当政策越来越满足公众的需求,公众要求改变政策的信号则开始减弱,此时民意与政策会达到平衡状态。沃勒齐恩等人指出该模型正常运作依赖于两种路径:一是公众通过选举间接影响政府行为;二是公众直接对政府施压,要求后者回应民意。

---

[1] Christopher Wlezien, "The Public as Thermostat: Dynamics of Preferences for Spending", American Journal of Political Science, 1995, Vol. 39, No. 4, pp. 981-1000.

[2] Robert S. Erikson, Michael B. MacKuen and James A. Stimson, *The Macro Polity*, Cambridge University Press, 2002.

[3] Christopher Wlezien, "The Public as Thermostat: Dynamics of Preferences for Spending", American Journal of Political Science, 1995, Vol. 39, No. 4, pp. 981-1000; Christopher Wlezien, "Dynamics of Representation: The Case of Us Spending on Defence", *British Journal of Political Science*, 1996, Vol. 26, No. 1, pp. 81-103.

二、经济不平等与差异化回应性

关于政府回应性的早期研究大多发现西方民主政府整体上确实回应了民众诉求。① 然而,近年来有关政府回应性和经济不平等关系的研究对此提出质疑,并指出西方民主政府的回应程度出现差异化趋势,其对富人的回应程度要强于对中下层民众的回应程度。② 经济不平等导致了政治影响力不平等、政府回应程度的不平等。

巴特尔斯较早就关注到经济不平等对美国政治的影响,他的研究启发了一系列后续研究。基于 1978 年、1980 年、1982 年美国

---

① Sara Binzer Hobolt and Robert Klemmensen, "Government Responsiveness and Political Competition in Comparative Perspective", *Comparative Political Studies*, 2008, Vol. 41, No. 3, pp. 309-337; Paul Burstein, "The Impact of Public Opinion on Public Policy: A Review and an Agenda", *Political Research Quarterly*, 2003, pp. 29-40; Warren Miller and Donald Stokes, "Constituency Influence in Congress," *American Political Science Review*, 1963, Vol. 57, No. 1, pp. 45-56; Anne Rasmussen, Stefanie Reher and Dimiter Toshkov, "The Opinion-Policy Nexus in Europe and the Role of Political Institutions", *European Journal of Political Research*, 2019, Vol. 58, No. 2, pp. 412-434; Robert Y. Shapiro, "Public Opinion and American Democracy", *Public Opinion Quarterly*, 2011, Vol. 75, No. 5, pp. 982-1017; Stuart N. Soroka and Christopher Wlezien, "Opinion-Policy Dynamics: Public Preferences and Public Expenditure in the United Kingdom", *British Journal of Political Science*, 2005, Vol. 35, No. 4, pp. 665-689.

② Martin Gilens, "Inequality and Democratic Responsiveness", *Public Opinion Quarterly*, 2005, Vol. 69, No. 3, pp. 778-796; Lawrence Jacobs and Theda Skocpol. *Inequality and American Democracy: What We Know and What We Need to Learn*, Russell Sage Foundation, 2005; Jeffrey A. Winters and Benjamin I. Page, "Oligarchy in the United States?", *Perspectives on Politics*, 2009, Vol. 7, No. 4, pp. 731-751; Jacob S. Hacker and Paul Pierson. *Winner-Take-All Politics: How Washington Made the Rich Richer and Turned Its Back on the Middle Class*. Simon and Schuster, 2010; Robert S. Erikson and Yosef Bhatti, "How Poorly Are the Poor Represented in the US Senate?", In Peter Enns and Christopher Wlezien, eds., *Who Gets Represented?*, Russell Sage Foundation, 2011, pp. 223-246; Benjamin I. Page, Larry M. Bartels and Jason Seawright, "Democracy and the Policy Preferences of Wealthy Americans", *Perspectives on Politics*, 2013, Vol. 11, No. 1, pp. 51-73.

国家选举调查（American National Election Studies，ANES）中的参议院唱票表决数据，巴特尔斯考察了高、中、低收入群体的意识形态偏好对美国参议院唱票表决行为的影响能力。结果表明，即便控制了参议员的党派归属，参议院对富人意见的回应程度要远高于对中产阶层和穷人意见的回应程度。其中，穷人几乎对参议院唱票表决行为没有任何影响。① 托马斯·海斯（Thomas Hayes）考察了美国第 107 届到第 111 届参议院（2001 年到 2011 年）议员唱票表决行为，他的发现与巴特尔斯相似，即议员对高收入选民的回应更强。② 难怪巴特尔斯会总结道，如果用亚里士多德的术语来说，美国更像是"寡头政体"，而不是"民主政体"；他认为如果一定要用民主政体来贴金的话，那美国很明显是不平等的民主政体。③

有关政策的研究同样发现富人的影响力更强。吉伦斯在《财富与影响力》一书中，考察了美国联邦政府从 1980 年到 2002 年制定的超过 2 000 份政策提案。④ 为测量各收入阶层的政策偏好，吉伦斯以收入分配 10%、50% 和 90% 分位点来定义穷人、中产阶层和富人，收集他们对各项政策变动的偏好，并分析这些偏好是否能在四年之内被政府所采纳。他发现富人意见对政策变化的影响能力要强于穷人和中产阶层，尤其是当富人与穷人意见相左较大时（差异超过 10%），富人的意见对政策的影响明显要强很多。吉伦斯和佩奇对美国 1 779 项政策议题的研究也发现经济精英和商业

---

① Larry M. Bartels, *Unequal Democracy: The Political Economy of the New Gilded Age*, Princeton University Press, 2008.
② Thomas J. Hayes, "Responsiveness in an Era of Inequality: The Case of the Us Senate", *Political Research Quarterly*, 2013, Vol. 66, No. 3, pp. 585-599.
③ Larry M. Bartels, *Unequal Democracy: The Political Economy of the New Gilded Age*, Princeton University Press, 2008.
④ Martin Gilens, *Affluence and Influence: Economic Inequality and Political Power in America*, Princeton University Press, 2012.

差异化政府回应性：西方民主与经济不平等关系研究的前沿成果

利益团体的影响力要远大于普通民众。①

近期有关美国州和地方政府的研究再次验证了政府差异化回应的存在。早期对美国州和地方政府的研究并没有区分不同收入阶层的偏好，所得出的结论也基本是积极正面的，即州政府是回应民众的，无论是从州议会的角度，②还是从政策角度看。③但是当学者将民意细分为穷人、中产阶层和富人时，美国州和地方政府对民意的回应性则受到质疑，对其民主性也提出了严峻挑战，因为这些最新研究发现美国州和地方政府对富人的回应性更强，官员行为和政府政策更能反映富人的偏好。④ 例如，布莱恩·沙夫纳（Brian Schaffner）等人发现地方政府的政策更能反映白人和富人的意识形态偏好；他们提出虽然种族对政府回应性的影响力仍然巨大，但经济不平等已经成为影响政府回应性的重要因素。⑤

随着最新研究将欧洲民主国家纳入考察范围，政府回应"因人

---

① Martin Gilens and Benjamin I. Page, "Testing Theories of American Politics: Elites, Interest Groups, and Average Citizens", *Perspectives on Politics*, 2014, Vol. 12, No. 3, pp. 564-581.

② Nathaniel A. Birkhead, "The Role of Ideology in State Legislative Elections", *Legislative Studies Quarterly*, 2015, Vol. 40, No. 1, pp. 55-82; Robert E. Hogan, "Policy Responsiveness and Incumbent Reelection in State Legislatures", *American Journal of Political Science*, 2008, Vol. 52, No. 4, pp. 858-873.

③ Robert S. Erikson, Gerald C. Wright and John P. McIver, *Statehouse Democracy: Public Opinion and Policy in the American States*, Cambridge University Press, 1993.

④ Patrick Flavin, "Income Inequality and Policy Representation in the American States", *American Politics Research*, 2012, Vol. 40, No. 1, pp. 29-59; Elizabeth Rigby and Gerald C. Wright, "Political Parties and Representation of the Poor in the American States", *American Journal of Political Science*, 2013, Vol. 57, No. 3, pp. 552-565.

⑤ Brian Schaffner, Jesse Rhodes and Raymond La Raja, *Hometown Inequality: Race, Class, and Representation in American Local Politics*, Cambridge University Press, 2020.

而异"的特征被发现同样存在于欧洲,且同样是对富人有利。① 伊维特·彼得斯(Yvette Peters)及其合作者考察了 20 个经济合作组织成员国的再分配开支与公众偏好的关系,数据分析表明国家再分配开支更符合富人偏好;而当富人和穷人偏好差异越明显时,国家对富人的偏好就越明显。② 这种对富人的"偏爱"在那些被普遍认为是相对平等的欧洲国家中也同样存在。利娅·埃尔赛瑟(Lea Elsässer)等人研究了 1980 年到 2013 年德国议会 746 项政策提案与公众偏好的关系,发现无论是经济政策还是文化政策,德国议会对高社会经济地位群体(包括高教育水平、高收入)的回应程度更高。③ 沃特·沙克尔(Wouter Schakel)研究了 1979 年到 2012 年荷兰 291 个政策变动与公众偏好的对应关系,发现荷兰政府对富人的政策回应程度要远高于对穷人和中产阶层的回应程度;对此,沙克尔解释道这是因为富人更加频繁地参与政治,才使得他们的偏好更容易体现在政策中。④

综上所述,日益丰富的实证研究已经发现政府回应性存在差异,政府对富人的回应要强于中产阶层和穷人。作为民主政体的核心要素,民选政府一直被期待能够平等地反映和

---

① Jan Rosset, Nathalie Giger and Julian Bernauer, "More Money, Fewer Problems? Cross-Level Effects of Economic Deprivation on Political Representation", *West European Politics*, 2013, Vol. 36, No. 4, pp. 817-835; Wouter Schakel and Armen Hakhverdian, "Ideological Congruence and Socio-Economic Inequality", *European Political Science Review*, 2018, Vol. 10, No. 3, pp. 441-465.

② Yvette Peters and Sander J. Ensink, "Differential Responsiveness in Europe: The Effects of Preference Difference and Electoral Participation", *West European Politics*, 2015, Vol. 38, No. 3, pp. 577-600.

③ Lea Elsässer, Svenja Hense and Armin Schäfer, "Not Just Money: Unequal Responsiveness in Egalitarian Democracies", *Journal of European Public Policy*, 2020, Vol. 28, No. 12, pp. 1-19.

④ Wouter Schakel, and Daphne Van Der Pas, "Degrees of Influence: Educational Inequality in Policy Representation", *European Journal of Political Research*, 2021, Vol. 60, No. 2, pp. 418-437.

差异化政府回应性：西方民主与经济不平等关系研究的前沿成果

回应民意。① 然而，这一期待已被研究证明是不符合实际的。在贫富差异日益扩大的背景下，政府对民众的回应不再是"一视同仁"，而是"区别对待"。在这个意义上，经济不平等带来了政治上的不平等，从而对民主政体的核心要义——平等产生了冲击。

随着欧美学界逐渐认识到经济不平等的加剧会导致政府出现差异化回应，学者们开始探究二者关系的作用机制，解释贫富差距何以使得政府更加回应富人的需求。目前对于机制的探讨还处于不断发展阶段，本文将现有研究大致归为以下三类，分别涉及政治参与、政党政治和描述性代表。政治参与机制指的是经济不平等背景下，富人要比其他群体更加频繁地参与政治。政党政治机制聚焦经济不平等对政党政治的影响，尤其是左派政党逐渐疏离中下层群体，使其无法再为后者代言。描述性代表机制指的是随着贫富差距扩大，民选代表（尤其是立法机构的议员）日益精英化，越来越少的代表出身于中下阶层，他们无法为中下层民众代言。

三、机制一：政治参与的不平等

经济不平等造成政府差异化回应的第一种作用机制是政治参与的不平等，具体而言是与中下阶层相比，富人愈发积极地参与公共事务，且对公共事务的影响力更强。如果按照经典的梅尔策-理查德模型（Meltzer-Richard Model，以下简称 MR 模型）推论，② 我们期待中下阶层会更有可能出于自身利益，通过制度化与非制度化渠道参与政治，促使政府颁布再分配政策来提高他们的福祉。然而，实证研究却并不支持这样的推断。目前有关经济不平等对

---

① Robert A. Dahl, *Polyarchy: Participation and Opposition*, Yale University Press, 1971.

② Allan H. Meltzer and Scott F. Richard, "A Rational Theory of the Size of Government", *Journal of Political Economy*, 1981, Vol. 89, No. 5, pp. 914-927.

政治参与的影响理论主要有三个：相对权力理论（Relative Power Theory）、资源理论（Resource Theory）和积怨理论（Grievance Theory）。

相对权力理论认为富人比穷人拥有更多的经济资源，因此前者要比后者更有影响力。[1] 富人强影响力体现在两方面：一方面，富人能够通过经济资源影响政治，阻止再分配政策等进入政府议程；[2]另一方面，富人甚至可以通过影响舆论，促使穷人放弃原来的政策偏好，[3]甚至转而支持对富人有利的政策。[4] 在这样的权力结构下，富人会持续影响政策决策，而穷人在看到政府无法回应他们的诉求后，会转而降低甚至停止政治参与。即使当政府整体的政策导向是偏向穷人，如讨论再分配效果更强的进步政策时，富人也有能力减缓、阻止这类政策的出台。[5] 根据相对权力理论，经济不平等会提高富人的政治参与度，而降低穷人的政治参与度。

资源理论更加强调个体在政治参与过程中需要付出的成本，如金钱、时间、技能、社会关系等。[6] 简单来讲，政治参与可以划分为制度化与非制度化两种方式：制度化方式如选举投票、联系议员；非制度化方式如示威游行。即便是成本最低的选举投票，也需

---

[1] Robert Goodin and John Dryzek, "Rational Participation: The Politics of Relative Power", *British Journal of Political Science*, 1980, Vol. 10, No. 3, pp. 273-292.

[2] Peter Bachrach and Morton S. Baratz, *Power and Poverty: Theory and Practice*, Oxford University Press, 1970.

[3] Steven Lukes, *Power: A Radical View*, Macmillan International Higher Education, 2004.

[4] Frederick Solt, "Economic Inequality and Democratic Political Engagement", *American Journal of Political Science*, 2008, Vol. 52, No. 1, pp. 48-60.

[5] Robert S. Erikson, "Income Inequality and Policy Responsiveness", *Annual Review of Political Science*, 2015, Vol. 18, No. 1, pp. 11-29.

[6] Henry E. Brady, Sidney Verba and Kay Lehman Schlozman, "Beyond Ses: A Resource Model of Political Participation", *American Political Science Review*, 1995, Vol. 89, No. 2, pp. 271-294; John M. de Figueiredo Jr., Stephen Ansolabehere and James Snyder, "Why Is There So Little Money in Us Politics?", *Journal of Economic Perspectives*, 2003, Vol. 17, No. 1, p. 105.

差异化政府回应性：西方民主与经济不平等关系研究的前沿成果

要成本，更不用说示威游行。在这些方面，富人远比穷人有优势。因此，该理论也认为经济不平等会促使富人更频繁地参与政治，无论是制度化还是非制度化情况下。

积怨理论提出相反的假设，认为经济不平等会促使穷人选择非制度化的政治参与方式。这一行为源于贫富差距所产生的相对剥削感，①人们的期望所得与实际所得之间存在巨大差距，怨念和被剥削感由此产生。随着不平等状况的恶化，穷人的相对被剥削感日益加强，促使他们采取非制度化的方式去表达他们的不满情绪与利益诉求。对于制度化的政治参与，如选举，穷人则报以质疑态度，因为持续扩大的贫富差距使得穷人怀疑政府是否已经被富人所控制，质疑制度化渠道已经无法回应他们的诉求。相对的，处于社会阶层顶端的富人，则因为没有这种怨念，所以不会热衷于非制度化的政治参与方式。

上述三种理论分别从社会阶层的影响力、资源与心理来研究经济不平等对政治参与的影响。相对权力理论和资源理论都关注民众影响政治的能力，认为富人要比穷人更频繁地参与、更有效地影响政治。那么在这种情况下，经济不平等会不断被强化。二者的不同之处在于，相对权力理论从权力结构的角度，关注富人作为一个整体如何影响政府决策、影响其他社会阶层的价值观与政治态度；而资源理论则从个体角度，更关注富人如何凭借自身丰富的经济资源的优势去参与政治活动，尤其是在面对成本较高的非制度化参与方式时，富人的经济优势更加明显。另一方面，积怨理论则强调心理与情绪的作用，认为贫富差距恶化会导致穷人相对被

---

① Ted Robert Gurr, *Why Men Rebel*, Routledge, 1971; Michael Lipsky, "Protest as a Political Resource", *American Political Science Review*, 1968, Vol. 62, No. 4, pp. 1144-1158; Iain Walker and Thomas F. Pettigrew, "Relative Deprivation Theory: An Overview and Conceptual Critique", *British Journal of Social Psychology*, 1984, Vol. 23, No. 4, pp. 301-310.

剥削感的增强,使其失去对政府和制度化参与方式的信任,选择非制度化方式施压于政府,要求降低不平等程度。

在现有实证研究中,相对权力理论和资源理论获得了更多的经验支持。就政治参与的性质看,现有研究可以分为制度化与非制度化参与两种方式。

一方面,有关制度化政治参与的研究发现富人的参与度更高。基于多个跨国社会调查数据,如欧洲晴雨表(Eurobarometer)、世界价值观调查(World Values Survey),弗雷德里克·绍尔特(Frederick Solt)运用多层次模型分析了民主国家中收入不平等对政治兴趣与选举投票行为的影响,[1]发现日益扩大的贫富差距会抑制民众对政治的兴趣程度和选举的参与程度,但是这一抑制作用对收入最高的20%富人并不显著。换言之,经济不平等抑制了中产阶层和穷人的政治参与,但对富人并没有影响。经济不平等对选举参与的抑制作用,在对美国州长选举的研究中也得到了经验证据的支持。[2] 在其他制度化政治参与方式方面,学者也有相似的发现。有关民间组织和竞选集会参与度的研究发现,在不平等加剧的环境下,富人的参与度更高。[3]

另一方面,对非制度化政治参与的研究还存在争议。绍尔特探究了经济不平等对请愿、联合抵制和合法示威游行这三种非暴力抗议行为的影响。基于对欧洲社会调查(European Social

---

[1] Frederick Solt, "Economic Inequality and Democratic Political Engagement", *American Journal of Political Science*, 2008, Vol. 52, No. 1, pp. 48-60.

[2] Frederick Solt, "Does Economic Inequality Depress Electoral Participation? Testing the Schattschneider Hypothesis", *Political Behavior*, 2010, Vol. 32, No. 2, pp. 285-301; J. Eric Oliver and Shang E. Ha, "Vote Choice in Suburban Elections", *American Political Science Review*, 2007, Vol. 101, No. 3, pp. 393-408.

[3] Michael Ritter and Frederick Solt, "Economic Inequality and Campaign Participation", *Social Science Quarterly*, 2019, Vol. 100, No. 3, pp. 678-688; Bram Lancee and Herman G. Van de Werfhorst, "Income Inequality and Participation: A Comparison of 24 European Countries", *Social Science Research*, 2012, Vol. 41, No. 5, pp. 1166-1178.

Survey)数据的多层次分析结果,绍尔特发现经济不平等同样只抑制了最富20%人之外阶层的政治参与。在不平等加剧的社会环境里,中产阶层与穷人减少了对请愿、联合抵制和合法示威游行的参与,富人则不受影响。① 其他有关欧洲的研究也支持了绍尔特的发现。②

总之,不同于经典 MR 模型所预测的那样,在经济不平等持续扩大的背景下,穷人并没有更加频繁地参与政治,无论是制度化方式,还是非制度化方式。相反,现有研究基本都发现富人的政治参与度更高。凭借着自身经济资源的优势,富人通过各类政治参与方式影响着政府。虽然富人这一群体内部也存在差异,例如党派归属的不同,但是他们在经济议题上的偏好明显要比穷人保守。③ 当富人通过更加频繁的政治参与影响政府时,即使在一个民主程序极其完善的国家,结果自然会是富人对政府的影响力更强,政府对富人的回应程度要强于对其他阶层的回应程度,政策最终也更多反映的是富人的偏好。

四、机制二:左派政党疏离中下层阶层

经济不平等导致政府差异化回应的第二种作用机制是影响政党,尤其是左派政党。政党对于民主政府的健康运转起到了至关

---

① Frederick Solt. "Economic Inequality and Nonviolent Protest", *Social Science Quarterly*, 2015, Vol. 96, No. 5, pp. 1314-1327.
② Joshua Kjerulf Dubrow, Kazimierz M. Slomczynski and Irina Tomescu-Dubrow, "Effects of Democracy and Inequality on Soft Political Protest in Europe: Exploring the European Social Survey Data", *International Journal of Sociology*, 2008, Vol. 38, No. 3, pp. 36-51; Andrea Filetti and Jan Germen Janmaat, "Income Inequality and Economic Downturn in Europe: A Multilevel Analysis of Their Consequences for Political Participation", *Acta Politica*, 2018, Vol. 53, No. 3, pp. 327-347.
③ Benjamin I. Page, Larry M. Bartels, and Jason Seawright, "Democracy and the Policy Preferences of Wealthy Americans", *Perspectives on Politics*, 2013, Vol. 11, No. 1, pp. 51-73.

重要的作用。通常由于意识形态和政策立场的差异,左派政党比右派政党更关注经济不平等问题,更关注穷人和中产阶层,因而更偏向用再分配政策来缩小贫富差距。① 这一论点在较早有关欧美、拉美的研究中得到了支持。② 譬如,玛吉特·塔维茨(Margit Tavits)和约书亚·波特(Joshua Potter)对 41 个国家近 450 个政党的研究发现,在经济不平等加剧的背景下,左派政党会强调经济议题,而右派政党则将焦点转移到非经济性的、以价值观念为主的议题(value-based),如宗教、民族、种族与移民。③ 后续的研究提出,政党对收入和财富分配的影响并不仅仅局限于税收、福利政策等再分配领域,经济资源的初始分配同样会受到政党力量的影响,包括对教育、培训、经济规制的方式。④

近期的实证研究从左派政党的政策立场与政策行为两个方面,对左派政党回应中下层民众、缩小贫富差距的观点提出质疑。首先,左派政党虽然与右派政党存在明显的意识形态差异,但并不意味着前者一定会为穷人和中产阶层的利益而发声。乔纳斯·蓬图森(Jonas Pontusson)和大卫·鲁埃达(David Rueda)研究了 1966 年到 2002 年经济合作与发展组织(Organization for Economic Co-

---

① Korpi, Walter. *The Working Class in Welfare Capitalism: Work, Unions and Politics in Sweden*. Routledge & Kegan Paul London, 1978; Stephens, John D. *The Transition from Capitalism to Socialism*. Springer, 1979.

② Huber, Evelyne, and Stephens, John D. *Democracy and the Left: Social Policy and Inequality in Latin America*. University of Chicago Press, 2012; Huber, Evelyne, and Stephens, John D. *Development and Crisis of the Welfare State: Parties and Policies in Global Markets*. University of Chicago Press, 2001.

③ Tavits, Margit, and Potter, Joshua D, "The Effect of Inequality and Social Identity on Party Strategies", *American Journal of Political Science*, 2015, Vol. 59, No. 3, pp. 744-758.

④ Kelly, Nathan J, "Political Choice, Public Policy, and Distributional Outcomes", *American Journal of Political Science*, 2005, Vol. 49, No. 4, pp. 865-880; Kelly, Nathan J. *The Politics of Income Inequality in the United States*. Cambridge University Press, 2009; Morgan, Jana, and Kelly, Nathan J, "Market Inequality and Redistribution in Latin America and the Caribbean", *The Journal of Politics*, 2013, Vol. 75, No. 3, pp. 672-685.

差异化政府回应性：西方民主与经济不平等关系研究的前沿成果

operation and Development，OECD）成员国中左派政党的政策立场。他们发现日益扩大的贫富差距会推动左派政党采取更左的再分配政策，但这种政策变化只有当低收入人群的投票参与率提高时才会出现。[①] 这意味着左派政党并不必然会采取再分配力度更强的政策，只有受到来自社会底层的压力时，这些政党才会有所行动。

如果蓬图森和鲁埃达的研究让我们认识到意识形态在塑造政党政策立场时是有条件的，那么近期关于美国政党政策的研究则让我们不得不担心在塑造政党立场时，意识形态是否已经让位于财富。伊丽莎白·里格比（Elizabeth Rigby）和杰拉尔德·赖特（Gerald Wright）考察了美国各州民主党和共和党候选人的政策立场，发现无论是在经济议题还是社会议题上，各州富人更能影响民主党候选人的政策立场，穷人几乎没有影响力。[②] 在美国，由于竞选公职需要巨额资源，即便是民主党和共和党存在意识形态差异，两党也将不得不更多考虑富人的偏好与需求。[③]

此外，20世纪70年代以来，以新自由主义为核心的华盛顿共识（The Washington Consensus）也已经改变了左派政党的政策立场。虽然共和党对此更为支持，但民主党人也越发偏爱使用市场方式来应对经济与社会问题。[④] 这意味着，两党在某些政策上有着相似的立场。以解除金融管制为例，这一政策变动被认为是收

[①] Pontusson, Jonas, and Rueda, David, "The Politics of Inequality: Voter Mobilization and Left Parties in Advanced Industrial States", *Comparative Political Studies*, 2010, Vol. 43, No. 6, pp. 675-705.

[②] Elizabeth Rigby and Gerald C. Wright, "Political Parties and Representation of the Poor in the American States", *American Journal of Political Science*, 2013, Vol. 57, No. 3, pp. 552-565.

[③] Nathan J. Kelly, *America's Inequality Trap*, University of Chicago Press, 2020; Francisco Rodriguez, "Inequality, Redistribution, and Rent-Seeking", *Economics & Politics*, 2004, Vol. 16, No. 3, pp. 287-320.

[④] Paul Krugman, "Competitiveness: A Dangerous Obsession", *Foreign Affairs*, 1994, Vol. 73, p. 28; Martha Derthick and Paul J. Quirk, *The Politics of Deregulation*, Brookings Institution Press, 2001.

入不平等显著恶化的主要原因之一。① 内森·凯利（Nathan Kelly）发现 20 世纪 80 年代以来金融管制政策的放松，主要原因之一就是民主党逐渐改变了其立场，对管制政策的态度越来越像共和党。在两党政策立场越发相似的背景下，最初的金融管制政策日益受到两党质疑，最终被废除。② 另一个则是福利政策，埃尔林·巴斯（Erling Barth）等人对 22 个经济合作与发展组织成员国的政党宣言进行了分析，发现当贫富差距扩大时，左派政党竟然会选择削减福利政策开支。由于政党宣言与政党获胜选后的实际政策行为存在紧密关联，福利收益确实会在左派政党执政时有所削减。③

因此，虽然我们预期左派政党要比右派政党更加关注经济议题，期待前者会更加关心社会中下层，使用再分配政策缩小贫富差距，但上文总结的实证研究却表明，左派政党对经济不平等的修正作用并非不证自明。社会中下层的政治参与、竞选资金的重要性、新自由主义的政策导向等因素都会影响左派政党的政策立场和行为。这些因素对左派政党的影响不仅弱化了政党和政府（当左派政党执政时）对中下层民众的回应，甚至还会强化富人对政府的影响，加剧了政府回应的差异性。

五、机制三：民选代表精英化

经济不平等导致政府差异化回应的第三个作用机制是描述性代表。在汉娜·皮特金（Hanna Pitkin）的经典论述中，描述性代

---

① Thomas Philippon and Reshef, Ariell. "Wages and Human Capital in the Us Financial Industry: 1926-2006", NYU Stern Working Paper, 2008.

② Nathan J. Kelly, *America's Inequality Trap*, University of Chicago Press, 2020.

③ Erling Barth, Henning Finseraas and Karl O. Moene, "Political Reinforcement: How Rising Inequality Curbs Manifested Welfare Generosity", *American Journal of Political Science*, 2015, Vol. 59, No. 3, pp. 565-577.

差异化政府回应性：西方民主与经济不平等关系研究的前沿成果

表指的是民选代表和其代表群体存在着相似特征，包括性别、种族、民族、社会经济地位等背景性维度。① 描述性代表作为第三个机制加剧了政府差异化回应，是指随着贫富差距扩大，民选代表的社会经济背景越来越精英化，导致政府愈发难以反映社会各阶层的组成结构，描述性代表的程度下降。在这种情况下，中下阶层越来越难以在政府中找到代言人，其声音也就越来越难出现在决策过程中，最终使得他们的利益无法得到有效回应。与此相反的是，富人的意见偏好在精英化的政府却能够得到了足够的、甚至是过多的认可和回应。在这两种趋势的共同作用下，政府回应自然而然倒向了富人，远离了中下阶层。尼古拉斯·卡恩斯（Nicholas Carnes）在《白领政府》一书中就提到在美国，工人阶层出身的议员在经济政策上通常会偏向再分配力度强的政策，但他们极少能成功地改变政策，因为他们的人数太少了。②

描述性代表这一机制要发挥作用，还需要将实质性代表纳入考量。实质性代表（substantive representation）强调的是民选代表在行为和结果上回应了被代表者的诉求，即在实质意义上实现了利益诉求的代表和回应。③ 描述性代表之所以能够加剧差异化的政府回应，就在于议员的偏好和行为与其社会阶层密切相关，描述性代表产生了实质性代表。④ 譬如，富人阶层出身的议员在理

---

① Hanna Fenichel Pitkin, *The Concept of Representation*, University of California Press, 1967.
② Nicholas Carnes, *White-Collar Government: The Hidden Role of Class in Economic Policy Making*, University of Chicago Press, 2013.
③ Hanna Fenichel Pitkin, *The Concept of Representation*, University of California Press, 1967.
④ Wouter Schakel and Armen Hakhverdian, "Ideological Congruence and Socio-Economic Inequality", *European Political Science Review*, 2018, Vol. 10, No. 3, pp. 441-465; Jan Rosset and Christian Stecker, "How Well Are Citizens Represented by Their Governments? Issue Congruence and Inequality in Europe", *European Political Science Review*, 2019, Vol. 11, No. 2, pp. 145-160; Christophe Lesschaeve, "Finding Inequality in an Unlikely Place: Differences in Policy Congruence between Social Groups in Belgium", *Acta Politica*, 2017, Vol. 52, No. 3, pp. 361-383.

念、态度、偏好等方面都与富裕选民高度契合,因而在执政过程中会偏向有利于富人或者至少符合富人阶层利益的政策。描述性代表与实质性代表之间的强关联在现有文献中已经得到验证。①

当前,民选代表社会经济背景的精英化倾向在西方发达国家已经变得十分明显。② 卡恩斯研究美国国会发现,多年来工人(the working class)占美国总劳动力的50%左右,但工人出身的国会议员所占比例一直不超过2%;在美国的州议会,这一情况更加严重,自2000年以来,州议会中工人出身的议员比例正在逐渐下降。③ 埃尔赛瑟等人发现虽然德国议会联邦议院(Bundestag)不像美国国会那样是"百万富豪俱乐部",但其中高学历、高社会经济地位的议员数量过多;例如德国联邦议院中85%的议员拥有大学学

---

① 例如 Kathleen A. Bratton and Leonard P. Ray, "Descriptive Representation, Policy Outcomes, and Municipal Day-Care Coverage in Norway", *American Journal of Political Science*, 2002, Vol. 46, No. 2, pp. 428-437; Nicholas Carnes, "Does the Numerical Underrepresentation of the Working Class in Congress Matter?", *Legislative Studies Quarterly*, 2012, Vol. 37, No. 1, pp. 5-34; John D. Griffin, "When and Why Minority Legislators Matter", *Annual Review of Political Science*, 2014, Vol. 17, No. 1, pp. 327-336; Lena Wängnerud, "Women in Parliaments: Descriptive and Substantive Representation", *Annual Review of Political Science*, 2009, Vol. 12, No. 1, pp. 51-69.

② Heinrich Best, "New Challenges, New Elites? Changes in the Recruitment and Career Patterns of European Representative Elites", *Comparative Sociology*, 2007, Vol. 6, No. 1-No. 2, pp. 85-113; Nicholas Carnes and Noam Lupu, "Rethinking the Comparative Perspective on Class and Representation: Evidence from Latin America", *American Journal of Political Science*, 2015, Vol. 59, No. 1, pp. 1-18; Geoffrey Evans and James Tilley, *The New Politics of Class: The Political Exclusion of the British Working Class*, Oxford University Press, 2017; John D. Griffin and Claudia Anewalt-Remsburg, "Legislator Wealth and the Effort to Repeal the Estate Tax", *American Politics Research*, 2013, Vol. 41, No. 4, pp. 599-622; Tom O'Grady, "Careerists Versus Coal-Miners: Welfare Reforms and the Substantive Representation of Social Groups in the British Labour Party", *Comparative Political Studies*, 2019, Vol. 52, No. 4, pp. 544-578.

③ Nicholas Carnes, *The Cash Ceiling: Why Only the Rich Run for Office and What We Can Do about it*, Princeton University Press, 2018.

历，但选民中这一比例只有15%。① 沙克尔关于荷兰的研究也得到了相似结果。② 他发现1994年至2012年荷兰议会第二院(The Second Chamber)共有549位民选议员,根据2008年国际职业标准分类,③其中364人(约三分之二)是管理者,157人(29%)是专业技术人员,只有剩余的28人(5%)属于其他职业类别。而2003年至2012年,根据荷兰国家统计部门公布的结果,荷兰全国劳动力中只有7%是管理者,17%是专业技术人员。不难看出,荷兰议会的议员组成结构已经跟社会阶层结构相去甚远,议员职业身份业已高度精英化。

对于议员精英化趋势的成因,卡恩斯关于美国国会的研究提供了重要的思考方向,他认为竞选资源和招募策略是美国国会为何少有工人议员的主要原因。④ 一方面,参选需要巨大的资源投入,包括金钱、时间、精力和社会关系,这些对中下层民众来说是巨大的负担。这种情况下,选举无疑偏爱那些拥有资源的群体,而富人无疑是被"偏爱"的那个群体。在美国,鉴于竞选资金的重要性,仅金钱一项就足以阻退中下层出身的候选人。卡恩斯通过问卷调查发现工人阶层参选,其最主要的担心就是竞选过程所带来的失业和收入减少。另一方面,政党的领袖和候选人招募者(recruiter)本身就不鼓励和扶持工人去竞选。在观念上,政党领袖和招募者认为拥有资源和社会关系的候选人更有能力赢得选举,而工人是难以拥有这些优势的。在实际招募过程中,招募者又

---

① Lea Elsässer, Svenja Hense and Armin Schäfer, "Not Just Money: Unequal Responsiveness in Egalitarian Democracies", *Journal of European Public Policy*, 2020, Vol. 28, No. 12, pp. 1-19.

② Wouter Schakel, "Unequal Policy Responsiveness in the Netherlands", *Socio-Economic Review*, 2021, Vol. 19, No. 1, pp. 37-57.

③ The 2008 International Standard Classification of Occupations.

④ Nicholas Carnes, *The Cash Ceiling: Why Only the Rich Run for Office and What We Can Do about it*, Princeton University Press, 2018.

常常依赖于自身的社交网络寻找合适的候选人,在他们的社交网络中,工人是很少的。这就造成了最终招募来的候选人极少来自工人阶层。

在贫富差距持续加剧的背景下,竞选资源和招募策略会进一步恶化中下阶层参与竞选的环境。一方面,竞选需要大量资源。在贫富差距扩大的背景下,尤其是当前经济资源高度集中于富人阶层的现实环境下,富人参选的可能性要远远高于中下阶层。另一方面,随着富人拥有越来越多的资源,政党的领袖和招募者会愈发偏爱这一群体,同时也会越来越无心从中下阶层中寻找和扶持候选人。卡恩斯发现在美国,贫富差距越大的州,州议会中工人出身的议员就越少。[①] 不过,目前对于上述推论的实证研究还处于初级阶段,今后学界应加大研究力度。

综上所述,作为连接经济不平等与政府差异化回应的第三种机制,描述性代表首先影响了西方民主国家立法机构的人员构成,然后再通过议员的态度和行为影响国家的政策,产生实质性后果。随着贫富差距的扩大,越来越多的议员社会经济出身和身份的精英化,政府行为逐渐偏向富人阶层、疏离中下阶层。两种趋势同步发展加剧了政府回应的不均衡水平。

六、总结与讨论

至此,我们发现经济不平等与政治不平等紧密关联,以及存在三个作用机制。即便在以政治平等为核心的民主国家,经济不平等仍然会产生政治不平等,给民主政体的良性运转带来广泛且负面的影响。经济资源的分配对政治的影响一直是学界密切关注的

---

① Nicholas Carnes, *The Cash Ceiling: Why Only the Rich Run for Office and What We Can Do about it*, Princeton University Press, 2018.

差异化政府回应性：西方民主与经济不平等关系研究的前沿成果

重要议题之一。① 早在古希腊时期，亚里士多德就提出经济利益对于政体形式的重要意义，他指出正宗政体——即君主政体、贵族政体和民主政体——维护全城邦的利益；而变态政体中的僭主政体、寡头政体和平民政体则分别以个人、富户和穷人的利益为目标，抛弃了城邦整体利益。② 到了当代，查尔斯·蒂利（Charles Tilly）指出："不平等对基本的政治过程有着深入的影响，它构成了政治生活的主要基础和限制。不平等对于政治过程的影响是持续强化的。"③达尔关注不同群体对政府影响力的大小，强调民主政体的核心是政治平等。④ 因此，他晚年对美国政治平等忧心忡忡，担心持续扩大的经济不平等会导致政治平等的实质性下降。⑤

虽然民主国家"每人一票"的制度安排带来了形式上的政治平等，但贫富差距却造成了实质上的不平等。资源分配的差异不仅损害了社会中下阶层的政治影响力，还使得政党组织和国家机器更多服务于富有人群，从而无益于提升全社会的福祉。当前，日益扩大的贫富差距无疑成为民主政体的头号敌人之一。这一问题在美国尤为严重，难怪巴特尔斯会把美国民主称为"不平等的民主"，⑥雅各布·哈克（Jacob Hacker）和保罗·皮尔森（Paul Pierson）则称之为"赢者通吃的政治"。⑦ 对于西方成熟的民主国

---

① Alexis De Tocqueville, *Democracy in America*, Bantam Classics, 2000; Harold D. Lasswell, *Politics: Who Gets What, When, How*, McGraw-Hill Book Co., 1936.
② 参见［古希腊］亚里士多德：《政治学》，吴寿彭译，商务印书馆1965年版。
③ Charles Tilly, *Durable Inequality*, University of California Press, 1998, p. 223.
④ 参见［美］罗伯特·达尔：《现代政治分析》，吴勇译，中国人民大学出版社2012年版。
⑤ 参见［美］罗伯特·达尔：《论政治平等》，谢岳译，上海世纪出版集团2010年版。
⑥ Larry M. Bartels, *Unequal Democracy: The Political Economy of the New Gilded Age*, Princeton University Press, 2008.
⑦ Jacob S. Hacker and Paul Pierson, *Winner-Take-All Politics: How Washington Made the Rich Richer and Turned Its Back on the Middle Class*, Simon and Schuster, 2010.

家而言,如何能够控制并减少经济不平等不仅仅是经济问题,同样也是政治问题,甚至是关乎政体稳定的头等大事。

政府回应性研究在中国同样具有重要的学术和现实意义。国家治理现代化是党的十八大,特别是十九届四中全会以来中国政府特别关注的重要议题。面对日益丰富、复杂的公众诉求,如何维持好政府与社会之间的全面良性互动关系,是实现国家治理现代化的重要方面一。近年来,有关中国的相关实证研究成果陆续涌现,①为政府回应性研究的前沿推进提供了转型国家的案例。现有研究大多从社会中心的角度探讨中国政府回应的原因和机制,包括公众诉求的政策领域、情感特征、话语方式等维度,以及公众诉求所形成的舆情压力。②

不同于西方民主国家对中下阶层的忽视,中国政府在回应社会诉求时十分关注底层民众的需求。在人民网领导留言板上,有相当比例的网民留言,其内容涉及底层民众、欠发达的农村和城郊地区,这些留言促使政府更加关注社会福利政策、扩大低保政策的

---

① 韩冬临、吴亚博:《中国互联网舆情热点与地方政府回应——基于〈中国社会舆情年度报告〉(2009—2013) 的分析》,《公共行政评论》2018 年第 2 期,第 137—159、193 页;孟天广、李锋:《网络空间的政治互动:公民诉求与政府回应性——基于全国性网络问政平台的大数据分析》,《清华大学学报》(哲学社会科学版)2015 年第 3 期,第 17—29 页;Yoel Kornreich, "Authoritarian Responsiveness: Online Consultation with 'Issue Publics' in China", *Governance*, 2019, Vol. 32, No. 3, pp. 547-564; Zheng Su and Tianguang Meng, "Selective Responsiveness: Online Public Demands and Government Responsiveness in Authoritarian China", *Social Science Research*, 2016, Vol. 59, pp. 52-67.

② 李锋、孟天广:《策略性政治互动:网民政治话语运用与政府回应模式》,《武汉大学学报》(人文科学版)2016 年第 5 期,第 119—129 页;Greg Distelhorst and Yue Hou, "Ingroup Bias in Official Behavior: A National Field Experiment in China", *Quarterly Journal of Political Science*, 2014, Vol. 9, No. 2, pp. 203-230; Gary King, Jennifer Pan and Margaret E. Roberts, "How Censorship in China Allows Government Criticism but Silences Collective Expression", *American Political Science Review*, 2013, Vol. 107, No. 2, pp. 326-343.

覆盖度。① 自 2013 年开展"精准扶贫"以来,中国高度重视贫困问题,经过多年的攻坚克难,终于在 2021 年初宣布中国在现行标准下实现了农村贫困人口的全部脱贫,在脱贫攻坚战中取得了举世瞩目的成就。② 上述表明,中国政府在回应社会诉求时尤为关注底层民众。未来可对这一结论进行系统的跨国比较分析,探究在贫富差距日益加剧的背景下,不同政治制度如何影响政府回应性。中国的实践经验或能提供新的理论视角和启发,推动政府回应性的跨国比较和理论创新。

---

① Junyan Jiang, Tianguang Meng, and Qing Zhang, "From Internet to Social Safety Net: The Policy Consequences of Online Participation in China", *Governance*, 2019, Vol. 32, No. 3, pp. 531-546.

② 《历史性的跨越 新奋斗的起点——习近平总书记关于打赢脱贫攻坚战重要论述综述》(2021 年 2 月 24 日),共产党员网,https://www.12371.cn/2021/02/24/ARTI1614124909835213.shtml,最后浏览时间:2021 年 11 月 28 日。

新技术时代的西方选举：智能选举的算法过程、政治后果及其多圈层治理

复旦大学社会科学高等研究院　王中原

一、导言

2020年的美国总统大选已经落下帷幕，围绕选举过程和结果的各种剧情让人应接不暇。然而，本届美国大选的戏剧性掩盖了其选举政治在技术层面的新情势和新变化。2016年，唐纳德·特朗普的意外当选和其后披露的"剑桥分析"丑闻让人们注意到智能算法的强大威力及其对选举民主的冲击。[①] 2020年美国大选再次将算法瞄准和智能选举推向了新高度，新的算法科技和瞄准手段不断涌现，数据驱动的智能选举（data-driving elections）逐步取代传统的选举动员方式，加上新型冠状病毒疫情导致线下竞选活动受限，使得虚拟世界的"算法空战"成为本届选举的主要形式。特朗普团队和拜登团队仅仅用于脸书平台（Facebook）的政治广告精准投放花费就分别高达9 770万美元和8 210万美元，[②]数据和算

[①] Nicholas Confessore,"Cambridge Analytica and Facebook: The Scandal and the Fallout So Far", *New York Times*, 2018. https://www.nytimes.com/2018/04/04/us/politics/cambridge-analyticascandal-fallout.html,最后浏览日期：2021年3月8日。

[②] 参见纽约大学的研究统计：https://2020.adobservatory.org/nationalData/overview,最后浏览日期：2021年3月8日。

新技术时代的西方选举：智能选举的算法过程、政治后果及其多圈层治理

法成为选举的核心竞争力。最前沿的算法科技和商业模式被淋漓尽致地运用到选举场域，政党、候选人、竞选团队、咨询公司、数据掮客(data broker)、算法服务公司、社交媒体平台等形成新的选举联盟，重塑着选举政治生态。这些新变化不仅意味着选举策略和竞选方式的转变，而且对选举民主的内涵和根基构成新的挑战。算法时代的西方选举正在走向某种形式的异化，为我们观察和思考选举民主的危机及其治理提供了契机。

算法主导的智能选举不仅出现在美国大选中，同时在加拿大、澳大利亚、英国、德国、法国、荷兰等国也得到了广泛运用和发展。① 西方正在进入智能选举的时代，数据资源和算法技术开始重新"定义"西方的选举政治，选举不仅是政党政策主张之间的比拼和选民自由意志的选择，而且越来越成为不同政党和选举人在数据和算法领域的较量。最大限度地搜集和挖掘选民数据，掌控选民人格和心理特征，运用智能算法对选民展开精准动员，引导选民行为以收割选票，成为算法时代新的选举方程式。基于海量选民个体数据的算法瞄准，一方面拓展了竞选活动的新形式，更加有效地传递选举资讯和智能化地动员投票，提升了选举民主的活力；另一方面加大了对选民心理和行为的操控，指导候选人如何分割和选择动员对象、掌控选民情绪、精准投放信息，如何"围猎"潜在支持者，等等。这些都将危及民主的核心价值。研究新技术环境下的选举政治有助于我们把握西方政体的运行动态，反思技术密集型选举的局限，研判选举政治的发展方向。

本文聚焦智能选举中的算法瞄准及其对选举民主的异化影响。首先，本文梳理了算法瞄准的基本概念和发展历程，分析发达民主国家智能选举的前沿动态；其次，剖析了算法瞄准的基本原理

---

① Tom Dobber, Ronan Ó Fathaigh, and Frederik Zuiderveen Borgesius, "The Regulation of Online Political Micro-targeting in Europe", *Internet Policy Review*, 2019, Vol. 8, No. 4, DOI: 10.14763/2019.4.1440.

和技术过程,揭示选举中"算法武器化"的技术逻辑;再次,阐释了算法瞄准的政治后果,反思算法瞄准如何异化选举民主,动摇西式民主的基本前提、制度程序和价值目标,从而威胁民主政体的健康运转。接着,本文探讨了算法时代西方选举异化现象的治理路径,分析多圈层治理中不同主体的角色。最后,结论部分提炼出了本文的核心观点,展望算法时代西方选举政治的发展态势和未来的研究课题。

二、智能选举中的算法瞄准

锁定目标选民(voter targeting)是选举动员的核心策略,其目标是在竞选经费有限的情况下有效地动员尽可能多的选民参与选举活动(包括投票、捐款、集会、担任志愿者等)。西方选举史上,选举动员经历了四次模式变迁,从最初的政党中心式选举,到大众中心式选举和群体中心式选举,逐步过渡到当前的个人中心式选举。传统的选举动员方法较为粗糙,政党或候选人根据掌握的选民分布信息和历史投票规律,借助特定的媒介和工具展开选民动员,常用的手段包括投放电视广告、打电话、扫街拉票等,关注对象多是党派成员、普通大众或某个选民群体。随着大数据时代的到来,数据资源的积累和算法科技的精进为选民动员提供了新的手段,使得聚焦选民个体的精准动员成为可能。基于算法的政治瞄准(political microtargeting, PMT)应运而生。

算法瞄准(algorithmic microtargeting)是指"运用数据分析识别个体的具体兴趣,然后创制个性化的资讯内容,预测这些资讯的影响,然后将这些资讯精准投放给相关个体"。① 算法瞄准起初为

---

① UK Information Commissioners Office (ICO), *Democracy Disrupted: Personal Information and Political Influence*, ICO, 2018, https://ico.org.uk/media/action-weve-taken/2259369/democracy-disrupted-110718.pdf,最后浏览日期:2021年3月15日。

商业营销手段,即根据个体特征、历史消费记录、日常喜好和社交网络等数据对客户进行画像(profiling),进而投其所好地为客户推荐广告和产品。近年来,算法瞄准越来越系统地运用于政治领域,用以建立与选民的关系和动员选民投票,[1]并在选举实战中取得突飞猛进的发展。区别于传统的选举方式,算法瞄准依靠大规模的选民个体特征数据和行为数据来对选民进行精准划分和归类,然后依托特定算法识别选民的人格特性和偏好立场,基于此向其推介个性化定制的选举资讯和动员活动,并通过预测、试验、反馈、迭代等过程不断优化,从而达到最大化影响选民投票意愿和投票行为的目的。

算法瞄准的核心是数据而非选民,其基本假设是单个或几个数据点(data point)无法准确反映选民的偏好,需要收集海量的、多维的、各领域的选民数据才能构建完整的选民画像。传统的选民动员依赖选民的人口学信息,例如性别、年龄、宗教信仰等,算法瞄准在此基础上加载了选民的行为数据(购物、旅行、社交、社团活动、投资活动、生活方式等)和心理数据(社交媒体上的观点、态度、兴趣、情绪、立场、价值倾向等)。竞选团队通过前沿的算法技术对这些高维数据进行深度挖掘和分析,从而锁定特定选民,根据其人格特性和情感倾向展开瞄准式动员,包括说服选民参与或不参与投票、改变选民对候选人和特定政策的看法、激励选民参与募捐和集会等活动。整个竞选过程由数据驱动,通常被瞄准的选民并不知道其个体数据是如何被收集、分析和使用的。[2]

算法瞄准是大数据时代智能选举的核心技术,近年来在西方

---

[1] Bodó, Balázs, Natali Helberger, and Claes H. de Vreese, "Political Microtargeting: A Manchurian Candidate Or Just a Dark Horse?" *Internet Policy Review*, 2017, Vol. 6, No. 4, DOI: 10.14763/2017.4.776.

[2] Varoon Bashyakarla, et al, *Personal Data: Political Persuasion. Inside the Influence Industry. How It Works*, Tactical Tech, 2019.

各国选举中得到不断发展。早在2004年美国总统大选中,竞选策略就发生了新变化,共和党候选人乔治·布什开始运用数字技术辅助线下竞选,收到良好的效果。民主党在输掉2004年选举后,开始着力推进竞选技术的革新,2008年大选中奥巴马团队创新运用各种数字化手段来募集资金和动员选民,"数据驱动的选举"初见雏形。①然而,真正意义上的智能选举出现在社交媒体广泛兴起背景下的2012年美国大选,奥巴马团队首次系统运用脸书等社交媒体平台对选民进行瞄准式动员,②引发了选举范式的转换,2012年选举也因此被诸多媒体描绘为"大数据选举"(the big data election)。③彼时,大数据为选举赋能,尚被视为一种积极的选举创新。然而,情况在2016年美国大选中发生了变化,特朗普团队雇用第三方公司大规模收集选民个体数据,通过心理测绘和人格分析操控选民认知和行为,在社交媒体投放大量定制化的竞选广告以诱导选民的投票偏好,对大选结果造成重要影响。④特别是"剑桥分析"丑闻暴发以来,社会各界对智能选举中的算法瞄准进行了重新审视,但是在立法方面其尚未被规范。

2020年美国总统大选再次将智能选举推向极致。相较2016年,本次大选迎来诸多新变化。首先,新的数据生态系统形成,竞选团队与数据和媒体产业高度融合,⑤大量数据掮客公司、智能广告公司、软件开发公司、媒体咨询公司、新媒体平台等涌入

---

① Sasha Issenberg, *The Victory Lab: The Secret Science of Winning Campaigns*, Broadway Books, 2012.
② Sasha Issenberg, "How Obama Used Big Data to Rally Voters", *MIT Technology Review*, 2012, Vol. 116, No. 1, pp. 38-49.
③ Eric Hellweg, "The First Big Data Election", *Harvard Business Review*, 2012.
④ 房宁、丰俊功:《2016年美国总统选举中的技术革命与选民行为控制》,《比较政治学研究》2017年第2期。
⑤ Mathieu Lavigne, "Strengthening Ties: The Influence of Microtargeting on Partisan Attitudes and the Vote", *Party Politics*, 2021, Vol. 27, No. 5, pp. 965-976.

新技术时代的西方选举：智能选举的算法过程、政治后果及其多圈层治理

选举市场，构成"选举数字军团"。其次，算法科技高度成熟，对选民的识别精度进一步提升，商业营销中最前沿的客户画像技术和人工智能算法被移植到选战当中，使得候选人可以随时随地迅速锁定潜在支持者，开展个性化的动员攻势。最后，竞选团队开发自己的数字工具收集用户数据，运用物联网、蓝牙定位、授权共享等技术拓展支持群体，并借助"图计算"和"私域流量"进行"关系式动员"（relational organizing），数据团队在竞选组织中开始扮演核心角色。总之，选举中的算法瞄准技术已经相当成熟，掌控尽可能多的选民数据以及运用最先进的算法技术进行精准动员成为影响选举胜负的关键。

算法主导的智能选举也蔓延到其他西方国家，但由于各国制度环境和法律体系的差异，呈现出不同的发展态势。在加拿大，保守党在2006年大选中就通过建立"选民信息管理系统"来识别和动员潜在支持者，2015年大选中三大主流政党都建立了选民数据库，运用算法瞄准技术收集数据和动员民众；[1] 在英国，2015年大选中保守党采取了美国式的算法瞄准策略，通过大规模采集和挖掘选民个体数据展开精准动员，帮助其赢得了选举。[2] 2016年英国脱欧公投中，脱欧派阵营通过数据分析公司对选民施加心理诱导（psychological operations），影响了公投结果。[3] 在荷兰，主流政党和激进右翼政党在2017年议会大选中都加大了对数据分析和

---

[1] Kaija Belfry Munroe and H. D. Munroe, "Constituency Campaigning in the Age of Data", *Canadian Journal of Political Science*, 2018, Vol. 51, No. 1, pp. 135-154.

[2] Nick Anstead, "Data-Driven Campaigning in the 2015 United Kingdom General Election", *The International Journal of Press/Politics*, 2017, Vol. 22, No. 3, pp. 294-313.

[3] Carole Cadwalladr, "The Great British Brexit Robbery: How Our Democracy Was Hijacked", The Guardian, 2017, https://www.theguardian.com/technology/2017/may/07/the-great-british-brexit-robbery-hijacked-democracy，最后浏览日期：2021年3月20日。

社交媒体广告的投入,通过个性化的私密信息推送(dark posts)调动选民情绪,影响选民投票行为,[1]2018年荷兰市议会选举中算法瞄准被进一步运用到地方。在德国,2009年联邦大选中社民党(SPD)和基民盟(CDU)开始借用美国式选举动员形式,运用大数据分析指导线下竞选活动,虽然起初收效甚微,但更加复杂的算法瞄准在2013年和2017年联邦大选中得到运用。[2] 总体看,由于隐私法规和资金规模的影响,[3]欧洲相比北美在智能选举领域面临更多限制,但无论是在多数决定制的国家(例如美国和英国)还是在比例代表制的国家(例如荷兰和德国),算法瞄准技术都获得了快速发展,正在重塑西方选举生态。

三、算法瞄准的基本原理和技术过程

传统选举依赖民意调查的动向来安排和调整竞选策略,然而随着民调频繁失准,机器学习和人工智能算法成为预测和干预选民行为的重要竞选"武器",[4]围绕算法的"军备竞赛"成为影响选举成败的关键。算法瞄准并非铁板一块,其涉及不同的参与主体,使用不同的数据资源,运用不同的工具,采取不同的策略,瞄准不同的对象。然而,算法瞄准的基本原理是一致的,其核心技术过程

---

[1] Tom Dobber, Damian Trilling, Natali Helberger, and Claes H. De Vreese, "Two Crates of Beer and 40 Pizzas: The Adoption of Innovative Political Behavioural Targeting Techniques", *Internet Policy Review*, 2017, Vol. 6, No. 4, DOI: 10.14763/2017.4.777.

[2] Simon Kruschinski and André Haller, "Restrictions on Data-Driven Political Micro-Targeting in Germany", *Internet Policy Review*, 2017, Vol. 6, No. 4, DOI: 10.14763/2017.4.780.

[3] Colin J. Bennett, "Voter Databases, Micro-targeting, and Data Protection Law: Can Political Parties Campaign in Europe as They Do in North America?" *International Data Privacy Law*, 2016, Vol. 5, No. 4, pp. 261-275.

[4] 王中原、唐世平:《政治科学预测方法研究:以选举预测为例》,《政治学研究》2020年第2期。

可划分为三个步骤:(1)选民数据的采集和预处理;(2)选民分类、模式识别和算法预测;(3)选民瞄准和个性化动员。理解算法瞄准的基本原理和技术过程有助于我们研判其对选举民主的异化影响。

(一) 选民数据采集和预处理

采用算法瞄准首先需要采集海量的选民个体层面数据,数据资源通常来自公共数据和私人数据。公共数据包括人口普查数据、地理信息数据、选民注册数据、历史投票数据、选举捐款数据等。例如,2002 年的"辅助美国投票法案"(Help America Vote Act)要求美国各州建立注册选民数据库,并允许政党获取注册选民的姓名、年龄、族裔和历史投票情况等数据,这些数据有助于政党迅速掌握选民群体的特征和分布情况。私人数据包括选民个人的网络行为数据、消费数据、生活方式数据、财务数据、联系方式和社会交往数据等。以网络行为数据为例,社交媒体平台掌握大量的用户行为数据,包括关注、点赞、分享、转发、评论以及好友关系等,竞选团队既可以自己采集这些数据,也可以通过购买服务、投放政治广告等形式予以利用。就消费数据而言,各大购物、支付和邮寄平台拥有海量的用户交易数据,包括商品搜索和浏览记录、消费历史、交易凭证、信用情况、客户评价等,数据掮客公司会买卖此类数据,用于更加精准地进行用户画像。[①] 生活方式数据通常包括行动轨迹数据、运动数据、作息数据、健康数据、订阅数据、娱乐生活数据等,这些数据有助于研判选民的人格特质和政策倾向(例如国民医保政策)。财务数据包括选民的收入和支出、住房贷款、股市投资、社会保障和失业保险等数据,这些数据对预测选民对经

---

① Jeff Chester and Kathryn C. Montgomery, "The Role of Digital Marketing in Political Campaigns", *Internet Policy Review*, 2017, Vol. 6, No. 4, DOI: 10.14763/2017.4.773.

济政策的敏感度大有帮助。联系方式和社会交往数据包括选民个人的地址、电话、邮箱、社交账号等数据,以及选民的通讯录、联系人和交际圈等数据,前者便于与选民取得直接联系,后者可以用于拓展潜在支持者。

  政党或竞选团队既可以自己采集上述数据(特别是公共数据),又可以通过数据掮客购买(尤其是私人数据)。例如,美国共和党自 2011 年以来就依托 Data Trust 平台进行数据收集和交换,该平台宣称拥有美国 50 个州 3 亿人的个体数据,每个观测个体有 2 500 个数据点。① 民主党起初对此类数据收集活动持保留态度,但 2016 年选举受挫迫使民主党在 2020 年大选前也建立了类似的数据平台(Democratic Data Exchange),加强选民数据的采集、共享和交换,助力本党选举。此外,在 2020 年总统大选中,共和党和民主党的候选人都使用了专属的竞选 APP 来自主采集数据。例如,在注册特朗普的竞选 APP 时,需要提供姓名、手机号、邮件、邮政编码等数据,同时授权蓝牙连接功能,该 APP 帮助共和党采集到 4 000 余万选民的个体数据,其蓝牙功能可以与遍布大街小巷的竞选广告牌中的内置芯片进行联网,从而追踪选民的交际圈。拜登团队的竞选 APP 鼓励使用者分享自己的手机通讯录,该信息有效拓展了拜登的支持者网络,便于其进行"关系式动员"。购买第三方数据目前已成为常态,当前西方国家(特别是美国)已经形成了规模庞大的数据交易市场,除了 IBM、Google、Facebook 等大公司之外,从事政治数据交易的著名掮客公司包括 Experian、i360、Aristotle、L2 等等。以 Experian 公司为例,其汇聚了 1.26 亿美国家庭(3 亿多人口)的数据,这些数据覆盖过去 50 年范围,来自数百个不同渠道,数据内容包括个体人口学特征、消费习惯、生活

---

① 参见 Data Trust 官方网站:https://thedatatrust.com/,最后浏览日期:2021 年 3 月 25 日。

方式、兴趣爱好等。该公司还宣称掌握85%的美国家庭住址资料和5亿个电子邮箱,可以精准地将竞选广告送达动员对象。此外,一些互联网公司也参与了数据交易,例如2017年英国大选中,工党通过数据掮客从育婴产品网站Emma's Diary手中购买了100多万新生儿家庭的信息,用于定向推广工党的儿童保护和教育政策。

数据丰富度和数据质量是决定算法瞄准成效的基本要素。竞选团队在采集和购买数据后,通常会对来自不同渠道的数据进行"清洗"、匹配、合并和插补等预处理,构建统一的数据库,以备后续环节使用。不同来源的数据在格式、变量、记录方式、缺失值等方面都存在差异,按照个体身份信息(例如姓名、性别、出生日期、家庭地址等)进行匹配和合并是常用的做法。同时,按照一定规律对数据进行插补也是提升数据质量的必要步骤,例如通过姓名推测族裔,通过宗教活动场所插补信仰情况等。此外,部分数据(特别是网络行为数据、消费数据、社会交往数据)需要在竞选过程中不断更新,以实时把握选民动态。通过历年积累,竞选团队通常能够掌握大多数选民的高维数据[1],形成丰富的选举数据资产。

(二) 选民分类、模式识别和算法预测

算法瞄准的第二个关键环节是运用分类建模对选民进行精准画像,识别选民特征与其投票行为的隐性关联模式(hidden patterns),并进行算法测试。

首先,竞选团队会对所掌握的海量选民数据进行深度挖掘,借助统计模型和机器学习算法分析选民的人格特征、情感偏好、心理结构、政策倾向和政治态度等,完成对选民的政治画像和精准分

---

[1] 皮尤研究中心(Pew Research Center)的调查报告显示,大约90%的美国成年人被记录在不同的政治数据库当中,参见Pew Research Center, "Commercial Voter Files and the Study of U. S. Politics", 2018。

类。根据目的的不同,分类建模的具体算法也有差异。如果是为了推广某项具体的政策纲领,需要提取与该政策相关的特征变量进行选民分类。例如,美国共和党欲宣传其持枪政策,可以从枪支购买和维修记录、枪械协会的会员信息、社交媒体的相关评论数据中,提取特征变量对选民进行分类或赋分;民主党想推广其气候政策,可以从清洁能源购买数据、生活方式数据中挖掘相关特征进行选民分类或赋分。如果是为了对选民进行情感动员和心理干预,需要按照选民的人格特质和心理状态进行分类。常用的算法是根据五型人格理论对选民进行心理测绘(psychometric profiling),以判断选民的人格倾向和心理轨迹,从而理解其投票决策过程和触发因素。近年来,随着情感分析算法(sentimental analysis)日渐成熟,运用社交媒体数据识别选民投票偏好成为流行的方式。

其次,除了运用分类算法进行选民画像,还需借助预测算法分析选民各项特征与投票决策之间的隐性关联模式。例如,有研究通过分析全美 200 多个城市的 5 000 万张谷歌街景地图数据发现,轿车较多的街区更倾向于支持民主党,而皮卡车较多的街区则更多支持共和党。① 数据分析公司 Haystaq DNA 曾用卫星照片数据识别安装太阳能电池板的家庭,从而指导民主党向这些家庭推销环保政策以动员投票。诚然,这些关联模式只体现出特征变量之间的某种相关性,缺少因果解释,但是在指导竞选活动方面,了解相关性就已经足够,候选人只求按照该关联模式可以实现精准动员,无需深究其间的因果机制。预测算法除了挖掘可观测对象的投票行为模式外,还可以预测类似不可观测对象(lookalike audiences)的活动,这意味着即便数据库中没有某个选民的数据记录或者数据记录极不完整,算法同样可以根据对现有数据中相似

---

① 参见 Timnit Gebru. et al. "Using Deep Learning and Google Street View to Estimate the Demographic Makeup of Neighborhoods across the United States", *PNAS*, 2017, Vol. 14, No. 50, pp. 13108-13113。

选民的分析预测该选民的投票倾向。①

(三) 选民瞄准和个性化动员

算法瞄准的最终落脚点是对选民个体施加政治影响。竞选团队根据所识别的选民类型和特征关联模式,运用机器学习算法定制个性化的动员策略,并不断优化瞄准精度,实现对支持者的精准动员和对竞争者的精准打击。选民瞄准可以划分为不同类型,包括基于议题的选民瞄准,即向选民兜售某种政策立场或攻击对手的政策立场;基于候选人的选民瞄准,即"推销"己方候选人的个人亮点或对方候选人的污点;基于虚假信息的选民瞄准,即向选民投放与选举相关的虚假信息,等等。不同于传统的大水漫灌式的电视广告轰炸,算法瞄准精准对人,一人一策,根据选民画像进行定制化的信息推送和个性化的游说动员,既可以提升动员效率,又可以节约竞选成本。政党/候选人往往会启动全媒体的选民联系策略,根据选民使用习惯,采用社交媒体、在线订阅、电子邮件、搜索引擎、手机短信、邮寄、电话、电视、广播、播客等形式向选民传递竞选资讯,并根据对象调整不同的话语策略和投放时间,以最大限度地提升动员效率。

为了优化瞄准精度,竞选团队通常会在大规模信息投放之前进行多轮测试,常用的手段包括"A/B"测试("A/B" testing),即通过人工智能算法编制对照的信息内容和投放形式,以测试哪种更有效。例如,编制不同版本的电子邮件,在主题、措辞、内容排序、回应功能上设置差异,然后将该邮件发送给一定样本的目标群体,监测哪种形式的邮件最有效,哪类选民的点击和回应率最高,进而不断优化邮件动员策略。常用的个性化动员方式包括社交媒体广

---

① 参见 Jacob Gursky and Samuel Woolley,"The Trump 2020 App Is a Voter Surveillance Tool of Extraordinary Power", *MIT Technology Review*, 2020。https://www.technologyreview.com/2020/06/21/1004228/trumps-data-hungry-invasive-app-is-a-voter-surveillance-tool-of-extraordinary-scope/,最后浏览日期:2021 年 3 月 30 日。

告、定制化短信等。基于心理测绘的社交媒体政治广告,通过挖掘选民的人格特征、价值态度、认同结构与投票决策的关联模式,强化对选民的心理攻势,以影响其投票倾向和意愿。[1] 个性化的短信联络(P2P texting)通过智能算法编制高度具象化的短信息以抓住选民注意力,并依靠志愿者同选民建立人格化的私人联系,推动资讯的关系式传播。2016年民主党总统初选中,桑德斯团队曾向潜在支持者发送了550万条定制化短信。2020年总统大选中,特朗普团队将定制化短信作为关键竞选武器,精准推送了约10亿条攻击性短信和虚假信息。[2] 个性化动员有两个核心目标:一个是让支持者采取某种行动,例如投票、捐款或志愿服务;另一个是游说选民并改变其支持态度和投票行为。虽然选举实践证明后者难度较大、收效有限,但是随着算法技术的精进和更具攻击性的竞选模式的兴起,算法瞄准将在选举中产生更大的影响力。[3]

四、智能选举的政治后果

算法主导的智能选举将产生一系列的政治后果,影响西式民主的程序正义和结果正义。算法瞄准起初代表着选举技术创新,[4]是大数据时代智能选举的新模式,不仅能够提升选民政治参与和选举投票的热情,促进政治资讯的高效传播,而且可以让政

---

[1] Brittany Kaiser, *Targeted: My Inside Story of Cambridge Analytica and How Trump, Brexit and Facebook Broke Democracy*, HarperCollins, 2019.
[2] McKay Coppin, "The Billion-dollar Disinformation Campaign to Reelect the President", *The Atlantic*, 2020, https://www.theatlantic.com/magazine/archive/2020/03/the-2020-disinformation-war/605530/,最后浏览日期:2021年3月30日。
[3] Jamie Bartlett, Josh Smith, and Rose Acton, "The Future of Political Campaigning", *Demos*, 2018.
[4] Robert Blaemire, "An Explosion of Innovation: the Voter-data Revolution", in Nathaniel G Pearlman, ed, *Margin of Victory: How Technologists Help Politicians Win Elections*, ABC-CLIO, 2012, pp. 107-120.

党/候选人更加了解选民的诉求,提升政治回应性。然而,随着算法科技的无限制使用,算法瞄准渐渐走向民主政治的对立面,主要体现在:(1)算法瞄准通过信息操弄建构选民的选举偏好和操控选民的投票行为,导致选举从"选民控制政党/候选人"转变为"政党/候选人控制选民";(2)算法瞄准强化了党派立场,消解了交叉认同(cross-cutting cleavages),导致消极竞选(negative campaign)和政治极化;(3)算法瞄准筛选或压制选民,导致选后的政治代表性偏差,选举承诺的碎片化引发政府回应和选民问责的困难。总之,如果缺乏有效治理,算法瞄准将动摇选举民主的基本前提、制度程序和价值目标,使得通过投票聚合选民偏好从而选出政府、回应选民需求并接受选民问责的"民主链条"出现断裂,威胁民主政体的健康运转。

(一) 信息操弄和选民操控

民主选举得以有效运转的前提是选民能够在开放的信息环境和政策市场里自主地作出投票决策,免于外在力量的干预和操弄。算法瞄准打破了这一前提,让政党/候选人有机会控制选民的信息获取和投票行为,选民被异化为一组数据构成的投票工具。

首先,算法瞄准导致信息操弄。一方面,政党/候选人在选民不知情的情况下采集了海量的选民个体信息,这些数据能够覆盖几乎全体选民及成百上千个特征维度,为候选人呈现了清晰的选民画像。选民成为数据组成的"透明人",选民的任何言语和行动都可能被追踪和记录,被用于算法瞄准,而选民通常并不知道自己的哪些数据、正通过什么方式被政党/候选人所掌握和利用,这导致高度的信息不对称和"监控式资本主义"(surveillance capitalism)。[①]

[①] Shoshana Zuboff, *The Age of Surveillance Capitalism: The Fight for a Human Future at the New Frontier of Power*. Public Affairs, 2019.

皮尤研究中心的最新调查显示,77%的美国民众非常不认同社交媒体公司运用用户数据向其推荐选举信息。① 更严重的是,竞选活动面对的不再是一个个活生生的选民,而是一个个冷冰冰的数据点和一堆复杂的高维数据,选民被物化为某种"特征集合"。另一方面,政党/候选人可以运用算法对选民进行"分而治之"(segmentation),针对不同类型的选民"投喂"不同形式和内容的信息,选民所接受的选举资讯是根据其喜好、特征、阅读习惯和政治立场精心编制的。民主需要"明智的选民"(informed electorate),但算法瞄准导致信息的自由流通受阻,信息市场被高度扭曲,每个选民都生活在算法编织的信息"滤泡"(filter bubbles)当中。② 此外,选民对这些个性化信息的回应(点击、转发、回复等)再次变成新的数据,帮助算法瞄准不断精进和优化,形成互动式的算法升级螺旋,进一步固化了信息茧房。算法瞄准赋予政党/候选人和第三方算法公司超出常规的权力来影响选民的态度和行为,并且其运行极不透明,形成难以监督的"算法利维坦"。③

其次,算法瞄准导致选民操控。民主选举必须基于选民的自主决策,然而在扭曲的信息环境下,选民的投票偏好不是自主的而是被算法所建构的。民主选举的过程不再是选民根据自己的利益和偏好来选择政党/候选人,并将个人偏好集合成集体偏好,而是

---

① 皮尤研究中心网站:https://www.pewresearch.org/fact-tank/2020/09/24/54-of-americans-say-social-media-companies-shouldnt-allow-any-political-ads/,最后浏览日期:2021年4月3日。
② Eli Pariser, *The Filter Bubble: How the New Personalized Web Is Changing What We Read and How We Think*. Penguin, 2011.
③ Jonathan Zittrain, "Engineering an Election: Digital Gerrymandering Poses a Threat to Democracy", *Harvard Law Review*, 2014, Vol. 127, No. 8, pp. 335-341; Pascal D. König, "Dissecting the Algorithmic Leviathan: on the Socio-political Anatomy of Algorithmic Governance", *Philosophy & Technology*, 2020, Vol. 33, No. 3, pp. 467-485.

政党/候选人选择和驯化支持者,并通过控制信息流通和塑造非理性的政治偏见来"围猎选民"(hunt for voters)。类似于选区划分操控(gerrymandering)通过将选民"分解"和"打包"在不同的地理选区内来制造竞争优势,算法瞄准通过将选民"分解"和"打包"在不同的个性化信息茧房中来操控其投票行为。① 认知心理学的研究表明,任何人都存在"决策脆弱性"(decision-making vulnerability),算法瞄准正是利用了选民这一认知决策局限来影响其投票行为。无论选民同意与否、有意识或是无意识,算法都可以利用选民的希冀和恐惧、喜好和厌恶、欢欣和愤怒来进行瞄准式动员,不断激活选民的某种心理范式和神经反应,形成结构性刺激(structural nudging)以左右其决策行为。② 智能选举构建了一个越来越庞大的复杂信息系统,选民的认知、心理、情绪和判断能力被算法所影响,无法做出自主、独立和理性的决策,甚至没有能力察觉和反思自己的决策是被操控的。结果是,选民决定投票或不投票以及投给谁看似是选民自己的选择,但是该选择早被算法瞄准所操控,并且这种操控是隐匿的和持续的。③ 选举政治的制度逻辑是选民可以通过选票控制政党/候选人,但算法瞄准却使选民被异化成被控制的对象。

---

① Alexander J. Stewart et al, "Information Gerrymandering and Undemocratic Decisions", *Nature*, 2019, Vol. 573, No. 7772, pp. 117-121.

② Eitan D. Hersh, *Hacking the Electorate: How Campaigns Perceive Voters*, Cambridge University Press, 2015; William A. Gorton, "Manipulating Citizens: How Political Campaigns' Use of Behavioural Social Science Harms Democracy", *New Political Science*, 2016, Vol. 38, No. 1, pp. 61-80.

③ Daniel Susser, Beate Roessler, and Helen Nissenbaum, "Online Manipulation: Hidden Influences in a Digital World", *Georgetown Law Technology Review*, 2019, Vol. 4, No. 1, pp. 1-45; Jacquelyn Burkell and Priscilla M. Regan, "Voter Preferences, Voter Manipulation, Voter Analytics: Policy Options for Less Surveillance and More Autonomy", *Internet Policy Review*, 2019, Vol. 8, No. 4, DOI: 10.14763/2019.4.1438.

(二)消极竞选和政治极化

民主选举要求政党/候选人通过良性竞争获得选民支持,竞选的过程也是开展全国性公共对话(national conversation)的过程,通过议题论辩和理性沟通促进交叉认同。算法瞄准打乱了这一过程,数据和算法被"武器化"(weaponize),促进了政治对抗的升级和虚假信息的传播,加剧了消极竞选和政治极化。

首先,算法瞄准导致消极竞选。智能选举时代,算法科技成为决定胜负的关键,将算法运用到极致是所有政党/候选人的策略,这就使得算法的各种极端运用手段开始流行,包括推送虚假信息、传播阴谋论、进行污名化宣传、制造仇恨、歪曲事实等消极竞选方式。[①] 为了追求选举利益最大化,政党/候选人会通过同质信息巩固支持阵营,运用虚假信息分化敌对阵营,算法可以帮助其实现精准动员和精准打击,针对选民的不同人格特质和心理需求进行高度个性化的洗脑和游说,并且毫不顾忌信息内容的真实性。例如,2020年美国总统大选中特朗普竞选APP上的信息大多没有可靠的信源,甚至充斥着虚假新闻。此外,暗黑手段大行其道,社交机器人可以根据算法指示精准高效地向选民分发假新闻链接和污名化短信,[②]并根据反馈调整推送时点和话语策略。由于算法瞄准是一个黑箱过程,外部并不知道政党/候选人对哪些人传播了哪些虚假信息,无法进行事实核查和信息纠偏。加之虚假信息和谣言的传播速度、深度和广度惊人,消极竞选的影响被不断累积和放大,从而误导某些选民改变投票决策。消极竞选导致选举生态恶

---

① Panagiotis T. Metaxas and Eni Mustafaraj, "Social Media and the Elections", *Science*, 2012, Vol. 338, No. 6106, pp. 472-473.
② Tobias R. Keller and Ulrike Klinger, "Social Bots in Election Campaigns: Theoretical, Empirical, and Methodological Implications", *Political Communication*, 2019, Vol. 36, No. 1, pp. 171-189.

化,一是采取这些消极手段的政党/候选人会获得高额的"算法红利",并带动其他政党/候选人跟进,形成算法"军备竞赛"。二是第三方算法公司基于盈利考量,也会不断升级智能算法,激化恶性竞争。这些都将威胁选举民主的良性运转。

其次,算法瞄准加剧政治极化:一是算法瞄准按照特定的党派意识形态展开动员,党派割裂线(partisan cleavage)在信息操弄下被不断触发和强化,超过其他任何社会认同,或者将其他社会认同吸附到党派认同当中,[1]造成党派政治极化。[2] 二是算法将选民细分为不同类型的子群体,对每个群体构造不同的信息环境和采取不同的动员策略,形成高度"部落化"[3]的认同结构。算法瞄准通过内容分发、虚假信息、政治攻击、选择性动员等不断激活认同边界,强化认同群体的组内团结和组间排斥,不同"部落"之间缺少开放理性的对话和沟通,智能选举不断加剧社会撕裂和认同对抗,造成群体极化。三是算法瞄准拆解了信息多元性,强化了选民个体的单维特性(one-dimensionality),其人格、情感、心理和情绪都被算法捕捉并放大,选民越发缺少反思和沟通能力,只能接受符合自己立场的观点和信息,而罔顾事实和真相,造成个体极化。上述党派极化、群体极化和个体极化相互作用、彼此强化,不断消解交叉认同,催生整体政治极化。更为严峻的是,算法瞄准并不是一次性行动,而是贯穿选前、选中和选后的整个过程。算法使得西方选举

---

[1] Donald P. Green, Bradley Palmquist, and Eric Schickler, *Partisan Hearts and Minds: Political Parties and the Social Identities of Voters*, Yale University Press, 2004.

[2] Anja Prummer, "Micro-targeting and Polarization", *Journal of Public Economics*, 2020, Vol. 188, https://doi.org/10.1016/j.jpubeco.2020.104210; Matthew S Levendusky MS, "Why Do Partisan Media Polarize Viewers?" *American Journal of Political Science*, 2013, Vol. 57, No. 3, pp. 611-623.

[3] Fabiana Zollo, et al., "Debunking in a World of Tribes", *Plos One*, 2017, Vol. 12, No. 7, https://doi.org/10.1371/journal.pone.0181821.

成为"全周期竞选"(permanent campaigns),①数据收集、选民追踪、算法监控和瞄准式动员无时无刻不在发生,这将加剧政治极化的强度和烈度。

(三)政治代表性偏差和"回应-问责"失灵

民主选举的目标是建立政治代表性和有效的回应与问责机制,让不同的利益和声音得到平等的对待,运用选票压力督促政府回应民众诉求,并惩罚不守承诺的政党/候选人。算法瞄准模糊了这些目标,通过筛选或压制选民导致政治代表性偏差,其产生的碎片化承诺引发政府回应和选民问责的困难。

首先,算法瞄准导致政治代表性出现偏差。政党/候选人借助算法将选民分割成不同特征组合的次分群体,并根据选民画像和心理测绘来判断选民的选举意愿和投票偏好,但并不是所有的群体都会被"瞄准",政党/候选人会选择性地精准动员一部分人而有意忽略另一部分人。如果算法预测表明某些民众无论如何都不会参与选举或者不可能改变原有的投票倾向,抑或该政党/候选人不可能在某一地区赢得选举,那么这部分选民将被排除在瞄准式动员的序列之外。同时,政党/候选人也可运用算法瞄准来压制选民(voter repression),②特别是针对竞争对手的支持者,以消解其投票意愿,诱导其放弃行使投票的权利。例如,2016年美国大选中,特朗普团队曾瞄准摇摆州的非裔选民,向350万人推送了攻击希拉里的负面广告,以压制非裔选民的投票意愿。被忽略和压制的

---

① Anders Olof Larsson, "Online, All the Time? A Quantitative Assessment of the Permanent Campaign on Facebook", *New Media & Society*, 2016, Vol. 18, No. 2, pp. 274-292.

② Frederik Zuiderveen Borgesius, et al., "Online Political Microtargeting: Promises and Threats for Democracy", *Utrecht Law Review*, 2018, Vol. 14, No. 1, pp. 82-96.

选民,其诉求和立场将被边缘化,无法被平等地反映到政策议程当中。① 此外,数据和算法是昂贵的政治资产,政党/候选人必须投入大量的资金、组织专门的团队、经过常年的积累才能把握先机,这往往有利于资源雄厚的主流政党,代表少数群体利益的弱小政党将被挤出竞争舞台。与此同时,掌握数据资源和算法科技的第三方平台、数据掮客和政治咨询公司在选举中发挥越来越重要的作用,其商业利益和话语权力在当选政府中拥有举足轻重的地位。一方面是部分选民群体和弱小政党代表性的丧失,另一方面是科技公司影响力的扩张,两者都将导致政治代表性出现偏差。

其次,算法瞄准导致回应与问责失灵。竞选和执政是一个承诺和守诺的过程,然而在瞄准式动员当中,政党传递给选民的信息是高度个性化和碎片化的,面对不同的选民强调不同的议题重心和承诺不同的政策方案,②缺乏始终如一的政治叙事。每个选民所看到的可能是不同版本的政党形象,选民并不知道其关心的事项在整个政党议程中的优先级,也不知道围绕该议题有哪些不同的政策立场和应对方案,最终很可能出现当选政府无法满足其期许的局面,选民也很难就其具体诉求向政府问责。一方面,当点对点的个性化动员更加有效时,政党将致力于讨好选民的具体诉求,而忽略宏观和长远的政治规划,竞选活动被微观算法所绑架,缺乏统一的政治纲领和政策排序,这便导致承诺和责任的模糊化,提升了政府回应和公民问责的难度。另一方面,算法瞄准也将引导选民更加关注个人特殊化的需求,而对关系国计民生的重大议题失

---

① Solon Barocas, "The Price of Precision: Voter Microtargeting and Its Potential Harms to the Democratic Process", in *Proceedings of the First Edition Workshop on Politics, Elections and Data*, https://doi.org/10.1145/2389661.2389671, 2012, pp. 31–36.

② Daniel Kreiss, *Prototype Politics: Technology-Intensive Campaigning and the Data of Democracy*. Oxford University Press, 2016.

去兴趣,长久以往将形成选民与政党/候选人之间的某种私人庇护关系(patron clientelism),损害公共性的政府回应和集体问责。此外,算法瞄准通常是在隐秘环境下进行的,通过非公开渠道传递的政策承诺,透明性和可追踪性较差,很难实现有效的回应和问责机制。

五、智能选举的多圈层治理

算法主导的智能选举将产生一系列负面的政治后果,甚至导致选举民主的异化。如何治理智能选举中的算法失范是摆在西方各国面前的紧迫议题。算法瞄准涉及不同的利益主体,其治理过程也需要多方参与和相互制约,从而构建多圈层的复合治理结构。在制度圈层需要国家法律规则的规制;在舆论圈层需要社会主体的监督;在竞选圈层需要平台治理和政党协作;在投票圈层需要加强公民的相关素养教育。然而,不同主体关于算法瞄准的认识、理念和需求存在较大差异,在如何把握言论自由与个人隐私之间的边界、算法经济和权利保护之间的张力、竞选效率与政治伦理之间的平衡等问题上尚未形成共识,加之不同国家和地区的政策也存在不同,这些影响了当前算法治理的整体绩效。

首先,在制度圈层,传统的选举法、竞选资金法、政治广告法等都未能对算法瞄准这一新的竞选现象做出系统的法律规范,算法瞄准的诸多政治风险无法在传统的法律框架内得到有效治理,需要新的法律规制。近年来,特别是"剑桥分析"丑闻爆发以来,欧洲和北美各国纷纷推动相关立法。[①] 总体来说,欧洲相较于北美走

---

① Normann Witzleb, Moira Paterson, and Janice Richardson, eds. *Big Data, Political Campaigning and the Law Democracy and Privacy in the Age of Micro-Targeting*, Routledge, 2020.

新技术时代的西方选举：智能选举的算法过程、政治后果及其多圈层治理

在算法治理的前列，并采取了强化干预主义的策略来治理算法瞄准。① 英国数据保护机构 ICO（Information Commissioner's Office）2018 年提请英国议会通过《个人信息用于竞选活动的行为守则》（Code of Practice for the Use of Personal Information in Political Campaigns），2020 年英国议会成立了负责透明竞选的跨党派小组（All-Party Parliamentary Group on Electoral Campaigning Transparency），推动相关选举法规的修改。欧盟 2018 年开始推行《通用数据保护条例》（General Data Protection Regulation，简称 GDPR），加大保护数据安全力度并规范个人数据的采集、传播和使用行为，其重要目的之一就是控制算法瞄准和虚假信息，保障选举公正。此外，欧盟还要求谷歌、脸书、推特等互联网公司签署《虚假信息行为守则》（The Code of Practice on Disinformation），进一步打击基于数据的政治操弄。② 在欧盟成员国层面，德国《联邦数据保护法案》（Bun desdaten schutz gesetz，简称 BDSG）规定政党只能收集其党员或者与该党有密切往来的公民数据，且严禁收集有关选民族群背景、政治立场和宗教信仰的数据，相关数据在使用完成特定用途后必须删除，严禁长期储存。③ 法国国家信息与自由委员会（Commission Nationale de l'informatique et des Libertés，简称 CNIL）规定，使用社交网络开展选举动员时，必须征得选民的同意并告知其数据收集和使用的方式，例如用户可以勾选是否同

---

① Iva Nenadić, "Unpacking the 'European Approach' to Tackling Challenges of Disinformation and Political Manipulation", *Internet Policy Review*, 2019, Vol. 8, No. 4, DOI: 10.14763/2019.4.1436; Colin J. Bennett, "Voter Databases, Microtargeting, and Data Protection Law: Can Political Parties Campaign in Europe as they Do in North America？" *International Data Privacy Law*, 2016, Vol. 6, No. 4, pp. 261–275.

② Tom Dobber, et al, "The Regulation of Online Political Micro-targeting in Europe", *Internet Policy Review*, 2019, Vol. 8, No. 4, DOI: 10.14763/2019.4.1440.

③ 参见德国联邦司法部网络：https://www.gesetze-im-internet.de/englisch_bdsg/，最后浏览日期：2021 年 4 月 12 日。

意自己的数据被用于个性化政治广告推送。① 相比欧洲各国,美国的算法瞄准政策较为宽松,目前尚未颁布类似欧洲标准的、严格的个人数据保护法规。虽然有国会议员提出了"禁止瞄准式政治广告法案"(Banning Microtargeted Political Ads Act)和"诚信广告法案"(The Honest Ads Act),但是鉴于美国宪法第一修正案对言论自由的保护以及算法瞄准对催票运动(Get Out the Vote)的积极效果,政界和商界存在强大的力量抵制国家的过度管控。总体来说,法律规制相对于算法瞄准技术的迅猛发展具有明显的滞后性,同时容易陷入多方利益博弈的僵局。此外,算法治理不能依赖总体性的数据保护条例,还需对具体的选举法、竞选动员法、政治广告法、选举资金法等进行配套修改,形成法规体系和治理系统,并确保得到其准确执行,这对很多国家来说是不小的挑战。

其次,在竞选圈层,平台治理和政党协作在算法治理过程中发挥着不可替代的作用。(1)平台治理,社交媒体平台公司不仅是海量用户数据生成、存储和运维的主体,并且是算法服务和政治广告业务的提供商。脸书、谷歌、推特等平台公司掌握强大的数据权力,凭借算法技术参与和影响选举过程,平台的自我治理是优化选举数字生态的重要手段。② 基于2016年美国大选的深刻教训,谷歌公司已经禁止在其平台对选民进行瞄准式信息推送,对深度伪造、虚假信息以及有可能对选举过程产生严重负面影响的资讯开展了严厉打击,同时提升了平台内部数据的获取门槛,防止政党/候选人无限制使用其用户数据。推特公司也试图全面禁止政治营销,主张政治信息不能买卖,通过隐匿、删除或限制阅读等方式治

---

① 参见法国国家信息与自由委员会网络:https://www.cnil.fr/fr/communication-politique-quelles-regles-pour-la-collecte-de-donnees-sur-les-reseaux-sociaux,最后浏览日期:2021年4月12日。

② Robert Gorwa, "What Is Platform Governance?" *Information, Communication & Society*, 2019, Vol. 22, No. 6, pp. 854-871.

新技术时代的西方选举:智能选举的算法过程、政治后果及其多圈层治理

理选举虚假信息,为可能产生误导的政治资讯提供警示。此外,推特还成立了专门的"广告透明度委员会"(Ad Transparency Council)负责广告信息公开。然而,脸书公司虽然宣称严禁使用其平台进行选举操弄,但是拒绝完全禁止算法瞄准或对政治广告进行内容审查,其年度政治广告收益甚至高达 36 亿美元。鉴于"剑桥分析"丑闻,脸书提升了用户数据的保护等级,但并未禁止第三方公司携带自己的数据到其平台上进行瞄准式选举动员。总之,当前平台治理还面临诸多困境,虽然社会舆论、国会听证和相关法规给平台公司施加了政策变革的压力,但是它们的商业利益和政策立场使得真正的平台治理步履维艰。此外,超级科技公司过度干预内容生产(例如封禁特朗普的账号)也招致诸多违宪质疑。(2)政党协作,作为竞选主体的政党及其候选人也需要参与到算法治理当中,例如不同政党就竞选伦理达成共识,出台最佳操作指南,约束提名人的算法行为,规范选举资金使用和政治广告投放,避免陷入"数据军备竞赛";推动跨党派的立法协作,通过法治手段管理平台公司和竞选行为。政党及其候选人也应该管理好竞选团队,在选民数据采集、虚假信息传播、瞄准式动员等方面做好自我约束,维护良性的选举文化。诚然,在政治极化和民粹主义日趋严重的今天,依靠政党及其候选人的自律进行算法治理尤为困难。

再次,在舆论圈层和投票圈层,社会监督和公民教育在算法治理中发挥着重要作用。(1)社会监督,算法瞄准的有效治理不仅需要平台和政党的自我约束,而且呼唤着媒体记者、非政府组织、学术界等社会力量的外部监督。具体而言,从事选举报道的调查记者可以揭示算法瞄准乱用的丑闻(例如美国《纽约时报》和英国《卫报》揭露"剑桥分析"丑闻),通过媒体曝光警示和教育公众;从事事实核查的非政府组织(fact-checkers)可以核验算法推送的资讯是否存在事实错误和信息误导,及时澄清误解,打击虚假信息,引导

民众对其所接收的资讯做出正确理解和客观判断;学术研究可以从政治学、法学、伦理学、哲学、传播学、心理学和计算机科学等跨学科的视角研讨和反思算法瞄准的应用和局限,并对其未来发展趋势做出研判,从专业角度提出治理方案。(2)公民教育,公民个人作为选举决策的关键主体和算法瞄准的终极对象也须承担起相应的责任,积极提升"数字素养"(digital literacy)。[①] 一方面选民需要意识到自己是被"瞄准"的对象,其接收的信息是算法挑选和过滤过的,因而提升甄别和反思能力,拒绝参与虚假信息的"共同生产";另一方面要积极参与公共空间的协商对话,不仅关注"同圈层"的观点和立场,而且认识到其政策立场将如何影响其他人。此外,公民在日常生活中也要提升个人数据的保护意识,警惕个人信息的授权和共享。在此,国家提供相应的"数字素养"教育显得尤为重要。例如,英国议会下院在 2019 年报告中提出"数字素养应该成为国民教育的第四大支柱,与阅读、写作和数学同等重要"。[②] 提升公民在数字社会中的知识素养和生存技能是治理算法滥用的重要途径。

最后,算法瞄准的多圈层治理需要不同圈层和各个主体之间的有机协作和相互制约,外部的法律规制和舆论监督,内部的平台治理和政党共识,以及个体层面的数字素养培育对于算法瞄准的有效治理都至关重要。例如,在每次选举之后可以由公民团体、跨党派组织、平台公司、媒体代表等组成第三方评估机构对选举过程进行独立的"算法审计"(algorithm auditing)。然而,多圈层复合治理是理想型的算法治理模式,现实中由于算法瞄准所处的制度

[①] Jacquelyn Burkell and Priscilla M. Regan,"Voter Preferences, Voter Manipulation, Voter Analytics: Policy Options for Less Surveillance and More Autonomy",*Internet Policy Review*,2019,Vol. 8,No. 4,DOI:10.14763/2019.4.1438.

[②] 英国议会网站:https://publications.parliament.uk/pa/cm201719/cmselect/cmcumeds/1791/179111.htm,最后浏览日期:2021 年 4 月 15 日。

环境不同,各个主体的意识形态立场和利益考量各异,各方很难就算法在选举中的运用规范和伦理边界达成共识。加之算法技术高歌猛进的突破,治理滞后问题尤为突出。更严峻的是,政治极化与算法瞄准相互强化,裹挟着政党/候选人、数据掮客、媒体和选民走向更加极化的境地,导致围绕算法瞄准的选举改革陷入僵局,危及民主政治的健康有序发展。

六、结论

当代西方国家的选举已经进入技术密集型的新时期,[①]数据驱动的算法瞄准被广泛运用于选举动员和政治说服,掌控海量的选民数据以及运用最前沿的算法科技动员选民成为决定胜选的关键。算法主导的智能选举不仅出现在多数决定制的美国和英国,还流行于实行比例代表制的发达民主国家,甚至开始蔓延至新兴民主国家,其兴起不仅改变了传统的选举动员模式和选民决策方式,而且带来一系列的深远政治影响。算法瞄准和智能选举的兴起有着深厚的时代背景。首先,西方竞争性选举政体正面临政党溃散(partisan dealignment)的压力,党员数目和选民的政党认同都显著下降,新的算法科技成为政党重新触达、联结和动员选民的得力工具。其次,西方选举日渐走向个人化,候选人的个人特征和吸引力成为左右选举的关键因素,特别是在民粹主义盛行的大背景下,从候选人出发的算法瞄准和选民动员成为竞选的有效手段。再次,西方选举政治正在走向深度极化,党派竞争进入白热化状态,传统的竞选方式已经达到成效上限,通过新技术手段挖掘潜在选民和提升投票率成为选举交锋的新战场。因此,算法瞄准并非

---

① Daniel Kreiss, *Prototype Politics: Technology-Intensive Campaigning and the Data of Democracy*. Oxford University Press, 2016.

简单的竞选技术革新,其背后是整个西方政治生态的转型。

算法瞄准包括三个核心技术过程:选民数据的采集和预处理;选民分类、模式识别和算法预测;选民瞄准和个性化动员。算法瞄准在初期曾标志着竞选方式的突破创新,有效拓展了选举动员渠道,帮助政党/候选人节约了竞选资金,有助于提升投票率和选举民主的活力。然而,随着选举中的"算法军备竞赛"愈演愈烈,最前沿的算法科技和商业模式被不断运用到选举场域,产生一系列负面的政治后果,导致选举民主的多重异化,包括信息操弄和选民操控;消极竞选和政治极化;政治代表性偏差和"回应-问责"失灵。算法瞄准正在重塑西方的选举政治生态,影响了西式民主的程序正义和结果正义。算法瞄准本身只是选举工具,虽然有研究表明算法瞄准尚未达到媒体所渲染的那种危机局面[1],但随着政党/候选人在选举利益最大化的驱使下无所不用其极地运用算法瞄准来操控选民,西方选举的游戏规则和竞争格局将彻底改变:选举的中心不再是选民而是数据,竞争的核心不再是政策而是算法,选举的价值、过程和目标都将出现异化。随着算法瞄准的不断升级和无限制使用,通过投票聚合选民偏好从而选出政府回应选民需求并接受选民问责的民主链条将出现更多断裂的痕迹,甚至危及民主政治的健康运转。

如何扭转这一趋势,让算法科技沿着良性的轨道服务于选举民主?西方各国开始意识到算法治理的重要性,致力于构建由多元主体参与的、多圈层的复合治理结构。然而,就如何把握言论自由与个人隐私之间的边界、算法经济和权利保护之间的张力、竞选效率与政治伦理之间的平衡等问题,各方存在较大分歧,算法治理的过程也是不同政治力量博弈的过程,未来如何发展,值得跟踪观

---

[1] Jessica Baldwin-Philippi, "Data Campaigning: between Empirics and Assumptions", *Internet Policy Review*, 2019, Vol. 8, No. 4, DOI: 10.14763/2019.4.143.

察。就学术研究而言,算法瞄准的兴起为我们提出了一系列的跨学科研究议题①,包括技术与政治的关系,算法的武器化,选举中的算法审计,算法治理的不同模式,智能算法对政治极化的影响,等等。加强对相关议题的深度研究,不仅可以帮助我们把握西方政治发展的最新动态,理解西方选举政治的技术挑战,研判西方政治制度的发展趋势,同时能够提升我们对新技术环境下人类政治行为的基本认识。

---

① Sinan Aral and Dean Eckles, "Protecting Elections from Social Media Manipulation", *Science*, 2019, Vol. 365, No. 6456, pp. 858-861.

脆弱性、柔韧性与回应性：长期危机下的欧洲精英体系

意大利锡耶纳大学　毛里齐奥·科塔
（电子科技大学公共管理学院　刘俊娜 译）

本文讨论了2008年之后的大衰退对欧洲政治体系的影响，特别是对其精英阶层的影响。本文对欧洲精英体系（EES）的概念进行了界定，明确了其主要组成部分，并在此基础上分析此次危机对于不同的精英阶层所产生的不同影响。本文特别关注了某些欧洲精英群体（各成员国的国内精英和欧洲理事会及欧盟理事会成员）与其他精英群体（如欧盟委员会和欧洲央行）之间的差别，前者直接或间接地对国家选民负责，后者则在很大程度上能够免受由民众的抗议和不满所带来的直接影响。这种差异不仅让不同的精英群体产生了不同程度的脆弱性和不稳定性，也导致了他们在应对危机时有着截然不同的回应方式。最后，本文从欧盟的民主质量视角对上述结论进行了分析。

一、欧盟和危机年代

在2008年至2017年的动荡岁月中，欧盟的政治体系、政治精英、治理和代议政治过程发生了什么变化？大萧条对于国家政治

的影响已被透彻地分析和讨论过了。①②③选举波动的加剧、新政党或非主流政党的崛起、民粹主义领导人的涌现、政府危机等,都产生着广泛的影响。它们相当符合我们对国家代议制的理解:未能对新兴的需求做出充分反应导致供给侧发生了(更柔性或更刚性的)变化。老牌精英的惰性为新精英敞开了空间。④

然而,当今欧洲大多数国家政治体系都深深嵌入在欧盟制度框架中,因此对国内体系的简单分析并不足以全面了解危机年代的影响。我们需要更详细地探讨整个欧盟的政治体系发生了什么变化。欧盟的治理体系和代表制度显然比国内制度更复杂且重要,因为前者对后者产生了显著影响。

考虑到《马斯特里赫特条约》和近年来欧盟中央机构所获得的重要新权力,欧洲治理体系一再被要求采取行动以应对过去几年的危机。尽管经济金融危机给欧盟的决策机构带来了尤为严峻的挑战,但移民危机以及在较小程度上欧洲边境的安全危机也有待欧盟的回应。人们普遍认为欧盟应对危机既迟缓又胆怯(民众经常抱怨"太少太迟"),但是,通过成员国的联合行动,欧盟中央机构的确采取了一系列的重要措施。最重要的举措包括:创建两个紧急基金(EFSF:欧洲金融稳定基金;ESM:欧洲稳定机制)、六包(修订的《稳定和增长公约》)、财政契约(《经济货币联盟稳定、协调与治理条约》)、欧洲中央银行的量化宽松和其他非常规行动、所谓的容克计划(欧洲战略投资基金)以及灵活应用《稳定和增长公约》。

---

① Bartels Larry and Nancy Bermeo, eds, *Mass Politics in Tough Times: Opinions, Votes and Protest in the Great Recession*, Oxford University Press, 2013.

② Dassonneville Ruth and Marc Hooghe, "Economic Indicators and Electoral Volatility: Economic Effects on Electoral Volatility in Western Europe, 1950-2013", *Comparative European Politics*, Vol. 15, No. 6, 2017, pp. 919-943.

③ Hernández Enrique and Hanspeter Kriesi, "The Electoral Consequences of the Financial and Economic Crisis in Europe", *European Journal of Political Research*, Vol. 55, No. 2, 2016, pp. 203-224.

④ Pareto Vilfredo, *Trattato di Sociologia Generale*, Barbéra, 1916.

西方政党政治与民主危机

即使没有详细探讨这些举措,我们也可以说在严重的衰退时期,借助超国家的和政府间的手段"恢复财政秩序"已经为应对经济下滑做出了重大努力。我们还应注意到这些措施的特定组合:不难看出,对于较为困难的国家,主要采取国家协调的团结手段(EFSF 和 ESM)或由欧洲中央银行等技术官僚机构(ECB,LTRO,长期再融资计划和 QE,量化宽松)援助。作为欧盟最重要的超国家机构,欧盟委员会在很大程度上采取防御立场以维持压力下的联盟现状,即采用非常有限的手段来维持超国家机构的团结。除此之外,并无太多其他作为。

上述的每一项措施主要受欧盟不同机构(欧洲理事会、欧盟委员会、欧洲央行)的启发和指导,其性质和时机都大相径庭。它们也反映了欧盟政治体系的不同组成部分如何受到危机的挑战,以及它们在制定应对措施方面有哪些优势和劣势。从更系统的角度看,我们似乎可以有理由这么认为,回应的质量反映了以下事实:即欧盟只有软弱的欧洲层面的政治代表机制,其实质的"超国家政府"的功能则严重受损。[①] 这样,经由其他渠道直面最艰难的挑战也就不足为奇了。一方面,这些反映了当危机严重危及欧盟生存时,欧洲精英仍然愿意甚至采取非同寻常的手段救助欧盟;但另一方面,他们也极其不愿赋予欧盟主要的超国家机构(欧盟委员会)更直接且有力的干预手段。

仅有以上概要式的回答是不够的,我们有必要更详细地了解,在此期间欧盟在政治上是如何运作的。我将在这篇文章中分析欧盟政治体系的不同组成部分,特别是其统治精英是如何受危机影响的。我将特别关注经济和财政危机,因为移民和安全危机仍未得到真正解决。

---

① Cotta Maurizio,"Representation in a Supra-National Polity in Times of Crisis:Themes and Theoretical Questions", *EUENGAGE Newletter*,2018b.

二、这场危机在政治上是如何以及在哪里被感受到的？

自 2008 年以来，长期的经济和金融危机已经影响到了欧洲所有国家，造成了经济衰退、失业、贫困率上升、银行部门危机和违约以及主权外债压力。同时，它的负面影响也波及了整个欧盟，危及共同市场，给欧元带来严重压力，甚至威胁到欧盟的凝聚力。毫无疑问，这是自欧盟成立以来经历的最严重的危机。然后，我们必须了解这一切给欧盟政治带来了什么样的政治影响，具体来说，统治欧盟的政治精英们是如何感知这场危机的，他们做出了哪些回应？

经济衰退的政治影响并不是各国政治研究中的新主题。已有研究透彻地分析了经济因素对投票行为的影响，尤其是在选举领域。[1][2] 总的来说，现有研究已经证实了经济不景气会对执政党和领导人产生负面影响。[3][4] 但是，这并不排除其他变量在二者之间的中介作用，如政党的组织力量、根深蒂固的社会分裂、领导因素等。学者们较少系统地关注宏观经济因素对政党制度的影响，且相关的研究尚无定论。[5][6] 近来，有学者尝试确定经济大萧条等重

---

[1] Michael S. Lewis-Beck, Richard Nadeau, and Angelo Elias, "Economics, Party, and the Vote: Causality Issues and Panel Data", *American Journal of Political Science*, Vol. 52, 2008, pp. 84-95.

[2] Bellucci Paolo and Michael S. Lewis-Beck, "A Stable Popularity Function? Cross-National Analysis", *European Journal of Political Research*, Vol. 50, No. 2, 2011, pp. 190-211.

[3] Michael S. Lewis-Beck and Richard Nadeau, "Economic Voting Theory: Testing New Dimensions", *Electoral Studies*, Vol. 30, No. 2, 2011, pp. 288-294.

[4] Kriesi Hanspeter, "The Political Consequences of the Financial and Economic Crisis in Europe: Electoral Punishment and Popular Protest", *Swiss Political Science Review*, Vol. 18, No. 4, 2012, pp. 518-522.

[5] Tavits Margit, "Party System Change Testing a Model of New Party Entry", *Party Politics*, Vol. 12, No. 1, 2006, pp. 99-119.

[6] Tavits Margit, "Party Systems in the Making: The Emergence and Success of New Parties in New Democracies", *British Journal of Political Science*, Vol. 38, No. 1, 2008, pp. 113-133.

大危机对选举行为和有关政党制度变化的影响。[1]

显而易见,政治学主要采用的是国家中心视角,即通常将经济和其他危机的影响置于国家政治制度和运作层面进行考察。[2] 本文将重点关注"复合"[3][4][5]或"多层次"[6]政体,即欧盟。对这一视角急需关注,欧盟成立60年有余,并不单纯是多个成员国的加总,而是一个能对国家体系产生重大影响的政治体系。[7] 这意味着这个政治体系的运作一方面受到成员国(MS)的国家活动影响(在这个意义上,可以说欧盟站在成员国的肩膀上),另一方面该体系又有其独特的"生命",这些都有待观察和理解。我们在本文中提倡采用政治精英的观点。同任何发达的政治体系一样,欧盟的运转有赖于一批具有很不相同影响力的政治精英。[8] 为了探究这批精英是如何被危机年代的混乱所影响的,我们有必要简要讨论其结构。正如我们所看到的那般,欧盟精英虽有其独特之处,但也具有国家体系的特征,特别是在联邦结构之中。对于政治精英理论的

---

[1] Hernández Enrique and Hanspeter Kriesi, "The Electoral Consequences of the Financial and Economic Crisis in Europe", *European Journal of Political Research*, Vol. 55, No. 2, 2016, pp. 203-224.

[2] Talving Liisa, "The Electoral Consequences of Austerity: Economic Policy Voting in Europe in Times of Crisis", *West European Politics*, Vol. 40, No. 3, 2017, pp. 560-583.

[3] Fabbrini Sergio, *Compound Democracy*, Oxford: Oxford University Press, 2007.

[4] Cotta Maurizio, "Political Elites and a Polity in the Making: The Case of the EU", *Historical Social Research*, Vol. 37, No. 1, 2012, pp. 167-192.

[5] Cotta Maurizio, "Facing the Crisis: The European Elite System's Changing Geometry", in Heinrich Best and John Higley, eds, *Political Elites in the Transatlantic Crisis*, Palgrave Macmillan, 2014.

[6] Hooghe Lisbet and Gary Marks, *Multi-Level Governance and European Integration*, Rowman and Littlefield Publishers, 2001.

[7] Hix Simon and Bjørn Høyland, *The Political System of the European Union*, Palgrave Macmillan, 2011.

[8] Higley John, "Elite Theory and Elites", in Kevin T. Leicht and J. Craig Jenkins, eds, *Handbook of Politics: State and Society in Global Perspective*, Springer, 2010, pp. 161-176.

发展和完善,相关研究可能比较重要,因为它有助于我们更好地理解国际和国家维度之间日益重要的政治灰色地带。①

由于欧洲政体极为特殊的制度结构,其政治精英的构成也特别复杂。实际上,与其说我们在谈论欧洲精英,不如说我们在谈论一个具有众多组成成分的精英体系,在此,我将其称之为欧洲精英体系(EES)。哪些是其最重要的组成部分？EES 的第一个组成部分是成员国的国家精英(现有 28 个,英国完成脱欧后减为 27 个)的集合体,他们不仅在国家层面扮演着重要角色,也在整个欧洲发挥着重要作用,因为他们自己国家的偏好(决策)为欧洲决策的过程奠定了基础。② 这一组成部分也直接催生了 EES 第二个组成部分:欧洲理事会成员和欧盟理事会(以前的部长理事会)成员。这两个机构由各国政府的现任官员组成——欧洲理事会的政府首脑或国家元首、理事会部长——因此这一精英组成部分的成员具有所谓的混合性质。他们扮演着高级别且要求严苛的国家角色以及同样重要的欧洲角色。作为欧洲央行理事会成员,各成员国的国家银行行长也扮演着类似的角色,与此同时他们还要维持自身在国内的角色地位。这部分精英的重要特征就是只要他们在国内的地位得以维持,其在欧洲机构内的角色就能持续。他们一旦失去了国内的职务,那他们在欧洲的职务也将不复存在。EES 的第三个组成部分是专门在欧盟中央机构工作的人员:欧盟委员会的政治成员和高级管理人员、欧洲议会成员、欧洲央行执行委员会成员和欧洲法院法官。这个精英组成部分无疑具有重要的国家渊源和联系,他们因国家身份而任职于超国家机构。但是他们只能隶属

---

① Cotta Maurizio, "Political Elites beyond the Nation State", in Heinrich Best and John Higley, eds, *The Palgrave Handbook of Political Elites*, Palgrave, 2018a, pp. 643-660.

② Moravcsik Andrew, *The Choice for Europe: Social Purpose and State Power from Messina to Maastricht*, Routledge, 2013.

于欧洲的一个机构。当他们在欧洲机构工作时,并不在其国家内担任职务。他们的合法性基础有些不同,在某些情况下,他们具有民主特性,其他情况下,则具有技术官僚特性(依赖专业知识)。

EES的混合特性决定了其状态和反应必然会受到众多影响。为了研究危机对EES的影响,我们必须区别对待精英群体的不同组成部分,因为他们的产生源于不同的体制机制。只有在第二阶段,我们才能讨论这些变化的系统性结果。

第一个假设是:如此严重的危机(2008—2016年)挑战着各位精英,且增加了他们的脆弱性。他们在正常时期拥有的合法性和支持度可能在困难时期就显得杯水车薪。第二个假设是:鉴于EES各组成部分的不同性质,这种影响可能是不对称的。直接与公众舆论联系在一起时,脆弱性(精英成员失去其在权力机构圈子中的地位的可能性)应该是最高的;间接与公众舆论联系时,脆弱性则较低。然而,这并不意味着技术精英的权威就不会受到挑战,只是相较于民主精英,他们所接受的更多是间接挑战。

三、国家层面的影响

我们考虑到,最有效回应欧盟人民问题和要求的民主机制仍在国家层面。因此,我们必须从国家层面的影响出发,继而转向对欧洲的直接和间接影响。为了评估国家政治精英的脆弱性,我将集中关注选举对于国家议会和内阁的影响,并比较危机时(2008—2016年)和危机前(1995—2007年)的两个时段。

对于政府和议会精英,我将"波动指数"作为第一个指标,并检验它随时间变化的程度。第二个指标是"内阁在任效应",即在任的政府政党在每次选举中的选举损失和收益。第三个指标则是"首相的脆弱性",即选举后更换首相的频率。

目前,波动指数(佩德森指数)被用于评估政党制度和选民的稳定性和制度化程度。在危机时期,我们的预期是选民更倾向于叛逃(尤其是叛逃执政党,或更普遍地叛逃老党派),然后转投反对党和新执政党。因此,我们预计总的波动指数会增加。

如果我们首先分析2004年之前的成员国(扩大之前),14个国家中,有11个国家的波动指数增加了(见表1)。希腊和爱尔兰的波动指数从第一阶段(1995—2007年)到第二阶段(2008—2016年)增加了两倍,是两个最显著的例子。其次是意大利和德国,然后是英国、奥地利、丹麦和西班牙。相反,瑞士、荷兰和葡萄牙的波动指数则有一定程度的下降。

表1 议会选举中的选举波动指数(2004年之前的欧盟成员国)

国家	1995—2007年	2008—2016年	绝对增加	增加(%)
奥地利	11.1	17.0	5.9	53.0
比利时	11.3	12.8	1.5	13.5
丹麦	9.9	15.2	4.3	53.2
芬兰	10.0	11.5	1.5	14.7
法国	20.0	23.6	3.6	17.8
德国	8.1	15.2	7.1	87.9
希腊	6.2	24.4	18.3	296.9
爱尔兰	8.9	27.2	18.4	207.3
意大利	13.6	24.0	10.4	75.9
荷兰	21.2	19.7	−1.5	−7.2
葡萄牙	11.4	11.1	−0.2	−2.0
西班牙	8.5	12.1	3.7	43.2
瑞典	15.7	9.8	−5.9	−37.7
英国	8.1	12.7	4.7	57.7
平均波动	11.7	16.9	5.2	44.2

说明:作者参考 Emanuele[①] 的数据制作,塞浦路斯、卢森堡和马耳他不包括在内。

---

① Emanuele Vincenzo: "Dataset of Electoral Volatility and Its Internal Components in Western Europe (1945-2015)"(24 August, 2015), GESIS, http://dx.doi.org/10.7802/1112, 10 October, 2017.

表2的结果显示,11个中东欧国家呈现相反的趋势:其中有7个国家的波动指数下降(在某些情况下非常明显)。只有4个国家(特别是其中2个)的波动指数是增长的。这就意味着危机对这些政治体系没有实质性的影响。然而,我们应该谨记第一个阶段(1995—2007年)非常接近民主过渡时期的初级阶段,也非常贴近创建和巩固竞争性政党体系的艰难时段。因此,该时期呈现出高波动指数就不足为奇了。第二个阶段(2008—2016年)所展现的更小的波动指数(仍高于其他西方国家)表明对这些数据的使用需更为谨慎。以选举波动指数为测量方式的定量研究需要更多定性手段来优化,比如探索波动指数增加在多大程度上是因为新政党的崛起或者是批评当权精英与欧盟党派的崛起,而不是老牌政党之间的转变。①

表2 议会选举中的选举波动指数(中东欧国家)

国家	1995—2007年	2008—2016年	绝对增加	增加(%)
保加利亚	42.9	34.5	−8.4	−19.5
克罗地亚	27.5	24.7	−2.8	−10.2
捷克共和国	20.7	38.3	17.6	85.2
爱沙尼亚	48.5	17.6	−30.9	−63.7
匈牙利	20.5	21.5	1.0	2.0
拉脱维亚	57.4	48.1	−9.3	−16.2
立陶宛	57.3	47.5	−9.8	−17.0
波兰	46.3	23.2	−23.2	50.0
罗马尼亚	29.2	32.5	3.3	11.5
斯洛伐克	59.2	29.6	−29.6	−50.0
斯洛文尼亚	25.5	42.6	17.1	66.9
平均波动	39.5	32.9	−6.7	−16.9

---

① Powell Eleanor Neff and Joshua A. Tucker, "Revisiting Electoral Volatility in Post-Communist Countries: New Data, New Results and New Approaches", *British Journal of Political Science*, Vol. 44, No. 1, 2014, pp. 123-147.

脆弱性、柔韧性与回应性：长期危机下的欧洲精英体系

如果我们的分析仅限于第一组国家（14个成员国）则会发现，尽管在第二个阶段（2008—2016年），波动指数在各地都或多或少地增加，但波动指数的增加与危机的深度之间的相关关系并不强。举例来说，受危机影响最为严重的几个国家中，葡萄牙的波动水平是较低的。而德国作为在危机时期表现最好的国家之一，其波动指数明显增加。这意味着存在其他中介变量，这些中介变量会削弱或增强危机影响。政党制度的柔韧性就可能是其中一个中介变量，危机期间支持政府的政党也可能发挥了作用（肯尼思·罗伯斯和威伯尔斯·埃里克曾在1999年就这一研究提出了一些有趣的观点[1]）。

如果波动指数的增加预示着选民转变立场的意愿更加强烈，那么，我们下一步就要考虑这在多大程度上等同于其对政府的"惩罚"。因为政府无法解决危机和危机带来的问题，甚至无法减轻危机带来的影响。为了研究这个问题，我使用了两个不同的指标：执政党的选举损失百分比（PiGEL）和选举后新首相上台的人次（PMChange）。

已收集到的28个欧盟国家的数据显示：在绝大多数国家的执政党选举损失指标中（见表3），这一时期执政党的选举表现呈负面影响。在这28个国家中，有21个执政党在第二阶段遭受的平均损失大于第一阶段。在第一阶段和第二阶段之间，所有执政党的平均损失几乎翻了一番。但是，有趣的是，在11个中东欧国家中，有7个国家的执政党在第二阶段的选举损失小于第一阶段。这一结果有些出乎意料，但是也可能是因为在新兴民主国家中，第一阶段存在着转型时期的难题，以及竞争性政党体系漫长的制度

---

[1] Kenneth M. Roberts and Wibbels Erik, "Party Systems and Electoral Volatility in Latin America: A Test of Economic, Institutional, and Structural Explanations", *American Political Science Review*, Vol. 93, No. 3, 1999, pp. 575-590.

化过程,这两个因素可能对执政党的选举表现产生了负面影响。在"老欧洲"国家中,三个受经济危机影响最严重的国家——希腊、爱尔兰和西班牙——执政党的平均损失最大。意大利和葡萄牙也深受危机影响,为什么这两个国家的执政党损失就要小得多? 这也是个悬而未决的问题。

表3 内阁脆弱性的两个指数

国家	PiGEL① 1995—2007年	PiGEL 2008—2016年	PMChange② 1995—2007年	PMChange 2008—2016年
奥地利	2.7%	8.6%	3/4	1/2
比利时	0.4%	2.2%	2/4	2/2
保加利亚	26.5%	12.3%	3/3	3/3
捷克共和国	1.5%	21.5%	3/4	2/2
克罗地亚	9.5%	12.6%	3/4	2/2
丹麦	2.1%	4.3%	1/4	2/2
爱沙尼亚	1%	−1.2%	3/4	0/2
芬兰	3.9%	7.7%	2/4	2/2
法国	−1.6%	12.6%	1/3	0/1
德国	3.8%	7.3%	2/3	0/2
希腊	2.5%	21.7%	1/4	4/4
匈牙利	6.7%	17.8%	2/3	1/2
爱尔兰	1.8%	26.5%	1/3	1/2
意大利③	0	4.3%	3/3	2/2

① PiGEL(执政党的选举损失):正百分比表示平均选举损失;负百分比表示平均收益。
② PMChange:表示在选举后组建的所有政府中的新首相的人次。
③ 在意大利的案例中,作者将对蒙蒂技术官僚政府给予议会支持的政党也算为"执政党"。

(续表)

国家	PiGEL 1995—2007 年	PiGEL 2008—2016 年	PMChange 1995—2007 年	PMChange 2008—2016 年
拉脱维亚	8.4%	6.9%	3/4	0/3
立陶宛	16.4%	9.8%	2/3	2/2
荷兰	9.3%	12.6%	1/4	1/2
波兰	19%	10.6%	4/4	1/2
葡萄牙	8.9%	9.6%	4/4	1/2
罗马尼亚	10%	8.4%	3/4	2/3
斯洛伐克	14.5%	12.7%	3/3	2/2
斯洛文尼亚	11%	19.2%	2/3	2/3
西班牙①	0.6%	16.1%	1/3	3/3
瑞典	3.4%	4.2%	2/3	1/2
美国	6.4%	10.2%	1/3	1/2
平均	6.7%	11.1%	61%	68%
欧元区平均②	12.4%			
非欧元区平均	9.8%			

关于表中的第二个指标——内阁选举前和选举后首相的变化显示,超过60%的现任首相未能续任。在这种情况下,第一阶段和第二阶段的选举后新首相的人次(PMChange)的平均值也(适度地)增加了。

在比较了第一阶段和第二阶段的数据之后,用于评估欧盟政治精英脆弱性的指标一直呈现负面的变化。几乎所有地方的选民

---

① 2016年的选举未计算在内,因为选举前主管内阁的是过渡政府。
② 在计算欧元区平均值时,作者只包括了从该时期开始的部分国家(大体上),因此包括斯洛文尼亚,而排除后来加入的爱沙尼亚、拉脱维亚、立陶宛和斯洛伐克。

波动性都在增加,执政党和首相在捍卫自身立场方面也面临了巨大的挑战。我们可以理解,各国的政治精英将这些数据解读为一个信号,即选民因危机而越发不满,而要维持住选民的立场则需要接受更多挑战,因此,出台的政策必须能够安抚选民的不满情绪。

在欧盟政治体系中,国家层面发生的事情对欧洲机构也有直接影响,所以我们现在把目光转向对欧洲层面的影响。

四、欧洲层面的影响

考虑到欧盟的体制结构,社会上发生的事情和公民情绪的变化能在欧洲层面上得到体现的主要渠道是通过政治影响,就如国家层面对布鲁塞尔的影响那般。如前所述,欧洲理事会和部长理事会是重要的欧洲机构的成员,国家选举导致的政府变化也会影响这两个组织。为了评估这两个组织受到的影响程度,我们考察一下因成员国的政治事件而导致成员组成的变化。

我将关注欧洲理事会,因为该机构是欧盟的最高决策机构。为了测算危机年份的影响,我计算了欧洲理事会的人员流动率(ECT)。因为理事会成员的数量会随着每年新成员国的加入而发生变化,因此,ECT被计算为每年新的理事会成员占成员总数的比例[1](如图 1 所示)。

1996—2008 年,平均 ECT 为 16.3%,而 2009—2017 年,ECT 增加至 24.8%。这样的人员流动率意味着在 2009—2017 年,欧洲理事会成员每两年就有近一半的人员变化了。

总统制(塞浦路斯、法国、立陶宛、罗马尼亚)的存在一定程度上抑制了人员流动率,因为总统们通常有固定的任期。然而,法

---

[1] 一个新国家加入的那一年,其理事会成员必然是新的,因此加入的第二年就包括了新的国家。例如,奥地利作为欧洲理事会成员(1995 年加入欧盟)仅在 1996 年被计算在内。前一个阶段在 2008 年结束,因为危机的影响只能在下一年才能感受到。

脆弱性、柔韧性与回应性：长期危机下的欧洲精英体系

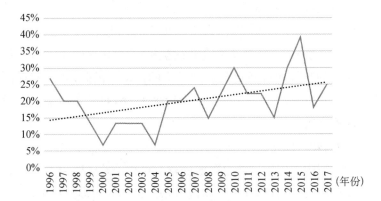

**图 1　欧洲理事会新成员比例（年平均值，
1996—2008 年和 2009—2017 年）**

说明：由于总统（塞浦路斯、法国、立陶宛和罗马尼亚）的任期通常是固定的，离职率在一定程度上受到了抑制。然而，在其中三个国家（法国、立陶宛和罗马尼亚），一个稳定的总统可能伴随着政府的更迭，这可能会对欧洲理事会的政策制定过程产生一些影响。

国、立陶宛和罗马尼亚即使有固定的总统，同时也伴随着政府的更迭，这可能对欧洲理事会的决策过程产生一些影响。

为了详细说明这一情况，我们可以测量欧洲理事会成员的稳定性及其任期。有多少长期会员？2017 年，只有 28.6％的欧洲理事会成员是有至少 4 年任期的（默克尔是迄今为止最有经验的会员，她在理事会已经任职 11 年），而 25％都是新成员。理事会成员的平均任期约为 2.5 年。

虽然欧洲理事会的成员因构成体制而显得不够稳定，但迄今为止，其政治组成并没有太大变化。如果我们把首相和总统的党派隶属，各国政党与欧洲议会的议会团体之间的联系考虑在内，我们就会发现三个主流团体（社会民主进步联盟、欧洲人民党和欧洲自由与民主联盟）持续占有主导地位。直到 2015 年，才有两个非主流政党进入欧洲理事会：一个是希腊首相亚历克西斯·齐普拉斯（Alexis Tsipras）（属于欧洲联合左翼-北欧绿色左翼），另一个

69

是波兰首相(属于欧洲议会的保守派和改革派)。

因此,如果欧洲理事会(很大程度上也可以扩展至欧盟理事会)本质上就是一个成员不断变化的机构,那么国家精英和政府在危机时期的脆弱性增强则会加剧成员的流动。因此,我们有理由认为,欧盟最高政治机构的不稳定性增加会削弱其在面临危机时迅速决策和大胆执行的能力。

在此期间,EES 的其他部分有什么变化? 我将只考虑欧盟委员会和欧洲中央银行这两个联盟的核心机构。欧洲法院在此期间并未发挥重要作用,因此本文将其省略。在政治和媒体的辩论中,欧盟委员会和欧洲中央银行通常被视为非民主机构。事实上,他们的构成和政治性质是完全不同的。欧盟委员会经常被政治家们视为技术官僚,实际上,它也具有主要的政治特征。欧盟委员会由欧洲理事会根据各国政府推选的候选人提名组成,需要欧洲议会(即欧洲代表大会)的批准。实际上,如今欧盟委员会的形成过程已和议会制国家政府的形成过程无异。它的特点就是欧盟委员会的每个成员,即欧盟的"部长",必须分配到不同的成员国。这一制度规则极大降低了欧盟委员会政治构成的灵活性:成员通常反映了各成员国政府的政治构成。因此,欧盟委员会依赖两个原则:一是成员国有权选择"自己的"委员,而且通常是基于政府多数派的政治取向进行选择;另一个是欧洲议会多数原则,未经批准,委员会不能上任。就专业和政治背景看,委员会的政治性质也很明显。除了极少数例外,委员会的成员都是各个成员国的现任或前任高级官员。[1] 近期的主席都是各自国家的前任首相,其他各国的首相、外交部长、经济部长或财政部长和欧洲事务部长都加入欧盟委员会的行列就不足为奇了。这表明,欧盟委员会在欧洲职业

---

[1] Döring Holger, "The Composition of the College of Commissioners: Patterns of Delegation", *European Union Politics*, Vol. 8, No. 2, 2007, pp. 207-228.

政治家的排行榜中具有很高的地位。这并不奇怪,因为欧盟委员会知名度高,稳定性强(1 至 2 个五年任期),收入可观(相比国内政府部门同等职位的薪水)。

欧盟委员会如何受到危机的影响？从政治角度看,其连续性占据上风:在此期间,委员会体现了三个主流政治团体(人民党、自由党和社会党)的绝对主导地位。只有巴罗佐委员会和容克委员会中有一名委员(英国保守党)是不属于这三个党派的。在过去的三届委员会中,欧洲人民党始终占据最多数的席位,并掌控主席一职。

如果我们比较欧洲理事会和欧盟委员会,委员会显然比理事会稳定。在容克委员会期间,2015 年初在任的 27 位欧洲理事会成员中,只有 17 位在 2017 年初仍然在任。在巴罗佐委员会期间,2010 年初在任的 27 位欧洲理事会成员中,只有 10 位在 2014 年初仍然在任。相比之下,委员会成员就很少辞职或被解雇。

因此,我们观察欧盟的两个主要政治机构——欧洲理事会和欧盟委员会,两者呈现出鲜明的对比。我们看到,在各国选举及其政府组成的影响下,理事会的脆弱性增加,而委员会则保持高度的稳定性和政治连续性。委员会的政治连续性与联盟行政的大联合性质有关,它抑制了国家选举波动带来的影响,也与迄今为止缺乏能够挑战主导欧洲议会的三大主流党派的反对党派有关。即使 2014 年的欧洲选举中,疑欧党空前增加,但这种激增并没有威胁到委员会中的三大主流党派。① 这意味着 EES 中的欧洲理事会需更加关注选举,而欧盟委员会则无需担心选举,也不受政治事件的影响。

我们现在考虑 EES 的第三个重要组成部分,即欧洲中央银行的执行委员会。欧洲央行的最高管理机构不同于欧盟委员会,其

---

① Treib Oliver, "The Voter Says No, But Nobody Listens: Causes and Consequences of the Eurosceptic Vote in the 2014 European Elections", *Journal of European Public Policy*, Vol. 21, No. 10, 2014, pp. 1541–1554.

独立性可参见《欧洲联盟条约》《欧洲联盟条约》第 282 条和《欧盟运作条约》第 130 条)。欧洲央行委员会的组成不遵循"一国一成员"的原则,从而使其免受成员国及当前政治的影响。欧洲央行委员会的成员需要极强的专业资格(现任成员中,有三位是其国家央行的前任行长,其余三位要么在央行担任高级职位,要么是部长级别),而且成员的任命需要获得欧洲理事会多数成员的同意,这进一步增强了欧洲理事会的权威。然而,即使是这一部分的精英也未能幸免危机时期的特殊挑战和压力。欧洲央行理事会的德国成员[阿克赛尔·斯塔克(Axel Stark)于 2011 年离职,随后约克·阿斯姆森(Joerg Asmussen)于 2013 年离职]连续两次的辞职正好说明了这一点。另外,欧洲央行委员会的某些决定在合法性上不止一次受到各国政治家的质疑,各国的宪法法院甚至为此递交了司法审查,最后由欧洲法院对其进行评估。总体而言,欧洲央行的中央决策机构是 EES 一个稳定且持久的组成部分,不仅有强大的技术官僚,也有非常明确的政策愿景。

五、欧洲精英体系及其对危机的反应

本文所呈现的证据有助于更好地理解 EES 在危机时期的表现。正如所预料的那样,因为欧盟和执政当局具有复杂的制度结构,所以 EES 的不同组成部分受危机影响程度也不同。危机的冲击、危机带来的问题以及欧洲民众因危机产生的不满情绪都由 EES 的部分成员承担了,他们通过高度竞争的选举有效地与选民之间建立联系并建立了有效的问责机制。EES 的其他组成部分将更少地受公众抗议和愤怒的影响。因为国家选举仍是公民参与的最有效渠道,国家政治精英以及他们对于欧洲的规划都受到了危机的影响。国家精英脆弱性的增加对 EES 政府间的部分产生了影响:特别是它导致了欧洲理事会成员流动率增加,成员稳定性下降。

脆弱性、柔韧性与回应性：长期危机下的欧洲精英体系

欧盟委员会是另一个通过欧洲议会选举与选举代表机制间接相关的机构，它在很大程度上被其组建的问责机制的政治体制所"保护"，免受危机影响。尽管2014年欧洲各党派创新地指定了委员会主席的候选人，但是欧洲选举是欧洲范围内的代表制/问责制持续存在的弱点，[1][2]它未能向委员会传达强有力的行动授权。此外，"一国一个成员"的规则和大联盟的安排有助于弱化该机构的政治形象。然而，在欧洲议会中，欧盟委员会不得不面对那些新的疑欧党派的强烈反对。

EES的第三个重要组成部分——欧洲央行执行委员会几乎没有受到选举的影响，但是到了成员更替期，欧洲央行的主席和新成员的选择还是需要通过理事会获得各国政府的支持。金融危机的发展威胁到欧洲央行本身的"领域"时，欧洲央行已经在"运作"层面感受到了危机的影响，因为它危及欧元区内一个或多个国家的生存，并最终危及欧元本身的生存。因此，采取创新行动的要求变得尤为迫切。

我们可以看看迄今为止，EES的各组成部分所采取的行动，并试图解释它们如何吻合我们所展现的情况。

表4所列的信息充分说明了EES应对危机的复杂反应。显而易见，嵌入在欧洲理事会和欧盟委员会中的欧盟"政治"政府几乎没有能力或者意愿来制定全欧洲的政策工具，以结构性和积极的方式应对欧盟经济的下滑和危机所带来的严重后果，如增长缓慢、失业增加、投资减少和贫困加剧。一方面，它的行动带有防御性质，旨在以监管手段保护欧盟"大厦"不受成员国因经济危机而

---

[1] Schmitt Hermann, "The European Parliament Elections of June 2004: Still Second-Order?" *West European Politics*, Vol. 28, No. 3, 2005, pp. 650-679.

[2] Hix Simon and Michael Marsh, "Second-Order Effects Plus Pan-European Political Swings: An Analysis of European Parliament Elections Across Time", *Electoral Studies*, Vol. 30, No. 1, 2011, pp. 4-15.

表 4 欧洲精英和他们应对危机的反应

EES精英组成部分	合法性来源	危机的影响	对危机的回应	回应的特征和对欧洲的影响	产生的问题
国内精英	国内选举	反执政党的挑战。传统政党和现任政府的脆弱性增加	在联盟规则规定的范围内由国家决定的响应。赤字支出与紧缩之间的困境	回应不足和有限的欧洲合作。国民经济中的不对称性增加	国内精英只在选举中对绩效负责。克服危机的手段有限
欧洲理事会	国内选举和执政的执政成员地位	人员流动率的增加和连任的减少	不愿向超国家的欧洲当局授予新的权力和政策工具。对危机影响的国家提供的偏好：为受影响的国家提供EFSF和ESM基金；财政契约预算纪律规则强加给各国政府	紧急行动而非结构性措施。对避免在受影响的国家做出重大贡献。对经济危机的胆怯和延迟反应	有限影响经济危机产生的结果。在"贷方"和"受援"国之间产生国家怨恨。构建欧洲共同观念不强烈
欧盟委员会	各国政府的提名和欧洲议会的保障	对联盟规则的挑战。对联盟的离心驱动	捍卫联盟规则。加强确保成员国遵守欧元区规则。容克计划（EFSI）	监管工具多于（再）分配工具。对欧盟经济趋势的影响较弱	委员会更多地被视为规则的守护者，而不是问题的解决者
欧洲央行	功能合法性基于专家的专长和条约规定的能力	主权债务危机和对欧洲的现存挑战。银行危机	扩大对银行的贷款能力(LTRO)。QE(购买国家二级市场债券)。赋予对银行系统的新权力	大规模的行动。减少了主权国家违约的风险。保住欧元。大幅减少欧元区的分裂	强硬但有限地规定欧洲利率(维护欧元区)。对其政策的合法性表决抵消了欧洲法院裁决批评外部批评

74

带来的破坏性影响。另一方面（主要是在欧洲理事会的倡议下），它促进了特殊工具（EFSF 和 ESM）的创建，这些工具的形成来自成员国各自提供的资源（而不是欧盟本身），旨在通过紧急贷款解决最严重的国家危机。在危机的最后阶段，欧盟才推出了真正属于他的一步小措施，就是所谓的"容克计划"（EFSI：欧洲战略投资基金）。这意味着，在很大程度上，各国政府只能在欧洲监管框架的约束下应对危机，而这个监管框架更注重维护现状而非促进经济发展。

这些工具的组合非常吻合 EES 中两个组成部分的政治局势。对于欧洲理事会成员来说，在危机时期，国家问责制的强大压力迫使其自然地关注国内政治市场、国家利益和欧洲共同利益。疑欧派则认为，大多数国家领导人是不愿推进或接受大胆的欧洲解决方案的，因为这可能会被国内民众误解为对国家利益的背叛。只有当某一个成员国的违约可能会危及本国，也会损害其他国家的利益时（例如他们国家的银行参与了主权债务的融资），该国才会愿意引入非常规工具（仍受政府的监控）。至于欧盟委员会，欧洲选举过程带来的问责压力和欧洲政治授权的缺乏促使该机构依赖于其稳固的职能合法性，即"条约的监护人"，也促使该机构通过监管部门开展工作（2011 年适应《稳定与增长公约》的"六包"法规和指令得到加强）。[①] 而这些是通过增强规则运用的灵活性和 2014 年底推出有限的投资促进计划才得到轻微改善的。

略显矛盾的是，对欧洲共同利益进行最直截了当的阐述，对欧洲共同利益采取最强有力的手段进行捍卫的，都源自 EES 中"民主代表性"最弱的部分，即欧洲央行的领导。欧元区面临日益严重的金融分裂，特别是 2010—2012 年间，欧元国家之间的利率差异

[①] Michael W. Bauer and Stefan Becker, "The Unexpected Winner of the Crisis: The European Commission's Strengthened Role in Economic Governance", *Journal of European Integration*, Vol. 36, No. 3, 2014, pp. 213-229.

显著扩大,货币联盟解体的现实风险愈加突出,欧洲央行已设法强化其自身作用,①并开发新的强有力的行动工具。欧洲央行作为掌控货币联盟的机构,为了"拯救自己",也为了"拯救欧元",其领导层确信利率的调整是远远不够的,必须采取非常规的措施。这一选择遇到了极大的阻碍,2011年秋,②欧洲央行董事会的德国成员辞职,德国和其他北欧国家的媒体和政治家的批评声不绝于耳正好证实了这一点。欧洲央行的选择在法律层面也不止一次受到挑战。可能是为了稳固自身地位,欧洲央行的领导层赞成引入欧洲理事会提议的《财政契约》,③并将其作为一种平衡措施来安抚欧元区的"良性"国家,而央行也准备推出更激进的政策来解决欧元危机,保护在财政上濒危的国家。

总的来说,欧洲当局采取了相当复杂的政策组合导致了当前的情况。有些是防御性的,有些是主动性的,有些是特殊性的,有些是普遍性的。有些政策产生的效果比较慢,有些则比较快。有些政策使用时比较谨慎,有些则比较大胆。当我们考虑EES的复杂性以及EES各组成部分在危机时期所承受的不同政治压力和投入时,这些政策工具的混杂组合就不那么出乎意料了。

这么说可能过于简单,却又是事实,欧洲理事会(及其背后民主合法化的国家精英)和欧洲央行的技术官僚机构在应对危机时占据了核心地位。欧盟委员会在某种程度上却被"挤压"在这两大机构之间。欧盟委员会的行动并非无关紧要,但相比另外两个机

---

① Vivien A. Schmidt, "Reinterpreting the Rules 'by Stealth' in Times of Crisis: A Discursive Institutionalist Analysis of the European Central Bank and the European Commission", *West European Politics*, Vol. 39, 2016, pp. 1032-1052.
② 抵制欧洲央行新政策的另一个迹象是德国央行行长、欧洲央行管理委员会的法定成员于2010年2月辞职。
③ Draghi Mario: Hearing before the Plenary of the European Parliament on the Occasion of the Adoption of the Resolution on the ECB's 2010 Annual Report, (December 1, 2011), European Central Bank, https://www.ecb.europa.eu/press/key/date/2011/html/sp111201.en.html, October 10, 2017.

构，它因各国民主基础而缺乏影响力，也因其职能自主性和潜在的实质性资源的可获得性而缺乏影响力（当它们的合法性问题因欧元危机的逼近而得到解决时）。

虽然欧洲理事会和欧洲央行的联合行动为欧洲经济的复苏争取了时间且提供了支持，避免了危机带来的灾难性后果。但是欧洲范围内的代表制和问责制的弱点以及欧洲决策机构和欧洲公民之间的直接联系削弱了 EES 更为有效地"想象"①欧洲作为一个真正的联盟并表达共同利益的能力。这也限制了未来其发展普遍性和结构性的手段以应对危机。高度依赖欧洲央行的技术官僚来应对危机，进一步验证了联盟内民主渠道的单一。

长远来看，我们可以说欧盟及其统治精英的内部失衡并没有随着危机时代的结束而得到解决。决策的重心仍旧（甚至进一步）落在"政府内部机构"上，而这些机构恰恰深受危机的影响且未能做出有效决策。这就导致了坚定的欧洲民主进程的决策缺失。另外，有些人抱怨技术官僚机构的角色是非民主的，但事实上，如果不当机立断做出决定，它们将被迫替代那些更民主的机构。弗里茨·沙普夫（Fritz W. Scharpf）在多年以前比较欧盟和联邦制时所强调的问题至今仍未找到令人满意的答案。② 如果这种情况加剧了对欧盟的普遍不满，我们应该感到惊讶吗？

---

① Anderson Benedict, *Imagined Communities: Reflections on the Origin and Spread of Nationalism*, London: Verso Books, 1990.
② Fritz W. Scharpf, "The Joint Decision Trap: Lessons from German Federalism and European Integration", *Public administration*, Vol. 66, No. 3, 1988, pp. 239-278.

欧洲激进右翼政党代表性分析

燕山大学文法学院　朱炳坤

本文引入政党代表性视角,分析了欧洲激进右翼政党的哪些政策立场获得了民众支持,以及这些政策立场在何种程度上影响了民众的投票选择。通过实证分析,本文有三点发现:一是可以通过经济和文化两个维度,构建出完整的欧洲激进右翼政党代表性的表达方式,并以此作为分析工具;二是从政治认知和社会阶级角度看,欧洲激进右翼政党代表的群体参与政治热情高,且多是收入较低的产业工人;三是欧洲激进右翼政党在文化维度上的代表性高,是其获得选民支持至关重要的原因。

一、为何引入代表性视角?

(一) 投票分析的过度简化

现有的研究重在分析民众对欧洲激进右翼政党的投票行为,这些研究将欧洲激进右翼政党与民众的互动过度简化为简单的选择关系,从而忽视了欧洲激进右翼政党的政治观念和政策倾向与民众之间的复杂互动关系。从历史角度看,欧洲激进右翼政党的政治观念和政策倾向,具有相对完整且丰富的理论内涵。

早在二战前,以卡尔·施米特(Carl Schmitt)为代表的"经典激进右翼政治思想家们",①就曾试图通过哲学和历史学等学术话语,将激进右翼政治观念建构为一整套具有逻辑自洽性和现实合理性的理论体系。然而,随着反法西斯战争的胜利,"经典激进右翼政治思想家们"将激进右翼政治理念构建为学术理论的尝试宣告失败。但是,这些早期激进右翼思想家们所留下的"敌人/朋友"的二元对立观念、西方文明因移民到来终将衰落的"文化保守主义"情绪,以及对于"自由的19世纪传统"的怀念,都成了后来的欧洲激进右翼政党和意见领袖们汲取营养的思想土壤。② 基于这些经典激进右翼政治思想政治遗产,在欧洲20世纪80年代兴起的"新右翼运动"成了后来美国当代诸多激进右翼运动的直接思想来源。因此,在历史上,欧洲激进右翼政党和欧洲激进右翼政治理念,是欧洲激进右翼政治的一体两面。

综上,现有的诸多研究更注重欧洲激进右翼政党在民主制度中参与竞争选举的表层,而忽视了激进右翼政党所代表的政治理念和政策倾向在民众之中的被接受程度。欧洲激进右翼政党在何种程度上代表了选民的政策诉求,在政策的代表性上又何种程度地影响了选民的投票行为,都并非现有分析选民投票行为的简单模型能够回答的。因此,有必要在分析欧洲激进右翼政党的时候,

---

① Mark Sedgwick ed., *Key Thinkers of the Radical Right: Behind the New Threat to Liberal Democracy*, Oxford University Press, 2019.
② 这些核心观念总结自四位具有代表性的"经典激进右翼政治思想家":奥斯瓦尔德·斯彭格勒(Oswald Spengler)、恩斯特·荣格(Ernst Jünger)、卡尔·施密特和朱利叶斯·埃沃拉(Julius Evola)。这四位经典的激进右翼政治思想家和尼采、海德格尔一道,被认为是最重要的激进右翼政治思想家,他们的著作是当今激进右翼知识分子的必读书籍。这些经典思想家除斯彭格勒外,无一例外都是在纳粹或法西斯统治时期最为活跃的。但是,他们当中只有施米特一人是纳粹党的活跃分子。相比之下,荣格也曾受到纳粹政治势力的追捧,但是与斯彭格勒一样,荣格也并不支持纳粹,而埃沃拉则同纳粹势力保持着暧昧的关系,但他却没有加入任何法西斯政治组织。所有这些激进右翼的经典思想家都在两次世界大战之间写下了他们最重要的著作。参见 Mark Sedgwick ed., *Key Thinkers of the Radical Right: Behind the New Threat to Liberal Democracy*, Oxford University Press, 2019。

引入激进右翼政治的观念变量,以全面地分析欧洲激进右翼政党和选民的关系。

(二) 怨恨动员理论的失效

现有分析欧洲激进右翼政党的理论中,被经常使用并且发展最为完善的就是怨恨动员理论,其研究的重点偏于民众对现实的不满,以及民众出于对现实不满所进行的抗议性投票(protest voting)。学者们在将怨恨动员理论引入分析欧洲激进右翼政党的过程中发现,对于移民相关问题的不满是整合欧洲激进右翼政党的关键。[1] 尽管伊瓦斯弗拉滕最初进行分析所选择的七个国家的数据中,对民主政治和经济的不满,并没有被证明是动员民众支持欧洲激进右翼政党的关键性因素。但是,在后来的研究中,学者们逐步丰富了怨恨动员理论对欧洲激进右翼政党动员能力的解释。肖恩·鲍勒(Shaun Bowler)等人的研究认为,欧洲激进右翼政党的支持者会出于对既有民主政治运行方式的不满,选择直接民主式的政治参与手段以支持欧洲激进右翼政党。[2] 而在现实中,欧洲激进右翼政党已经利用人们对经济的不满开始获得影响力。法国国民阵线自2010年以来,一直利用人们对经济的不满,试图在选举中获得更为广泛的支持。[3] 在关于欧洲激进右翼政党的阶级基础与社会收入不平等的研究中,学者们找到了说明欧洲

---

[1] Elisabeth Ivarsflaten, "What Unites Right-Wing Populists in Western Europe? Re-Examining Grievance Mobilization Models in Seven Successful Cases", *Comparative Political Studies*, Vol. 41, No. 1, pp. 3-23.

[2] Shaun Bowler & David Denemark etc., "Right-Wing Populist Party Supporters: Dissatisfied but Not Direct Democrats", *European Journal of Political Research*, Vol. 56, No. 1, 2016, pp. 70-91.

[3] Gilles Ivaldi, "Populism in France", in Daniel Stockemer ed., *Populism Around the World: A Comparative Perspective*, Springer, 2019, p. 38.

激进右翼政党的支持者们大多收入低且对经济不满的证据。① 基于上述由怨恨动员理论得出的结论,欧洲激进右翼政党的支持者往往是对所在国家经济发展不满、对腐败政治感到失望、对外来移民带来的冲击无所适从的群体,有的学者直接将这一群体描述为"全球化中的失败者"。②

上述基于怨恨动员理论的研究,对欧洲激进右翼政党的支持者给出了简单的心理分析,至于欧洲激进右翼政党在何种意义上代表了它的支持者,欧洲激进右翼政党的哪些政策获得了民众支持,以及哪些因素会对欧洲激进右翼政党在民众中的代表性造成影响,怨恨动员理论都未能够做出解释。

从理论角度出发,学者们已经开始对怨恨动员理论展开批评。根据马蒂吉斯·鲁迪金(Matthijs Rooduijn)对欧洲多国激进右翼政党的研究,"全球化中的失败者"并不一定会坚定地支持右翼民粹主义政党,因为欧洲激进右翼政党的支持者们对移民、经济乃至建制的态度,并不比主流政党支持者表现出更多的"怨恨",这样就不能够说明某些具有特定不满情绪的民众,是欧洲激进右翼政党的坚定支持者。③ 史蒂文·范·豪瓦特(Steven Van Hauwaert)认为,这些关于欧洲激进右翼政党的分析,偏重于欧洲激进右翼政党的政策攻击性,相应地也就忽视了选民自身关于激进右翼政治相

---

① 参见 Kyung Joon Han, "Income Inequality and Voting for Radical Right-Wing Parties", *Electoral Studies*, Vol. 42, 2016, pp. 54–64. Jens Rydgren ed., *Class Politics and the Radical Right*, Routledge, 2013. 林红:《不平等:民粹主义的政治经济学逻辑》,《国外理论动态》2020年第3期,第128页。

② Hanspeter Kriesi & Edgar Grande etc., "Globalization and The Transformation of The National Political Space: Six European Countries Compared", *European Journal of Political Research*, Vol. 45, No. 6, 2006, pp. 921–956. Hanspeter Kriesi et al., *West European Politics in the Age of Globalization*, Cambridge University Press, 2008.

③ Matthijs Rooduijn, "What Unites the Voter Bases of Populist Parties? Comparing the Electorates of 15 Populist Parties", *European Political Science Review*, Vol. 10, No. 3, 2018, pp. 351-368.

关议题的观点。①

从现实角度看,怨恨动员理论对欧洲激进右翼政党支持率上升的解释存在错误。从近20年来欧洲社会调查的数据可知,欧洲民众对于移民问题、全球化与政府的满意度,在2007年至2008年降到最低点,在随后的几年中逐步上升。根据怨恨动员理论,欧洲激进右翼政党的支持率在2007年至2008年的选举中会增加,在随后的选举中会相应回落。欧洲激进右翼政党确实在这两年的选举中获得了更高的支持率,但我们将研究的历史时段拉长就会发现,欧洲激进右翼政党的支持率,并不是在民众怨恨情绪最突出的这两年里异军突起,相反多数欧洲激进右翼政党②的支持率进入21世纪后稳步上升,其影响力是伴随着时间推移持续增加的。

上述分析说明,在分析欧洲激进右翼政党的过程中,我们不能简单粗暴地看待选民的投票行为,更不能对怨恨动员模型不加反思地应用,这会让我们的研究忽视民众对欧洲激进右翼政党的政策立场与价值观念的认识。

现有关于西方激进右翼政治的研究,大多聚焦在欧洲激进右翼政党在选举中如何获得民众支持这一"焦点"上。这种对欧洲激进右翼政党与选民投票行为关系的过分关注,导致了对欧洲激进右翼政党所提出的政策观点与民众之间互动的忽视。因此,现有将欧洲激进右翼政党的政策排除在外的选民投票行为研究模型,所得出的结论必然缺乏稳定性。在实际研究中,由于投票行为数据相对容易获取,许多学者就选择通过投票行为数据来分析欧洲

---

① Steven Van Hauwaert & Stijn Van Kessel, "Beyond Protest and Discontent: A Cross-National Analysis of the Effect of Populist Attitudes and Issue Positions on Populist Party Support", *European Journal of Political Research*, Vol. 57, No. 1, 2018, pp. 68-92.

② 奥地利自由党(FPO)、瑞士人民党(SVP)、法国国民阵线(FN)、挪威进步党(FrP)等欧洲激进右翼政党都符合这一判断。此段中的具体数据分析引自作者的另一篇未刊稿件。

激进右翼政党的兴起,分析欧洲激进右翼政党投票行为的阶级差异和性别差异。① 但在现实中,民众政治立场和政党政策之间的相互作用是客观存在的,仅从民众投票行为出发,必然会忽视欧洲激进右翼政党政策倾向与民众之间的互动关系。因此,我们需要引入政党代表性这一理论视角,以更客观地分析欧洲激进右翼政党。

(三) 政党代表性理论的优势

以往的研究对于从民众认知角度定义政党代表性的方法并不认同。学者们甚至认为民众"几乎完全无法判断政府行为的合理性,对特定政策以及导致这些政策的原因知之甚少,广大选民既无法评估政策目标,也无法评估为实现这些目标而选择的手段的适当性",②即许多公民无法做出与他们的偏好匹配的政党选择。但拉塞尔·道尔顿(Russell Dalton)却认为,关于民众无法做出正确选择的研究过分关注民众的政治思维和选择过程,而忽视了民众通过投票所选择的内容。③ 道尔顿引用理查德·劳(Richard Lau)

---

① Daniel Oesch & Line Rennwald, "Electoral Competition in Europe's New Tripolar Political Space: Class Voting for The Left, Centre-Right and Radical Right", *European Journal of Political Research*, Vol. 57, No. 4, 2018. Niels Spierings & Andrej Zaslove, "Gendering the Vote for Populist Radical-Right Parties", *Patterns of Prejudice*, Vol, 49, Nos. 1-2, 2015. Kirill Zhirkov, "Nativist but Not Alienated: A Comparative Perspective on The Radical Right Vote in Western Europe", *Party Politics*, Vol. 20, No. 2, 2014. Marcel Lubbers & Marcel Coenders, "Nationalistic Attitudes and Voting for The Radical Right in Europe", *European Union Politics*, Vol, 18, No. 1, 2017. Kyung Joon Han, "Income Inequality and Voting for Radical Right-Wing Parties", *Electoral Studies*, Vol. 42, 2016. Daniel Oesch, "Explaining Workers' Support for Right-Wing Populist Parties in Western Europe: Evidence from Austria, Belgium, France, Norway, and Switzerland", *International Political Science Review*, Vol. 29, No. 3, 2008. Shaun Bowler and David Denemark etc. , "Right-Wing Populist Party Supporters: Dissatisfied but Not Direct Democrats", *European Journal of Political Research*, Vol. 56, No. 1, 2017.
② Angus Campbell et al. , *The American Voter*, Wiley, 1960, p. 543.
③ Russell Dalton, "The Representation Gap and Political Sophistication: A Contrarian Perspective", *Comparative Political Studies*, Vol. 54, No. 5, 2021.

关于正确投票(correct voting)的研究,①说明了选民能够理性认识政党与政党提出的政策和秉持的价值。劳认为,投票的"正确性"要根据每个人的自身特殊情况定义,"正确投票"的定义应为在完全信息条件下作出的、选择相同的投票决定。② 那么,基于民众对某些政策的基本看法和政党对相同政策所作的表态,我们就可以计算民众立场和政党立场之间的差距,也就能够得知政党在民众中的代表性。本文所述的欧洲激进右翼政党的代表性,就是依据劳和道尔顿所完善的思路和方法计算得出的。

在现实政治生活中,欧洲激进右翼政党的政治观念和政策立场正在通过媒体舆论渗透到社会中。民众未必会参与到选举中为欧洲激进右翼政党投票,但民众一定会在社会生活中接触到激进右翼政党的政策立场和价值观念,民众也必然会基于其所处的社会条件,形成他们对于欧洲激进右翼政党政策立场和价值观念的看法。民众所形成的看法和欧洲激进右翼政党的政策立场和价值观念必然会存在距离,而这种距离的远近就是欧洲激进右翼政党在民众中代表性的体现。

这种基于欧洲激进右翼政党的代表性展开的分析,不局限于民众投票行为,更多地将民众的政治倾向和欧洲激进右翼政党的政策立场纳入分析。这能够帮助我们更全面地认识欧洲激进右翼政党的社会基础,同时,也有助于我们从政策立场和价值观念角度进一步理解欧洲激进右翼政党。引入代表性视角分析欧洲激进右翼政党,就提供给了我们民众怨恨情绪之外的另一个角度,以便我们在理性选民假设下分析欧洲激进右翼政党的崛起。

---

① Richard R. Lau & David P. Redlawsk, "Voting Correctly", *The American Political Science Review*, Vol. 91, No. 3, 1997, pp. 585-598. Richard R. Lau & Parina Patel et. al, "Correct Voting Across Thirty-Three Democracies: A Preliminary Analysis", *British Journal of Political Science*, Vol. 44, No. 2, 2013, pp. 239-259.

② Richard R. Lau & David P. Redlawsk, "Voting Correctly", *The American Political Science Review*, Vol. 91, No. 3, 1997, p. 586.

二、理论回顾与提出假设

当下欧洲激进右翼政党并没有引发新的政治矛盾,其关心的冲突性的政治议题,仍旧集中在经济和文化领域。汉斯佩特·克里西(Hanspeter Kriesi)等人认为,到目前为止,欧洲激进右翼政党和传统政党的分裂一直嵌入到现有政治冲突的二维结构中,这一结构包括经济和文化两个维度。① 本文也将在文化矛盾和经济矛盾两个维度上,构建欧洲激进右翼政党的代表性模型。

首先,欧洲激进右翼政党的文化政策集中体现为文化保守主义,其中最直接的表现是反对外来移民涌入。因此,欧洲激进右翼政党在国家内部往往充当反移民政党的角色。② 已有研究发现,保守文化和地方主义是欧洲激进右翼政党社会动员的主要要素,而且其社会动员成功与否,显著地取决于人们对保守文化的意愿和地方主义情感的程度;越是不满移民对本国文化冲击的、地方主义情感越强烈的人,越容易被欧洲激进右翼政党动员。③ 欧洲激进右翼政党往往会强调本国人民和外来移民之间的对立,并将其塑造成"敌人/朋友"的不可调和的冲突。因此,欧洲激进右翼政党会在政策制定过程中,强烈反对多元文化、全球化与因全球化而来的移民。④ 一小部分极端的欧洲激进右翼政党还坚持一种生物学形式的种族主义观点,认为一些种族群体在基因上优于其他种族群体。他们中的大多数人倾向认为,多种民族群体的混合产生了

---

① Hanspeter Kriesi & Edgar Grande et. al, *Political Conflict in Western Europe*, Cambridge University Press, 2012, p. 4.
② David Art, *Inside the Radical Right: The Development of Anti-Immigrant Parties in Western Europe*, Cambridge University Press, 2012.
③ 佟德志、朱炳坤:《保守文化与地方主义——法国右翼民粹主义政党社会动员的要素分析》,《上海行政学院学报》2019年第4期,第20页。
④ 佟德志:《解读民粹主义》,《国际政治研究》2017年第2期,第9页。

无法克服的问题,而且这一观点的支持者认为种族差异是不可改变的,不受寻求改变种族差异政治项目的影响。随之而来的结果是欧洲激进右翼政党要求通过驱逐手段来大幅减少移民在本国的数量。出于上述原因,有的学者甚至将欧洲激进右翼政党简单地定义为反移民政党。[①]

其次,福利沙文主义(welfare chauvinism)是欧洲激进右翼政党在排斥移民政策上,针对本国移民形成的又一主要政策倾向,其内核是将本土主义看作福利国家政策遵循的主要原则,在政治实践中支持经济再分配与抵制向移民分配福利服务。[②] 欧洲激进右翼政党认为,福利制度是"只为那些属于种族(民族)界定范围内,并为之做出贡献的人提供社会保护的制度"。[③] 这一概念捕捉到了一些人潜藏的"福利服务应限于我们自己"的情绪。[④] 在现实中,以挪威和丹麦的激进右翼政党的福利政策为代表,福利沙文主义渐渐成为各欧洲激进右翼政党应对本土国民和外来移民利益冲突的基本政策立场。现有针对欧洲激进右翼政党的研究认为,福利沙文主义现在已经成为许多欧洲激进右翼政党政策的

[①] Wouter Van Der Brug & Meindert Fennema et. al, "Why Some Anti-Immigrant Parties Fail and Others Succeed: A Two-Step Model of Aggregate Electoral Support", *Comparative Political Studies*, Vol. 38, No. 5, 2005, pp. 537 – 573. Nathalie Rink, Karen Phalet and Marc Swyngedouw, "The Effects of Immigrant Population Size, Unemployment, and Individual Characteristics on Voting for the Vlaams Blok in Flanders 1991-1999", *European Sociological Review*, Vol. 25, 2009. and Ed. Jens Rydgren, *Movements of Exclusion: Radical Right-wing Populism in the Western World*, Nova Science Publishers, 2005.

[②] Jeroen van der Waal etc., "'Some are More Equal than Others': Economic Egalitarianism and Welfare Chauvinism in the Netherlands", *Journal of European Social Policy*, Vol. 20, 2010.

[③] Herbert Kitschelt and Anthony J. McGann, *The Radical Right in Western Europe: A Comparative Analysis*, The University of Michigan Press, 1997, p. 22.

[④] Jørgen Goul Andersen and Tor Bjørklund, "Structural Change and New Cleavages: The Progress Parties in Denmark and Norway", *Acta Sociologica*, Vol. 33, 1990, p. 214.

一部分。① 福利沙文主义同经济和教育的平等主义相结合,常被视作一种欧洲激进右翼政党的公共态度。② 而且在一项关于挪威入境移民对本国劳动市场影响的研究中,福利沙文主义被看作一种反对外来劳动力的公众态度。③ 因此,福利沙文主义继反移民政策后,成为欧洲激进右翼政党本土主义文化立场的又一体现。

最后,欧洲激进右翼政党偏爱传统的权威形式、父权制的家庭结构,以及对性关系持保守态度的传统伦理价值观念。欧洲激进右翼政党认为,基于性取向的身份认同使得个人主义泛滥,破坏了人们的团结。欧洲激进右翼政党倾向将 LGBT 群体视为一种不自然的、腐败的力量。④ 因此,大多数欧洲激进右翼政党致力于反对同性伴侣关系,反对同性夫妇共同领养孩子,并阻止他们同异性夫妇平等享受医疗生殖福利。更有甚者,有的激进右翼政党还认为应该将同性恋完全从公共领域中移除,或将其定为刑事犯罪。在现实中,以丹麦人民党(DF)与荷兰自由党(PVV)为代表的欧洲激进右翼政党,早已公开反对 LGBT 群体获得公民权利。提斯基·阿克曼(Tjitske Akkerman)认为,由于欧洲激进右翼政党的主要政治目的是排斥外来移民,虽然它们在性别问题上以保守主义为主,但是为了争取选民往往隐藏其反 LGBT 群体的立场。⑤

---

① Gijs Schumacher and Kees van Kersbergen, "Do Mainstream Parties Adapt to the Welfare Chauvinism of Populist Parties?" *Party Politics*, Vol. 22, 2016, p. 300.

② Jeroen van der Waal etc., "'Some are More Equal than Others': Economic Egalitarianism and Welfare Chauvinism in the Netherlands", *Journal of European Social Policy*, Vol. 20, 2010, pp. 350-363.

③ Cornelius Cappelen and Tor Midtbø, "Intra-EU Labour Migration and Support for the Norwegian Welfare State", *European Sociological Review*, Vol. 32, 2016, p. 691.

④ Scott Siegel, "Friend or Foe? The LGBT Community in the Eyes of Right-Wing Populism, EU Now", https://www.europenowjournal.org/2017/07/05/friend-or-foe-the-lgbt-community-in-the-eyes-of-right-wing-populism/#_ftnref3,最后浏览日期:2021 年 12 月。

⑤ Tjitske Akkerman, "Gender and The Radical Right in Western Europe: A Comparative Analysis of Policy Agendas", *Patterns of Prejudice*, Vol. 49, No. 1-2, 2015, pp. 37-60.

总的来说,在欧洲,激进右翼政党依旧坚持保守主义的伦理和价值观念,这一点并不会因为其争取选票的策略而发生变化。

综上,在文化维度上,欧洲激进右翼政党的立场可以总结为反移民、福利沙文主义和反对 LGBT 群体。反移民是欧洲激进右翼政党文化保守主义政策立场最直接的体现,福利沙文主义是欧洲激进右翼政党本土主义立场与排外性的政策标志,反对 LGBT 群体则是欧洲激进右翼政党从传统右翼保守主义政党思想中继承而来的政治遗产。这三者共同构成了欧洲激进右翼政党应对现有政治冲突的文化政策维度。

在经济层面上,欧洲激进右翼政党需要解决的是"全球化中的失败者"在经济上的窘困问题。在现有研究中,民众在经济上的困窘以及社会经济的萧条,是促使人们支持欧洲激进右翼政党的主要诱因。[1] 这一视角更加关注失业率增加、经济增速放缓、外来劳动力的突然涌入等短期内经济环境变动中,人们所表现出的不满情绪。在新近研究中,学者们将视角从经济环境的变动逐渐转向收入不公问题。因为最近十年影响西欧国家的另一个关键社会经济现象是收入不平等的加剧。1980 年至 2010 年,西欧国家市场收入不平等的平均基尼系数上升了 20% 以上,收入再分配对这种日益加剧的收入不平等只产生了轻微的影响。在同一时期,净收入不平等的平均基尼系数上升了大约 15%。[2] 欧洲激进右翼政党往往是通过扩大对富人征税的经济政策来减小国内经济不平等,获取经济能力相对较低民众的支持。因此,在经济维度上欧洲激

---

[1] Hans-Georg Betz, *Radical Right-Wing Populism in Western Europe*, The Macmillan Press, 1994. Ekkart Zimmermann, "Right-Wing Extremism and Xenophobia in Germany: Escalation, Exaggeration, or What? In Peter Merkl & Leonard Weinberg", *Right-Wing Extremism in the Twenty-First Century*, Portland, pp. 220-250.

[2] Kyung Joon Han, "Income Inequality and Voting for Radical Right-Wing Parties", *Electoral Studies*, Vol. 42, 2016, p. 54.

进右翼政党的政策立场,可以总结为通过税收弥补民众之间的收入差异,创造更为公平的社会经济环境。

为此,本节先提出以下四个假设。

假设1:欧洲激进右翼政党的代表性可以通过文化维度与经济维度两个方面加以描述。

本文中的代表性是基于计算民众政治立场和政党政治立场之间的距离得出的,因此,需要考虑影响民众政治认知存在的因素。受教育程度、信息获取方式甚至街坊邻里的社交环境,都会对人们的认知产生潜移默化的影响。[1] 在现实研究中,学者们认为,选民的政治兴趣和政治成熟性(political sophistication)会影响大众对党派立场与自己立场差距的看法。需要特别强调受教育水平带来的影响。现有研究认为,受教育程度低的民众支持欧洲激进右翼政党的可能性远远高于受教育水平高的群体,这是因为受教育水平低的群体更容易将移民所造成的异质性环境视为威胁或社会弊病。[2] 这说明受教育水平对民众的政治成熟性产生直接影响,而政治成熟性会直接影响民众对欧洲激进右翼政党政策立场的看法,进而会影响民众对自己立场和政党立场之间距离的判断。与此同时,作为政治激进化的一部分,欧洲激进右翼政党用来动员民众的民粹话语体系更容易调动人们的政治热情,让一些人对政治失去理性的判断。

---

[1] Anand Sokhey & Scott D. McClurg, "Social Networks and Correct Voting", *The Journal of Politics*, Vol. 74, No. 3, 2012, pp. 751-764. Richard Lau & David Redlawsk, *How Voters Decide: Information Processing in Election Campaigns*, Cambridge University Press, 2006. William Eveland Jr. Andrew Hayes et al., "Understanding the Relationship Between Communication and Political Knowledge: A Model Comparison Approach Using Panel Data", *Political Communication*, Vol. 22, No. 4, 2005, pp. 423-446.

[2] Elisabeth Ivarsflaten & Rune Stubager, "Voting for the Populist Radical Right in Western Europe: The Role of Education", in Ed. Jens Rydgren, *Class Politics and the Radical Right*, Routledge, 2013, p. 135.

假设2：欧洲激进右翼政党更能代表政治认知水平低下，特别是受教育程度低且对政治更具热情的群体。

在西方国家，穷人和富人的政治意见在政治制度中的被代表程度并不均衡。研究发现，由于贫富公民的经济和文化偏好差异很大，政党往往仅能够充分代表中层收入群体，这使得收入分配中较低端和较高端的公民都很难在选举中表达自己的偏好。此外，与富裕公民相比，低收入公民在做出选举选择时，更少从理性的角度考虑政党所提出的政策，然而富人通过在投票行为中更多地考虑政策来弥补他们的代表性偏见。[1] 总而言之，现有的代表制度并不能够平等地代表所有人，这一制度能够更为充分地代表富人和中产阶级的利益，穷人的意见在这一制度中并不能够被有效代表。

现有的研究更倾向认为，低收入群体更愿意支持欧洲激进右翼政党。在社会中收入较低的工人阶级已经开始逐渐脱离左翼政治立场，并愈发倾向于支持欧洲激进右翼政党，造成这一结果的主要原因是工人阶级对于职业的不安全感在加剧。[2] 尽管低收入群体整体上更加倾向支持欧洲激进右翼政党的政治立场，但是在经济和文化两个维度上，低收入群体可能存在左右意识形态立场的分裂。低收入阶层在种族问题、移民政策、宗教信仰等文化议题上，更倾向于支持激进右翼政治立场，但在经济问题上依旧更加倾向于左翼政治立场。[3]

---

[1] Jan Rosset & Anna-Spohie Kurella, "The Electoral Roots of Unequal Representation: A Spatial Modelling Approach to Party Systems and Voting in Western Europe", *European Journal of Political Research*, Vol. 61, No. 1, 2022.

[2] Simon Bornschier & Hanspeter Kriesi, "The Populist Right, the Working Class, and The Changing Face of Class Politics in Ed. Jens Rydgren", *Class Politics and the Radical Right*, Routledge, 2013, pp. 26-27.

[3] Florent Gougou & Nonna Mayer, "The Class Basis of Extreme Right Voting In France: Generational Replacement And The Rise of New Cultural Issues (1984-2007)", in Ed. Jens Rydgren, *Class Politics and the Radical Right*, Routledge, 2013, p. 167.

假设3：欧洲激进右翼政党在社会富裕阶层和贫困阶层中的代表性有差异，与主流政党相异的是欧洲激进右翼政党更能够代表社会中下层的政治立场和诉求。

基于理查德·劳的正确投票理论，人们基于自己的政治立场和对于欧洲激进右翼政党的理性认知做出正确的投票行为。因此，欧洲激进右翼政党的代表性在为其投票和没有为其投票的群体中存在差异，而且认为欧洲激进右翼政党的政策更好地代表自己政治立场的选民更倾向于投票支持欧洲激进右翼政党。在经济和文化两个维度上，已有的研究认为，欧洲激进右翼政党的文化政策是吸引选民为其投票的主要因素，而经济因素对选民是否投票支持欧洲激进右翼政党并没有十分明显的影响。

假设4：欧洲激进右翼政党在为其投票的选民中代表性更强，而且欧洲激进右翼政党在文化维度上的代表性，是促使选民为其投票的主要原因。

三、数据和方法

（一）数据来源与案例选择

为计算欧洲激进右翼政党的代表性，需要收集政党和个人两个层面的数据。在政党层面上，本文采用CHES团队在2014年发布的欧洲主要政党的政治立场数据。该数据涵盖了众多欧盟成员国以及挪威、瑞士和土耳其等国家的欧洲268个政党，在政治意识形态、欧洲一体化和各种政策领域的相关信息。在个人层面上，本文选择了第八次欧洲社会调查（ESS8）的数据。第八次欧洲社会调查涵盖了前文所述的关于福利国家的部分维度。对欧洲激进右翼政党代表性的分析将基于上述两份数据的计算。

本文在CHES和第八次欧洲社会调查均涉及的国家中，选择了11个欧洲激进右翼政党,它们分别是:奥地利自由党(FPO)、瑞士人民党(SVP)、德国另类选择党(AfD)、芬兰正统芬兰人党(PS)、法国国民阵线(FN)、英国独立党(UKIP)、匈牙利尤比克党(Jobbik)、荷兰自由党(PVV)、挪威进步党(FrP)、波兰法律与秩序党(PiS)、瑞典民主党(SD)。

(二) 变量选择

政党代表性通过测量并计算个人政治立场和政党政治立场的差值得到。现有的计算方法是先通过主成分分析,分别计算政党和个人在文化维度和经济维度上的得分,再通过得分计算差值。在已有的研究中,体现代表性的差值计算有两种方式。道尔顿在一维上分别计算了个人与政党之间的文化与经济立场的差值。但是,欧洲激进右翼政党的政治立场是由文化和经济立场共同构成的,因此,道尔顿的计算方式缺少对政治立场的综合考量。文化与经济立场应当被看作构建代表性平面的两个维度,每一组文化和经济立场数值都可以在平面上确定一个位置。[1] 这样一来,个人和政党的经济和文化立场可以在同一平面上计算出差值。本文将综合采用道尔顿的一维计算方法和罗塞特等人的二维计算方法,分别构建欧洲激进右翼政党在经济和文化两个层面的一维代表性,以及欧洲激进右翼政党的二维整体代表性。[2]

为了研究欧洲激进右翼政党的代表性对于选民投票行为的影响,本文尝试通过二元logistic回归进行分析。在二元logistic回

---

[1] Russell Dalton, "The Representation Gap and Political Sophistication: A Contrarian Perspective", *Comparative Political Studies*, first published Online: Sep. 16, 2020. Jan Rosset & Anna-Spohie Kurella, "The Electoral Roots of Unequal Representation: A Spatial Modelling Approach to Party Systems and Voting in Western Europe", *European Journal of Political Research*, Vol. 61, No. 1, 2022.

[2] 计算方法在作者未刊文《工人阶级为何支持激进右翼政党?——政党代表性视角下的比较分析》中有详细解释,此处受限本文篇幅未能展示。

归模型中，因变量为是否为欧洲激进右翼政党投票，根据第八次欧洲社会调查数据中各国关于投票问题采集的数据结果，本文将上述为11个政党投票的结果记为1，未投票的记为0。

在政治兴趣与政治认知对政党代表性的影响这一问题上，本文选择了第八次欧洲社会调查中的政治兴趣和受教育程度两个变量。政治兴趣为连续变量，得分1为对政治特别感兴趣，得分4为对政治不感兴趣。受教育程度也为连续变量，由0至7表示受教育程度逐渐升高。

在划分社会阶级的标准上，本文参照丹尼尔·奥施（Daniel Oesch）的方法，结合雇用关系、雇用人数和ISCO08职业标准和收入水平给出了自己的划定方式。① 雇主雇用10人以上为大企业主，雇用少于10人的为小企业主，没有雇员的为个体经营者。在非雇主方面，本文根据ISCO08划分出管理者、技术人员、文书、服务业工人、产业工人等；再依据收入水平进一步整合，大企业主和管理者为**传统资产阶级**，小企业主和技术人员为**小资产阶级**，个体经营者和文书为**中产阶级**，其余为**服务业工人**、**产业工人**等。

除上述变量外，本文还选择了性别、年龄、家庭收入作为控制变量。

四、研究发现

（一）欧洲激进右翼政党代表性的两个维度

本文在文化和经济两个维度上计算欧洲激进右翼政党的代表性。根据前文所述，在文化维度上，欧洲激进右翼政党的立场可以

---

① Daniel Oesch, "Coming to Grips with a Changing Class Structure An Analysis of Employment Stratification in Britain, Germany, Sweden and Switzerland", *International Sociology*, Vol. 21, No. 2, 2006, p. 284.

总结为反移民、福利沙文主义和反对 LGBT 群体的平权运动;在经济维度上,欧洲激进右翼政党的立场可以大致描述为减少收入不平等,通过税收促进社会再分配。个人层面的变量选择将围绕这五个方面展开。本文通过主成分分析的方法,确定在选择的 11 个国家中,政党和民众的观念均可以降维成文化与经济两个维度。

表1 欧洲激进右翼政党代表性的两个维度

	个人层面		政党层面	
	文化	经济	文化	经济
LGBT 群体平权	**0.741**	−0.144	**0.895**	0.154
反移民	**0.723**	0.082	**0.916**	0.242
福利沙文主义	**0.685**	0.165	**0.894**	0.276
减少收入差距	−0.174	**0.796**	0.236	**0.951**
社会福利与税收支出	−0.340	**−0.656**	0.226	**0.954**
KMO	0.621		0.703	
巴特利特球型检验	6 953.303		1 208.389	

我们可以从数据中得到两个主要因子。KMO 检验值在个人层面为 0.621,在政党层面为 0.703,巴特利特球型检验值分别达到了 6 953.303($p<0.001$)与 1 208.389($p<0.001$),说明我们所选择的五个指标适合进行主成分分析。

在个人层面,"LGBT 群体平权""反移民"与"福利沙文主义"三项指标共同在一个因子下负荷最高,分别为 0.741、0.723、0.685。这说明这三项指标很好地代表了该因子,并与前文关于欧洲激进右翼政党文化层面代表性的描述相契合,因此命名为"个人层面文化因子"。"减少收入差距""社会福利与税收支出"两项指标在同一因子下负荷最高,分别为 0.796、−0.656。这表明这两项指标很好地代表了该因子,并与前文关于欧洲激进右翼政党经济层面代表性的描述相契合,因此命名为"个人层面经济因子"。政党层面的因子契合与个人层面的情况相同,因此,政党层面的两个因子也可以命名为"政党层面文化因子"与"政党层面经济因子"。

欧洲激进右翼政党在政策立场上与个人的政治立场偏好拥有共同的维度。因此,欧洲激进右翼政党的代表性可以通过个人立场与政党立场的距离表达,个人立场与政党立场距离越近,说明欧洲激进右翼政党的代表性越强。

(二) 政治认知与阶级差异对激进右翼政党代表性的影响

本文中的政治认知包含了两个变量:其一是受教育程度;其二是对政治的兴趣。图 1 中的"政治认知因素"内容表明,欧洲激进右翼政党在整体立场、经济立场和文化立场上代表了那些受教育程度低且对政治感兴趣的群体。欧洲激进右翼政党在受教育程度高的群体中代表性相对较差,而在政治活跃分子群体中的代表性

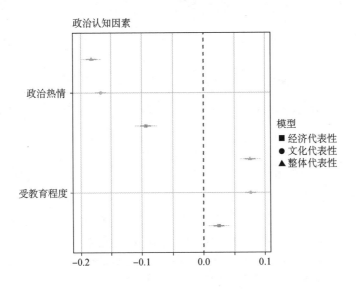

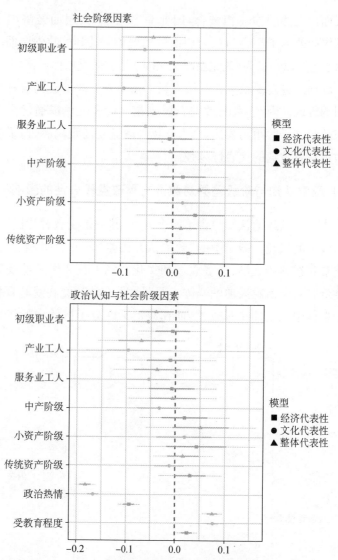

图 1　政治认知与阶级差异回归结果

说明:由于篇幅限制,这里只显示主要解释变量,控制变量为性别、年龄、家庭收入。图中每个系数的估计值为一个点,粗线表示一个标准误差的置信区间,细线表示两个标准误差的置信区间,两倍置信区间不包含 0,则可认为在统计上显著。

往往更好。因此，欧洲激进右翼政党所代表的群体往往受教育程度较低，并对政治十分感兴趣。欧洲激进右翼政党所代表的受教育程度低的群体，并不具备十足的政治成熟性，但这些人对政治又十分热衷，可以想见这样的群体很可能缺乏足够的政治理性。这一群体很可能成为阴谋论的信徒和民粹领袖的拥趸，事实也证明他们是当下欧洲激进右翼政党的社会基础。

在对欧洲激进右翼政党的阶级分析中，图 1 中"社会阶级因素"内容表明，欧洲激进右翼政党的整体政治立场能够强有力代表产业工人阶级。欧洲激进右翼政党在经济领域的相关立场和政策并不能够很好地代表大众的观念。欧洲激进右翼政党关于移民以及 LGBT 群体权益的文化立场、政策，则能够很好地代表产业工人的立场。综合上述结果可知，欧洲激进右翼政党所代表的群体是社会中收入水平相对较低的阶层，而且欧洲激进右翼政党排斥外来移民、限制移民在本国获得福利与排斥 LBGT 群体获得合法权益的文化观念立场与政策能够获得民众的广泛认可。

图 1 最后一部分内容表明，当综合政治认知和社会阶级因素进行分析时，欧洲激进右翼政党的整体立场、经济立场和文化立场，均稳定地代表了同样一个群体。这一群体受教育程度相对较低，政治成熟性相对较低，但对政治具有热情，往往是社会中收入相对较低的产业工人阶级。欧洲激进右翼政党并未充分代表传统资产阶级、小资产阶级、中产阶级以及初级职业者。

综上代表性回归分析的结果可知：首先，从政治认知角度看，欧洲激进右翼政党代表的群体，并不一定具备足够的政治理性。由前文所述受教育程度和政治成熟性的关系可知，欧洲激进右翼政党代表的群体在相对受教育程度更低的前提下，其政治认知能力很可能比较弱，加之这一群体又普遍对政治更感兴趣，也可以说欧洲激进右翼政党代表了一批没有足够政治理性却又对政治热心的人群。因此，这个群体也更有可能认同欧洲激进右翼政党激进的反移民政策与保守主义价值观。而且从各个政党的经济、文化立场政策的分布情况(见图 2)中也可以发现,欧洲各国激进右翼政党在文化立场上更为接近,在经济立场上则相对分散。这也从另一个侧面表明,欧洲激进右翼政党在文化立场上的政治观念更具有同质性。

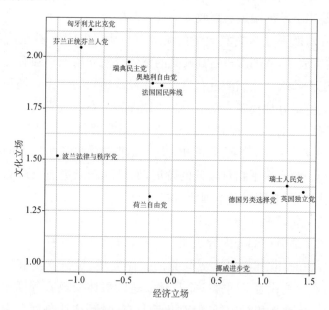

图 2　欧洲各激进右翼政党文化、经济立场分布

其次,从代表性的社会阶级差异看,欧洲激进右翼政党更多地代表了产业工人阶级和初级职业者,因此,可以认为欧洲激进右翼政党所代表的激进政治理念在社会上的号召力仍然有限。但值得注意的是,欧洲激进右翼政党在工人阶级层面的代表性更高,这说明欧洲激进右翼政党反对移民和保守主义传统价值观念的立场,在底层民众中拥有强大号召力,进一步证明了欧洲激进右翼政党本身有着坚实且庞大的左翼社会阶级基础。因此,欧洲激进右翼政党的崛起和激进右翼政治的发展从本质上来说,是资本主义社

会无法处理的阶级矛盾和西方传统左翼政党号召力在全球化退潮时代的又一体现。

(三) 代表性与投票选择

为了检验欧洲激进右翼政党是否在其选民中有突出的代表性,本文选择对欧洲激进右翼政党投票的选民和未对欧洲激进右翼政党投票的选民之间的代表性进行均值比较,比较欧洲激进右翼政党在两个群体之间的代表性差异。由于本文涵盖样本量过大,且均值比较会受到数值极端的特殊案例的影响,本文选择先对两组选民在年龄、性别、受教育程度、家庭收入四个变量上进行倾向值匹配,以构建均衡且差异最小的两组样本。为了匹配后均值比较结果的稳定,本文选择了1∶2的邻近匹配和1∶2的最佳匹配两种方式。从匹配结果的核密度图来看(见图3),在匹配之前对欧洲激进右翼政党投票组和未对欧洲激进右翼政党投票组存在(下称投票组和未投票组)一定差异,但是匹配后差异明显减小,而且未出现未被匹配的投票组案例(见表2)。因此,匹配后的投票组和未投票组差异被缩小,这有助于我们作出更为准确的分析。

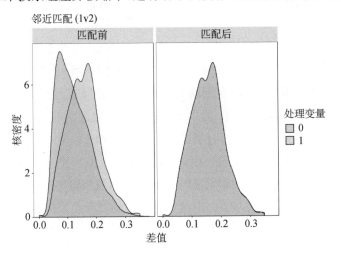

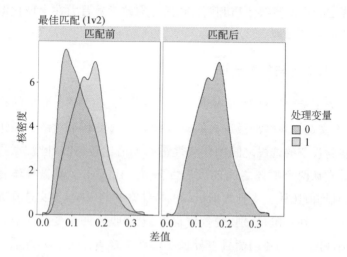

图 3　匹配平衡性核密图

表 2　匹配样本量

邻近匹配	未投票组	投票组	最佳匹配	未投票组	投票组
样本总量	9 620	1 403	样本总量	9 620	1 403
匹配样本量	2 806	1 403	匹配样本量	2 806	1 403
未匹配样本量	6 814	0	未匹配样本量	6 814	0

由匹配后的样本均值比较结果可知（见表3），在邻近匹配和最佳匹配两份样本中，欧洲激进右翼政党在未投票组的代表性明显弱于投票组，即欧洲激进右翼政党的政策立场更贴近为其投票的选民。然而，在经济立场上，投票组和未投票组之间的差异十分微弱，甚至在通过最佳匹配得出的样本中，投票组和未投票组之间的经济立场差异并不具有显著性。因此，从总体上说，欧洲激进右翼政党的代表性在投票组和未投票组之间差异并不大，投票组和未投票组的最大差异体现在文化立场上。但这些代表性的差异是否构成影响选民投票支持欧洲激进右翼政党的因素，还需要我们进一步探讨。

表 3 代表性均值差异

	邻近匹配			最佳匹配		
	整体代表性	经济代表性	文化代表性	整体代表性	经济代表性	文化代表性
未投票	2.218	1.139	1.730	2.129	1.069	1.675
投票	1.722	1.025	1.213	1.722	1.025	1.213
差异	0.496	0.114	0.517	0.407	0.044	0.462
显著性	0.000	0.000	0.000	0.000	0.073	0.000

由表 4 可知,当比较分析模型仅包含整体代表性时,整体代表性对选民是否投票支持欧洲激进右翼政党有着显著的影响,且欧洲激进右翼政党的代表性越强,选民投票给欧洲激进右翼政党的可能性就越大。这一结论完全符合选举和政党竞争的常识。在单独考量经济代表性和文化代表性时,这两个因素都对民众是否投票支持欧洲激进右翼政党有相当显著的影响。但经济代表性(−0.098)相较于文化代表性(−0.834)对选民是否投票给欧洲激进右翼政党影响小得多。当模型涵盖经济代表性和文化代表性时,经济代表性的影响力进一步下降,而文化代表性的影响力则保持相对稳定。

表 4 代表性对民众投票支持欧洲激进右翼政党的影响

整体代表性	−0.688***			
	(0.038)			
经济代表性		−0.098***		−0.079**
		(0.038)		(0.039)
文化代表性			−0.834***	−0.831***
			(0.041)	(0.041)

				(续表)
Observations	11 023	11 023	11 023	11 023
AIC	7 726.593	8 072.989	7 607.795	7 605.696

说明：** $p<0.05$；*** $p<0.01$。为节省篇幅，上述模型只显示了主要解释变量。控制变量为性别、年龄、家庭收入、受教育程度。

综上分析，欧洲激进右翼政党在为其投票的选民中代表性更强，而且欧洲激进右翼政党文化维度的代表性相较其经济维度的代表性更强。欧洲激进右翼政党的支持者普遍认同其反移民和保守价值的政治立场，而欧洲激进右翼政党的经济立场则并没有有效代表其选民。这一点也印证了安德斯·巴克伦德（Anders Backlund）的研究结论，他认为欧洲激进右翼政党的反移民政策能够更大程度上代表选民，而在其他维度上的政策则没有充分代表其选民。[①] 这也从另一个维度证明了欧洲激进右翼政党的保守文化倾向和地方主义立场是促使选民为其投票的主要原因。[②]

欧洲激进右翼政党的文化代表性是促成选民支持其的主要原因，同时也表明现在促成欧洲激进右翼政党及激进右翼政治兴起的主要原因，是全球化的退潮和与之相伴随的保守主义价值的回归。

五、结论与讨论

现有关于欧洲激进右翼政党的研究很多，其往往过分强调对民众的投票行为的分析，而未将欧洲激进右翼政党的政治观念和民众的政治观念共同纳入分析模型；并且在分析原因时，又往往刻

[①] Anders Backlund & Ann-Cathrine Jungar, "Populist Radical Right Party-Voter Policy Representation in Western Europe", *Representation: Journal of Representative Democracy*, Vol. 55. No. 4, 2019.

[②] 佟德志、朱炳坤：《保守文化与地方主义——法国右翼民粹主义政党社会动员的要素分析》，《上海行政学院学报》，2019 年第 4 期。

意强调怨恨动员模型的抗争性投票结果，忽视了欧洲激进右翼政党的政策立场在社会上被理性人接纳的可能。为了更客观地认识欧洲激进右翼政党，本文引入了代表性概念对欧洲激进右翼政党与民众之间的关系进行分析。首先，通过主成分分析的方法可知，对欧洲激进右翼政党的代表性可以通过经济和文化两个维度加以描述。其次，在通过政治认知和社会阶级两个视角分析欧洲激进右翼政党代表性的过程中发现，欧洲激进右翼政党代表了社会中受教育程度相对较低且具有政治热情的产业工人和初级职业群体。这一点表明，欧洲激进右翼政党拥有相当稳定的左翼社会基础，而且欧洲激进右翼政党所代表的群体很大程度上没有足够的政治成熟性，因此，他们也就更容易被民粹主义者的言论所鼓动。最后，通过分析欧洲激进右翼政党在其选民中的代表性差异可知，欧洲激进右翼政党在反移民和保守社会价值等文化维度上的代表性，是促使选民为其投票的主要原因。所以，本文第二节中提出的四个假设都是成立的。

关于欧洲激进右翼政党代表性和激进右翼政治，还有许多问题需要进一步分析。首先，关于欧洲激进右翼政党的经济立场的代表性，尽管在 logistic 模型中我们发现，欧洲激进右翼政党的代表性越强，选民越倾向于支持欧洲激进右翼政党。但现实中欧洲激进右翼政党之间在经济问题上，会因为各国的特殊国情而产生差异，这一点仍需要我们进一步针对不同国家细化分析。其次，欧洲激进右翼政党属于激进右翼政治的一部分。为了完整地认识激进右翼政治，我们还需要进一步分析政党政治现象外的社会意识形态和社会问题，这是本文未涉及的领域。最后，引入代表性视角是为了让我们从理性角度认知民众和欧洲激进右翼政党的关系，突破原有的投票选择视角和怨恨动员理论。但是，政党代表性构成是否存在更多的可能的维度，以及是否还有更优良的代表性计算方法，这些仍值得我们继续思考。

在自由与安全之间:突发公共卫生事件中的中美问责体制比较

中共中央党校(国家行政学院) 梁玉柱[①]

一、问题的提出

2019年底突然暴发并迅速蔓延至全球的新冠肺炎疫情已经持续了2年左右,病毒感染超过2.6亿人次,带走超过521万条生命,给世界政治格局、经济发展、人文交流等诸多方面带来了巨大的影响。新冠肺炎疫情俨然已经成为影响21世纪发展走向的重大历史事件。在世界各国应对疫情的过程中,中美两个大国的应对举措差异悬殊,结果也截然不同。其中,截至2021年12月16日,美国新冠肺炎感染人数、死亡人数双双居于世界第一,约5 000万人感染,超80万人死亡。中国(不含港、澳、台地区)累计确诊病例人数10万多人,累计死亡人数4 643人。[②] 这两组数字显示出中美两国面对突发公共卫生事件的治理能力和治理绩效,但如何解释这种差异悬殊的危机治理绩效,需要不同学科学者的综合分析。从政治学角度看,在关于两个超级大国危机应对的讨

[①] 梁玉柱,中共中央党校(国家行政学院)应急管理培训中心讲师。
[②] 美国数据源自约翰斯·霍普金斯大学:https://coronavirus.jhu.edu/map.html。中国(不含港、澳、台地区)数据源自国家卫生健康委员会:http://nhc.gov.cn,最后浏览日期:2021年12月17日。

论中，官员问责是透视中美危机治理绩效差异的绝佳视角。问责视角之所以有理论价值：一是因为危机时刻更凸显政治权力的作用，官员在疫情危机处理中的关键性地位使官员问责成为危机处理的焦点；二是危机问责是提高组织学习能力的关键，深刻影响着危机治理绩效；三是因为问责制长期被视为民主政治的窗户，具有提高政权合法性的作用。综上而言，公共权力的可问责性被视为民主政治和现代国家的标志，其原因在于问责有助于实现民主视角下的政府行为与民主授权链接，以及防止和惩罚公共权力的滥用，有助于实现学习视角下的政府履责能力提升。[①] 问责在提升治理的绩效合法性和程序合法性上受到普遍的认可。所以从问责视角反思中美危机治理绩效非常适合。不仅如此，中美新冠肺炎疫情防控中的问责实践产生了与通常西方社会传统认知相反的局面，疫情问责成为透视中美两国民主政治发展的窗口。

之所以说中美疫情防控时的官员问责展现出与通常西方传统认知完全不同的情势，是因为一方面，西方社会普遍认为美国是一个高度民主的国家，而与之相比，中国在西方社会发布的一些相关评价指数中，得分往往较低。在世界银行发布的 2020 年度的世界治理指数（WGI）中，作为六大指标之一的"发声与问责"（Voice and Accountability）提供了中美问责制比较的数据。其中，评估政府治理绩效的评估值［Estimate，—2.5（weak）—2.5（strong）之间］，中国的评估值为 －1.65，而美国的为 0.87。在 0—100 的等级中（数字越大，等级越高），中国仅为 4.83，美国为 72.95。[②] 通过 WGI 的数据比较可以看到，诸如世界银行等国际组织的世界治理

---

① Mark Bovens, Thomas Schillemans and Paul T. Hart, "Does Public Accountability Work? An Assessment Tool", *Public Administration*, Vol. 86, No. 1, 2008, pp. 225-242.

② 参见世界治理指数网络：https://info.worldbank.org/governance/wgi/，最后浏览日期：2021 年 12 月 12 日。

排名中,中国在问责制上得分很低,而美国得分很高,即从数据看,似乎美国问责高效,而中国问责不足。而当视线从数据转向中美危机处理中的问责实践时,发现了恰恰相反的问责局面。在对美国新冠肺炎疫情防控的评价中,哈佛大学斯蒂芬·沃尔特对时任美国总统特朗普的"独裁"提出批评,包括其在用人上"炒掉独立检察官,任命忠诚于自己的人"的问题。[1] 著名经济学家阿西莫格鲁也对时任总统特朗普对美国体制的侵袭提出批评,包括特朗普无情地攻击专业主义、独立性和技术治理专家的规范,将政治忠诚抬高到至高地位,削弱联邦官僚机构等。阿西莫格鲁还指出了特朗普个人因素背后的制度因素。一个专业的行政服务发挥着最后的、最具力量的防治自然灾害和健康危机的作用,但美国政治中通过授予总统规模庞大的任免高级官员的权力,使得非党派专业主义扎根到行政机构里变得困难,美国政治出现威权主义的转向。[2]这些批评显示出美国问责政治中出现了问责替代、问责捕获、无法问责等难题,这与其世界治理指数中的高水平问责数据不相符合。这种问责体制的问题深刻影响了其政治体制的危机应对能力。反观中国疫情防控实践,问责呈现出带有中国政治特色的问责实践,"强硬管理"的问责绩效受到学者肯定,[3]并且官员问责发挥出强有力的动员效应[4]和体制学习能力。

本文的核心问题在于,中美危机问责实践如何影响了疫情防

---

[1] Stephen M. Walt:"The United States Is Getting Infected With Dictatorship",2020,April 13,Foreign Policy,The Coronavirus Pandemic Is Infecting the United States With Dictatorship (foreignpolicy. com),最后浏览日期:2022年1月20日。

[2] Daron Acemoglu:"The Coronavirus Exposed America's Authoritarian Turn"(2020,Mar 3),Foreign Affairs:The Coronavirus Exposed America's Authoritarian Turn | Foreign Affairs,最后浏览日期:2021年10月20日。

[3] Dic Lo and Yuning Shi, "China Versus the Us in the Pandemic Crisis:Governance and Politics Confronting Systemic Challenges", *Revue Canadienne D'études Du Développement*,Vol. 42,No. 1,2021,pp. 90-100.

[4] 姚靖、唐皇凤:《新冠肺炎疫情防控中的政治动员:实践策略与成功经验》,《湖北社会科学》2021年第3期,第38—48页。

控的绩效？为回答此问题，本文试图回答三个具体问题，概括来说就是"是什么""怎么样""为什么"，即中美两国危机问责体制有何差异？这种问责体制差异又如何作用于疫情防控？为何会出现中美问责差异？本文试图以问责视角透视中美政治体制在重大危机治理中的差异，进而深化对中美政治体制的认识。所谓"见一叶而知深秋，窥一斑而知全豹"，问责体制比较是理解中美危机治理能力的重要视角。

问责是指责任人有义务对问责人就其行为做出解释或说明，而问责人有权力根据解释对责任人进行惩罚的权力关系。[1] 本文中的责任人是作为疫情防控政策制定和执行主体的中国政府官员和美国特朗普政府官员，时间范围从2019年12月新冠肺炎疫情开始受到关注，到2021年1月特朗普卸任美国总统。之所以选择这个时间节点，是因为2021年1月，新冠肺炎疫情在中国已得到有效控制，而美国也基本结束了疫情防控的针对性举措，重点转移到疫苗接种。

二、文献综述

随着民主政治的发展，对公权力问责成为一种普遍现象，不同国家纷纷建立起各具特色的问责体制。问责体制作为规范问责人与责任人之间权力关系的稳定的制度结构，尽管存在问责组织的趋同现象，但问责体制之间却存在着很大差别。在中美问责体制的学术"标签"上，中国一直被一些西方学者错误地臆断为存在"无

---

[1] Mark Bovens, "Analysing and Assessing Accountability: A Conceptual Framework", *European Law Journal: Review of European Law in Context*, Vol. 13, No. 4, 2007, pp. 447-468.

民主的负责制"①"无政治责任的政策灵活"②"虚弱官僚制无法问责"③问题。与之相比,美国凭选举竞争、三权分立长期被西方学者视为高度负责制国家。新冠肺炎疫情防控提供了检验中美问责体制学术标签真实性的历史场景。

新冠肺炎疫情防控问责是指在特殊的公共卫生危机应对中,问责人对责任人推行的疫情防控政策及执行过程监督、审查、惩罚而形成的权力关系。问责人包括代议机关、监察部门、行政机构、法院、媒体等,由此形成由法律问责、行政问责、政党问责、社会问责等组成的问责网络。问责体制的有效性是疫情防控成功的关键。但目前对中美问责体制的理论研究或媒体评论都未能深入到问责体制之中。在西方理论界,中国新冠肺炎疫情防控中问责体制的制度优势被遮蔽,种族论、体制论、意识形态论等大行其道;④对美国新冠肺炎疫情防控的批评则忽视了问责体制本身的问题,陷入个体视角和文化主义视角。个体视角强调特朗普个人因素对疫情防控的影响。疫情防控期间,在总统及政务官履责上,存在能力不足与无法问责的困境⑤及任命拥趸者与贬低专

---

① Lily L. Tsai, "Solidary Groups, Informal Accountability, and Local Public Goods Provision in Rural China", *The American Political Science Review*, Vol. 101, No. 2, 2007, pp. 355-372.

② Elizabeth J Perry and Sebastian Heilmann, "Embracing Uncertainty: Guerrilla Policy Style and Adaptive Governance in China", in Elizabeth J Perry and Sebastian Heilmann, eds., *Mao's Invisible Hand: The Political Foundations of Adaptive Governance in China*, Harvard University Press, 2011, pp. 1-29.

③ Denise S. van der Kamp, "Blunt Force Regulation and Bureaucratic Control: Understanding China's War On Pollution", *Governance*, Vol. 34, No. 1, 2021, pp. 191-209.

④ 田飞龙:《疫情防控、责任论辩与全球秩序反思》,《世界社会主义研究》2020年第4期,第70—77页。

⑤ Stephen M. Walt: "The Death of American Competence" (2020, Mar 23), Foreign Policy, "The Coronavirus Pandemic Has Killed America's Reputation for Competence" (foreignpolicy.com),最后浏览日期:2021年10月20日。

业主义的问题。① 马克·罗泽尔(Mark J. Rozell)和克莱德·威尔考克斯(Clyde Wilcox)比较发现,国家领导力存在问题和极化的党派偏见是美国相比德、澳、加三个联邦制国家疫情防控失败的根本原因。② 文化视角强调美国社会流行的政治不信任、反科学主义等文化因素对疫情防控的影响。公民对政府信任度低、政党意识形态偏差构成产生极端主义总统的助推力。③ 美国社会对疫情防控存在一种自利的文化,忽视科学的意识形态,不信任新闻媒体、效忠于川普-基督教民族主义的观念。④ 也有学者从体制视角明确指出,美国疫情防控失败背后是极端主义总统兴起背景下,向威权体制甚至独裁体制的转向,照亮政府错误行为的聚光灯被系统地破坏和毁掉了。⑤

中美两国有系统的问责制度和组织,在新冠肺炎疫情防控中发挥出不同的效能,而既有研究缺少从结构主义视角对中美疫情

---

① Daron Acemoglu: "The Coronavirus Exposed America's Authoritarian Turn" (2020, Mar 3), Foreign Affairs, The Coronavirus Exposed America's Authoritarian Turn | Foreign Affairs,最后浏览日期:2021年10月20日。

② Mark J. Rozell and Clyde Wilcox, "Federalism in a Time of Plague: How Federal Systems Cope with Pandemic", *The American Review of Public Administration*, Vol. 50, No. 6-7, 2020, pp. 519-525.

③ Mark J. Rozell and Clyde Wilcox, "Federalism in a Time of Plague: How Federal Systems Cope with Pandemic", *The American Review of Public Administration*, Vol. 50, No. 6-7, 2020, pp. 519-525. Francis Fukuyama: "The Thing That Determines a Country's Resistance to the Coronavirus" (2020, March 30), the Atlantic, The Thing That Determines a Country's Resistance to the Coronavirus | Johns Hopkins SAIS (jhu. edu),最后浏览日期:2021年10月20日。

④ Stephen M. Walt: "The Death of American Competence" (2020, Mar 23), Foreign Policy, The Coronavirus Pandemic Has Killed America's Reputation for Competence (foreignpolicy. com),最后浏览日期:2021年10月20日。

⑤ [美]布鲁斯·阿克曼:《美利坚共和国的衰落》,田雷译,中国政法大学出版社2016年版,第15页。Daron Acemoglu: "The Coronavirus Exposed America's Authoritarian Turn" (2020, Mar 3), Foreign Affairs, The Coronavirus Exposed America's Authoritarian Turn | Foreign Affairs,最后浏览日期:2021年10月20日。Karen J. Greenberg: "Government Accountability Has Been Long Gone in the US" (AUGUST 4, 2020), The Nation, Government Accountability Has Been Long Gone in the US | The Nation,最后浏览日期:2021年10月20日。

防控中的问责体制的分析。本文力图从结构主义视角出发,着重分析和解释新冠肺炎疫情防控下中美问责体制的运作过程及其治理效能的差异。通过比较中美问责体制及其效能,打破中美问责制的既有"学术标签",推动问责制理论的学术争鸣和国际对话。同时,本文还分析中美问责体制的政治基础,解释中国危机治理效能背后的制度优势以及美国危机治理问责失效的制度根源。

三、比较框架

无论何种政体下,官员问责都是政治场上的焦点议题。随着现代国家建设中官员权力重要性的提升,官员问责更加引人关注。站在国家视角,官员问责也成了调整政府内上下级关系、回应社会要求等议题的工具。学术界对官员问责的方式、功能有着大量的讨论,也提出大量学术概念,如适应性问责、回应性问责等,并提出诸多关乎制度改进、结构调整的政策建议,但有关官员问责的基础理论研究却少之又少,对问责的合法性根据等问题讨论不足。如何走出概念提炼型、政策建议型问责研究,增强对问责体制的本质理解是问责研究的新议题,也是理解问责体制实质的基础性工作。本文首先从概念解析出发,辨析何为体制、何为问责、何为问责体制,进而把握问责体制这一概念实质的维度所在。理论阐释为进一步的学术对话和学术创新打下了学理基础,有助于回应并批判西方对中国问责体制的意识形态偏见,增强对美国问责体制的客观认识,进一步发挥理论的政治实践功能。

(一)体制、问责及问责体制的概念解析

从词义学对体制(system)这一耳熟能详的词语进行"解剖",发现体制所指的即组织内各部分之间互动的规范性、程序性要求构成的组织的整体性特征。体制是对英文 system 的意译,根据韦

氏词典(Merriam-Webster)的解释,system 具有如下含义:(1)指一种常规的相互作用或相互依存的项目群体构成的统一体。这个统一体可以表示一种社会的、经济的或者政治的组织或实践形态(a form of social, economic, or political organization or practice),例如,资本主义体制(the capitalist system)、中央集权体制(centralized system)。可以看到,在第一层含义上,system 是一种组织整体观,其中重点是整体之中的部分交互关系或依存状态。(2)指在整体观上强调 system 是一套有条理的通常用于解释一个系统性整体安排或运作的原则、观念和准则,也即系统运作的规范性内容。这些规范性内容旨在维护系统整体性,调节系统内各部分间的互动过程和互动关系。(3)即组织程序,指与规范性理念相对应的程序,是维护系统整体性的必要保障,与规范性理念相辅相成。(4)指和谐有序的制度安排或模式,从结果意义上显示系统的整体性样态。由上述解析可以看出,体制是对一种稳定的组织整体性形态的描述,其关键是由内部运作规范及运作程序形成的互动关系。

问责体制是众多体制的一种。对其的理解离不开对问责的概念解析。根据一种经典定义,问责是一种控权关系,其中问责人基于责任人的表现和职责标准,对责任人的行为进行评价并施加可能的惩罚。在此过程中,责任人可以对其行为进行解释和回答。[1]从这一定义看,作为一种控权关系,问责既具有实质性的内容,也具有程序性的内容。实质性内容是其本质的体现,而程序性内容是对实质性内容的保障和规范。问责的实质性内容核心是规范,包括责任人行为的规范以及问责人施加于责任人的规范,问责人施加规范与责任人行为规范的冲突正是问责产生的根源。程序性内容则是规范冲突中分析、调查、惩罚的制度安排和程序设计。程

---

[1] Mark Bovens, "Two Concepts of Accountability: Accountability as a Virtue and as a Mechanism", *West European Politics*, Vol. 33, No. 5, 2010, pp. 946-967.

序性内容是问责过程的权力关系的体现,而实质性内容则反映出权力关系中权威的意志,两者共同展现了问责的整体性特征。基于体制、问责的概念剖析,可以看出,问责体制是一种由问责规范和问责程序塑造的整体性权力结构。对问责体制的分析离不开对问责的实质性内容和程序性内容的挖掘。因此,分析官员问责体制应从三个维度展开:

第一,问责规范的指向性。问责归根到底是问责人对责任人行为的评判及在此基础上施加的惩罚,使得问责依据或者问责规范成为影响问责体制的关键变量。问责权力关系体现在问责规范的指向性上,问责规范的指向性也是对这种权力关系的反映。问责人具有的规范规定着问责的目的。对于问责目的来说,不同的规范要求有着不同的目的,有些从解决实际问题出发,有些从维护过程正义出发,也有些从遵照文本规定出发。有些问责规范是抽象理论演绎的结果,有些是实践经验归纳的结果。不同体制下的规范指向目标不同,有些具有单一性,有些具有多重性,多重性里又有着优先性。举例而言,问责可能是以维护政权稳定性为唯一目标,也可能是以实现政治稳定、经济发展为双重目标,还有可能以政权稳定为前提,追求政治、经济、社会的多重目标。问责规范的目的性是问责规范实质性内容的体现,也是衡量一国问责体制本质的根本指标之一。

第二,问责过程的程序合理性。问责体制的本质不停留在制度文本、价值理念上,而体现在问责实践所反映出的权力关系和价值指向上。分析问责体制要注意名实分离的问题。问责过程的程序合理性是影响问责体制中价值指向的关键变量。合理的问责程序设置可以最大限度地增强问责人与责任人之间的沟通,保障问责人权力行使的合法性,也维护责任人的合法权利。而问责程序不合理则可能导致权责不当、避责保平安等现象。

第三,问责网络内的权力结构。从问责人要求规范看,不同的问责主体对责任人有着不同的要求,不同的问责人有着差异化的问责权威,也导致对责任人形成差异化的规范压力。这些问责要求包括政治要求、专业要求、道德要求等,这里既包含着追求效率和准确性等工具理性要求,也存在着保持政治忠诚、符合社会道德等价值理性要求。不同强度的规范压力反映着问责人之间的权力关系。但权力并不等于权威,并非权力越大,规范压力越大,尽管政治问责是官员面临的主要问责压力。社会权力在特定情况下可以激发出更大的权威性。从这一角度看,官员问责体制的重要分析内容是问责体制内的权力关系,包括纵向的问责人与责任人之间关系,以及横向的问责人之间关系。

通过对体制、问责、问责体制的概念剖析可以发现,问责体制是问责人与责任人在既定的规范要求和程序设置基础上的权力关系的整体性反映。问责规范针对问责的目的解决为何问责的问题,而问责程序针对程序安排、内部互动解决如何问责的问题。权力结构、程序、规范并非彼此分开,而是相互塑造的关系。综上,问责规范的指向性、问责过程的程序合理性、问责体制的权力结构是透视问责体制本质特征的关键指标。

(二) 问责体制的类型学分析

问责体制的类型学划分最为关键的指标是:(1)为何问责;(2)如何问责。

关于为何问责,即问责的指向问题,可以分为实用和形式两种类型。实用是指问责源于实际需要,问责人具有一定的能动性,追求主体设定的目标,有实用主义(pragmatism)的典型特征。形式是指问责源于某些先验真理或者普遍原理,其目的是逻辑演绎的结果,问责人能动性弱,有着形式主义(formalism)的特征。从法律理论角度说,形式主义所强调的是在法律裁决中理性的、无争议的推理的重要性,无论这种推理过程是基于非常具体的规则,还是高度抽象的原则。① 例如,在中国俚语中,"冤家宜解不宜结"从目的指向突出纠纷解决的功能需要,而"杀父之仇不共戴天"则基于天理这种抽象原则强调纠纷双方间的关系。这两个俚语是市井生活中描述人与人围绕惩罚目的形成的一组关系。在政治话语中也有类似的表达,在问责过程中,"杀一儆百""天理难容"分别体现出问责目的的指向不同。

关于如何问责,即问责的过程问题,可以分为理性问责和非理性问责两类。理性代表着规则透明、过程民主、对权力存在监督与制约,使权力在可预期、可控的轨道内运行。例如,现代民主政治下对高官的弹劾,有着严格的程序规定和证据要求。与此同时,非理性代表着标准模糊、过程专制、权力滥用,使得问责成为一种滥权工具。例如,传统君主专制体制下,皇帝对宠臣的包庇建立在破坏规则和程序基础上。可以看到,非理性有着更强的人格化因素,而理性明显有着去人格化的特点。理性与非理性问责都存在于中西政治实践中。例如,美国的轻罪重罚就是一种非理性问责,其体现出的不单单是一个刑事诉讼制度,而是一个具有影响力的经济和社会福利机构,在发挥着公共利益分配的功能。这些体现在种族关系、就业市场、移民、财富分配等方面,甚至也影响着轻罪重罚下受罚者对民主、法治的认同,发挥着政治功能。②

对形式主义和实用主义的分类源于对马克斯·韦伯法律社会学思想的借用及修改。韦伯运用实质主义和形式主义的对立,指出实质合理性主要遵循的规范包括道德律令、功利原则和其他权宜性原则以及政治信条,它们全都不同于"外在特征"多样化的形式主义,也不同于利用了逻辑抽象方法的形式主义。然而,只有在

---

① [美]托马斯·格雷:《美国法的形式主义与实用主义》,田雷译,法律出版社2014年版,第43页。
② [美]亚历山德拉·纳塔波夫:《无罪之罚:美国司法的不公正》,郭航译,上海人民出版社2020年版,第9页。

法律具有形式特征时，才有可能在现代意义上以特殊的职业方式、法律主义方式和抽象方式看待法律。① 可见，在马克斯·韦伯法律社会学思想中，实质主义（实用主义）不具有法律的基本性质。原因在于韦伯提出，如果影响裁决的不是普遍规范，而是特定案件中的具体因素，并在伦理、情感或政治基础上评价这些因素，那么制定法律或者发现法律在实质上就是无理性的。② 在马克斯·韦伯的理想类型中，形式主义因其依据普遍规范而被视为理性的，而实质主义因具体因素被视为非理性的。这里存在一个漏洞，即何为普遍规范？与具体因素有何矛盾？伦理、情感、政治因素等本身也可以成为一种普遍规范，例如，正义、平等等。韦伯的混乱在于将法律目的与法律形式混为一谈，导致的就是只有形式理性和实质非理性两种法律类型。对此，黄宗智在对其批评中指出，马克斯·韦伯单一地偏重形式主义理性是对理性比较狭窄的理解。他建构了形式与实质、理性与非理性的非此即彼二元对立，没有认真考虑实践理性，而后者才是连结理论理性与实际行动的不可或缺的步骤。这方面的欠缺，以及其对抽象概括的理想化，乃是促使韦伯最终成为一位普世主义、唯心主义思想家的原因。③

四、两种问责体制及其作用机制

本节将结合中国和美国从 2019 年 12 月到 2021 年 1 月间的疫情防控问责实践，以问责规范的指向性、问责过程的程序合理性两个视角分析中美危机问责体制的实质，并分析问责体制对危机

---

① ［德］马克斯·韦伯：《经济与社会》（第二卷·上册），阎克文译，上海人民出版社 2020 年版，第 964 页。
② ［德］马克斯·韦伯：《经济与社会》（第二卷·上册），阎克文译，上海人民出版社 2020 年版，第 963 页。
③ 黄宗智：《中国的新型正义体系：实践与理论》，广西师范大学出版社 2020 年版，第 115 页。

治理的作用机制。

(一) 中国适应性问责体制分析

由于新冠肺炎疫情防治工作的艰巨性,中国疫情防控一开始就是中央层面全面指挥和领导的。在中央层面存在中央应对新冠肺炎疫情工作领导小组、中央指导组、国务院联防联控工作机制等领导组织和领导机制。自上而下建立起新冠肺炎疫情防控指挥部,从湖北省、武汉市以至下辖村居。层层指挥系统意味着层层命令、控制,而不同层级、不同地方面临着明显的能力差异、问题差异。在应对这场重大公共卫生危机中,国家借助权威性等级结构形成了集中动员体制,这种集中动员体制在提升国家总体性控制能力和渗透能力的同时,也面临着地方激励问题、政策执行监督问题等内生性权责困难。① 因此,对问责的依赖也愈加高,原因在于官员问责所具有的约束性、指向性能够快速动员党政系统运转,适应了疫情防控的需要。在这种背景下,国家从问责规范和问责程序两个维度形成了自己的危机问责体制特点。

1. 实事求是的问责规范:问责效益最大化

问责规范是对为何问责的解释,而问责本身包括法律问责、政治问责、专业问责、社会问责,就涉及对责任人行为的法律判断、政治判断、专业判断及社会判断。在中国新冠肺炎疫情防控的背景下,官员行为的规范也发生了显著变化。

第一,官员所负法律责任被强化,以法律强制力和威慑力推动官员更负责任的履责。党的刑事政策与国家实体刑法之间构成辩证统一关系。危机治理背景下更是推动了风险刑法的扩张,其中的典型就是对行为人行为规范的要求变得更高。对于官员问责而

---

① 樊佩佩、曾盛红:《动员视域下的"内生性权责困境"——以"5·12"汶川地震中的基层救灾治理为例》,《社会学研究》2014年第1期,第125—147页。

言,在新冠肺炎疫情防控中,刑事政策表现为依法及时、从严惩治。① 但总体而言,疫情防控期间官员因失职渎职、不作为、乱作为而被施以法律惩罚的居于少数。官员面临的更大问责压力还是源于政治责任,这也因为政治责任具有更大的弹性、灵活性。

第二,官员负有的政治责任扩大,官员失责被政治问责的概率和风险也显著提高。问责本质上是对官员履责行为进行调查基础上的惩罚。《论语》有言:"不教而杀谓之虐,不戒视成谓之暴"。这一论述指出了预先规定在官员惩罚中的前提性地位。疫情防控是一场超常规的政治动员,尤其要动员体制内人员超常规履职尽责,对官员行为提出了前所未有的严要求。疫情一开始中央就对各级领导干部提出严格的工作要求,为此党和国家不断出台文件,强化责任意识,提高工作要求。这些严格要求一方面给官员行为划定了范围,另一方面也为行为指明了方向。从这点看,问责是对中央严格政治要求的贯彻,自上而下的工作要求实质上是以政治权威具有的问责压力引导官员履责。以干部下沉社区为例,在"小马拉大车"的社区防控格局下,党和政府大规模动员党政力量下沉社区。2020年2月10日,武汉市新冠肺炎疫情防控指挥部第1号令明确提出力量下沉的要求,"市领导立即下沉到区、区领导立即下沉到街道、社区一线指挥,强化调度",并提出"对未完成的严肃追责"的严格考核要求。2月12日,仅事隔两日,中央指导组副组长陈一新再次强调,"市领导干部要靠前指挥,不仅要下到区,还要下到街道、社区",并对处级及处级以下干部、副局级以上干部、机关部门干部下基层提出具体规定,明确要求对问题人员和组织"及时依纪依规严肃查处"。之所以如此具体、密集地发布指令,是因为防控前期党员干部下沉社区效果不彰,社区负重前行,难以承担防

---

① 赵秉志、袁彬:《中国重大公共卫生事件防控刑事政策研究——以中国新冠疫情防控刑事政策为中心》,《江海学刊》2020年第6期,第149—157页。

控压力。尽管如此，干部下沉社区仍然面临诸多问题。一些领导干部认识不足、履责不力的情况屡有发生。对此只能通过严肃问责，以达到"问责一个，警醒一片"的效果。2月19日，武汉市纪委监委通报了5起干部下沉社区典型问题，包括下沉干部"虚假下沉""不服管理""作风不实""履职不力""迟到早退""不在岗"等问题。问责的典型案例通报既是对上级政策的贯彻，也发挥着政策传递、政策学习的功能。为了进一步规范干部下沉社区工作，2月27日，湖北省新冠肺炎疫情防控指挥部发布《关于切实加强下沉社区（村）党员干部管理的通知》，明确提出严禁"挂名式、点卯式"下沉，严禁"搞亮相、做表演"，提出"对报到不到岗、到岗不干事、不服从社区（村）统一调度的，一般干部一律停职，领导干部一律免职，并移交纪检监察机关从严从快处理；造成严重影响的，追究所在单位主要负责人责任"的严肃要求。由干部下沉社区的政策要求变化可见，疫情防控政策本身具有显著的适应性调整的特点，与此相对应的是官员行为要求的变化。问责之所以与政策要求齐头并进，在于问责发挥着预警功能，既是对上级政治要求的严格贯彻，也是通过问责震慑、通报案例等推动下级学习、执行适时而变的新政策。问责成为动员各级领导干部超常规履责的重要推动力。

第三，官员所负社会责任被放大，社会力量凭借政治支持展现出强有力的问责能力。疫情防控监督问责坚持在监督中问责，以监督推动疫情防控的重要导向。湖北省内各级督导组从防控升级之初就介入防控之中，发现问题即要求就地整改。对于违反党纪政纪的快速进行问责处置。与此同时，互联网提供的意见表达、社会批评平台为公民监督赋权，民意舆情成为推动官员问责的重要动力，尤其是新闻媒体所发挥的监督作用。党政主导的开放性问责结构一方面使得多元信息涌入问责过程，提供了问责所需基础知识；另一方面强有力的政治权威推动问责有效进行。问责体系所具有的开放性,使得社会力量、科学声音、下级诉求等被纳入问责体系之中,使内外部利益相关者互动起来,促进组织绩效。①

2. 程序理性的问责过程:规范权力运行和赋予权利保障

监督结构的开放性,为问责工作带来了大量信息,而问责有效性还依赖于对信息的科学调查。为此,由纪检监察干部为主的督导组对干部问责过程发挥着关键性作用。在调研中我们发现,对各级督导组发现的问题,一些基层官员存在不信服情绪,是否被问责更被个别干部看成运气的好坏;还听到为被问责干部"鸣冤"或"诉苦"的情况,反映出部分基层干部对官员问责的排斥和不理解。但疫情防控期间,如此大规模动员各级干部并成功获得防控效果,绝不是由于问责主体没有章法的强行问责推动,相反,是因为防控建立在科学调查、民主决策、保障权利的基础之上。疫情防控中对问责的调查过程从规范权力运行和赋予权利保障等方面进行,是权责一致的互动性问责过程。在制约权力和保障权利基础上,以程序理性提高问责精准性、问责民主性、问责科学性。

第一,注重责任归属调查,推动精准问责。围绕谁是责任人问题,问责面临"多手问题"(the problem of many hands)。精准问责要求人人为自己行为负责,但复杂组织内的垂直关系、遵照组织目标和实践的权威性、社会压力以及集体决策和同行群体压力等,都构成了个人行为的重要原因。这就要求分清直接责任、领导责任,其中又分主要责任和次要责任。责任不清,容易出现"甩锅""背锅"等问题,不但无助于疫情防控,甚至带来严重的负作用。新冠肺炎疫情问责调查中,调查组自上而下确立严格的调查过程,使

---

① Thomas Schillemans, Mark Van Twist and Iris Vanhommerig, "Innovations in Accountability: Learning through Interactive, Dynamic, and Citizen-Initiated Forms of Accountability", *Public Performance & Management Review*, Vol. 36, No. 3, 2013, pp. 407-435.

责任分配更加明晰。对数据库①的分析发现,新冠肺炎疫情防控中每一起问责事件被问责官员数量可分为三类,问责1人的案例170个,占比29.4%;问责2人的案例130个,占比22.5%;问责3人及以上的案例279个,占比48.2%。可以看到,3人及以上的问责案例占了近一半的比例。与问责官员个体相比,集体问责除了追究直接责任人的失责问题外,更加重视对组织管理问题的问责。为了压实疫情防控中的责任,各级疫情防控指挥部对领导责任、主要责任、直接责任的划分和认定非常清晰明确。

第二,确立调查—审核—决策的分级模式,推动科学问责和民主问责。为了保障问责严肃性和权威性,湖北省各地从结构安排上建立起相互制约与监督的关系,提升问责过程的规范性,防止问责失误。正如诺斯所言,具有鼓励分权式决策过程的激励机制,是解决不确定问题的关键。② 例如,在恩施州和荆州市调研发现,疫情期间所有问责,县级层面统一归口由党风政风监督室统一把关审核,统一上报送审。然后由市级层面的市纪委执纪监督室统一归口,由市级纪检监察机关统一审核,在市纪委常委会上研究表决,确保全市或全县同样情形按同等尺度处理,避免"问责不公"。

第三,建立责任人和问责人的对话机制,赋予责任人辩诉的权利。实现精准问责,要赋予被问责对象解释权。对话问责、协商问责等理论创新以及容错纠错等制度实践正是对这一问题的回应。对于问责结果,责任人可以在调查过程中进行申诉,提供相关证据,为问责决策提供信息参考。如果被问责人对问责不服,具有上诉的救济权利,由上级问责机关根据《问责条例》和具体情况审核

---

① 作者所在课题组对湖北省579位问责官员所做的数据库。
② Douglass North, *Institutions, Institutional Change and Economic Performance*, Cambridge University Press, 1990, pp. 80-81.

在自由与安全之间：突发公共卫生事件中的中美问责体制比较

决定。

第四，除了监督调查上对程序理性的尊重外，在问责处分上也要增强问责体制的韧性，既发挥出问责的震慑效应，也注重提高官员的学习能力。问责处分是上对下的权力关系展开，但上级在处分力度上要把握得当。问责过度会影响干部的担当作为，尤其是在疫情防控期间干部的防控工作极为辛苦的背景下。《中国共产党问责条例》强调"严管和厚爱结合、激励和约束并重""惩前毖后、治病救人"的党的问责工作原则，这一原则被充分落实在组织处分、党纪处分、政务处分乃至法律处分的制度安排上。在保证问责有据可查、有规可依基础上，赋予问责主体问责空间，以使问责强度适应复杂的疫情防控过程。从实际的疫情防控干部问责情况看，问责案例以轻处分为主。这样的问责体现了在警戒、教育的基础上，为官员提供了纠正错误的机会，也体现了党的问责工作原则。轻重处分的不同分布反映了问责强度的差异，即在发挥问责预警、震慑功能的同时，也要强调责罚一致，以此提升疫情防控绩效。问责之后的行动者互动也是提升问责绩效的重要因素。问责是一个"双向两车道"，权力方和责任方是相互影响的动态关系。[①]在疫情防控中，大量干部被问责，使得问责后的组织教育、组织激励尤为重要，目的在于通过对被问责者的教育和激励发挥其主动性和能动性，最终推动疫情防控工作顺利推进。处分上轻重结合以及处分后组织帮扶，既实现了对官员失职的分类惩处，也发挥了问责应有的震慑效应和权力监督功能，避免产生"问责过载"的负功能。这些进一步支撑起问责过程的良性循环。

3. 适应性问责体制治理绩效的作用机制

从中国疫情防控的问责情况看，坚持发挥了回应功能和能动

[①] Barbara S. Romzek, "Living Accountability: Hot Rhetoric, Cool Theory, and Uneven Practice", *Ps: Political Science & Politics*, Vol. 48, No. 1, 2015, pp. 27-34.

功能的结合,其中又以能动为主,以回应为保障,展现出组织学习与权力监督并行的适应性问责特征。从能动性来说,强调在问责过程中推动组织学习,增强整个社会的认知水平和行动能力。对于新冠肺炎疫情防控来说,集体认知基础上的集体行动是有效应对的关键。① 因此,问责过程强调典型案例通报、防控策略优化、处分但不影响工作的开展、问责之后教育帮扶等工作。这些工作起到了组织注意力调配的功能,实质上提高了组织学习能力。在组织目标不清晰的时候这尤其重要,让组织找到运转方向。在疫情防控的关键时刻,部分基层干部面临着"很忙,但不知道该怎么办,有时候很迷茫"的局面。而疫情问责中的预警、监督、调查和处分,并不仅仅以惩罚为手段,更是以推动信息传播、强化认知、政策学习、提高政策执行力为目标。仅仅重视能动性也会存在问题,甚至埋下风险隐患。问责在发挥学习、预防、震慑等能动功能的同时,有时也存在过犹不及的问题,可能导致"形式主义""本本主义"等问题,使地方发挥不出主动性和创造性。这就如同功利主义在追求利益最大化时所犯的"把人当作手段"的错误。② 因此,问责过程在发挥能动功能时,要以回应功能为保障,即问责是建立在客观分析基础上的对失职失责事实的惩罚,是权力监督的结果。对此,中国在疫情问责时从制度规定、程序规范、分权制约、权利保障、事后申诉等方面提供支持,以保障疫情问责以客观、科学为准绳。可见,中国疫情防控问责工作以提高组织学习能力和权力监督水平为核心机制,既面向未来也面向事实,追求在能动与回应之间的平衡,以适应疫情防控的需要。

---

① Louise K. Comfort, Naim Kapucu, Kilkon Ko, Scira Menoni and Michael Siciliano, "Crisis Decision-Making On a Global Scale: Transition From Cognition to Collective Action Under Threat Of Covid-19", *Public Administration Review*, Vol. 80, No. 4, 2020, pp. 616-622.

② 威尔·金里卡:《当代政治哲学》,刘莘译,上海译文出版社2015年版,第47页。

适应性问责实现了问责过程中权力与责任、学习与回应、韧性与刚性的辩证统一。

(二) 美国僵滞性问责体制分析

美国新冠肺炎疫情防控过程中的问责实践,其突出特征是复杂性和冲突性,表现在多种问责主体基于形式主义和实用主义的问责规范展开问责,形成显著的混合问责规范特征。在这一问责规范下,也形成了程序非理性的问责过程,包括随意性的行政问责、虚弱的国会问责以及低赋权的专业问责。在混合问责规范和程序非理性问责过程下,美国新冠肺炎疫情防控中的问责实践显示出僵滞性问责体制的状态。

1. 混合的问责规范:从谦抑性司法责任到人格化总统责任

第一,谦抑性的法律规范。法律问责是官员惩罚中最具有威慑力和强制性的,也因其强制性,法律问责受到法律实质性规定的严格制约,以保障法律问责的合法性和合理性。传统上法院对行政机关的审查,就是集中于是否超越了职权,是否存在着个人利益的影响,是否有滥用职权、收受贿赂等利益冲突的行为,是否不当地侵害了相对人的权利,而不是去发现官员有没有履行职责,有没有疏漏、懈怠和懒政,更不是去指挥行政机关如何作为。美国《联邦程序法》第 706 条规定了司法审查的范围,但并不包括不作为或懈怠,实践中基于公法的司法审查也是非常有限的。[①] 在新冠肺炎疫情防控中,美国司法系统未有对行政官员防控行为的介入处理,其根本也无权介入,而只能对政府发布的政策进行司法审查。例如,美国宾夕法尼亚州在 2020 年 3 月 24 日发生一起社会组织起诉州长 3 月 6 日颁布的"防疫限制令",宾州最高法院鉴于案件

---

① 邓峰:《领导责任的法律分析——基于董事注意义务的视角》,《中国社会科学》2006 年第 3 期,第 136—148 页。

受到高度关注,审理结果会对宾州公众和企业产生重要影响,决定依法行使初审管辖权,尽快做出裁决,并于4月13日裁决驳回起诉。① 如此快速判决显示出司法能动性。从司法能动主义角度看,存在能动范围的问题,不能干预行政权自身的自由裁量权,这是美式司法能动主义的特点,也是美国疫情危机防控中谦抑性法律规范的体现。

第二,人格化的行政规范。与司法谦抑性相反,以总统为代表的行政权具有明显的问责能动性。行政问责规范既可以表现出高度形式主义,也可以表现出高度实用主义,但更多是介于两者之间,这取决于行政官员的问责偏好。在新冠肺炎疫情防控期间,作为最高行政长官的总统特朗普,有着极为人格化的行政问责偏好,被批评为"任人唯亲""以个人好恶决定官员留任与否"等。在两党竞争、社会撕裂的背景下,特朗普为赢取选民的认可,更是将其行政任免的自由裁量权滥用到极点。

2. 程序非理性的问责过程:人格化、虚弱性与低赋权

第一,高度人格化的总统问责。极端主义总统在美国宪政结构中的兴起受到美国研究领域学者的广泛关注。② 总统权力的扩张以及对其的有限制约,尤其体现在总统人事任免权的变化上,而这一任免权的变化正是总统问责权的反映,深刻作用于公共事务治理之中。新冠肺炎疫情防控期间特朗普总统的人事任免体现了总统问责的鲜明特点。特朗普对监察官的罢免,显示出总统权力对监察问责的侵入及破坏,也反映出总统问责的兴起与监察权的衰落。

行政问责是问责体系中的重要一环,具有接近权力的信息优

---

① 陈长宁:《美国防疫诉讼:司法视域下的政治极化》,《当代美国评论》2021年第4期,第109—122页。
② 参见[美]布鲁斯·阿克曼:《美利坚共和国的衰落》,田雷译,中国政法大学出版社2016年版。

势，能充分发挥出强有力的官员监督和问责作用。在美国，监察长办公室（Office of Inspector General，简称 OIG）是一个通用的术语，指代联邦或州机构的监督部门，其作用在于防止他们机构内部的低效或者非法行为。这种监察长办公室为许多联邦行政部门、独立的联邦机构，以及州和其他地方政府服务。每一个监察长办公室包括一名监察长（Inspector General，简称 IG）和多名雇员，负责发现、监督并调查行政部门内的欺诈、浪费、滥用职权、挪用公款以及任何形式的管理不善。

新冠肺炎疫情发生以来，特朗普因领导抗疫不力，多次遭到美国各界和政府内部官员的批评与指责。作为回应，特朗普先后撤换、解雇了多位与他意见相左的人士，曾六周内就替换或罢免了五名监察长。包括2020年4月7日被特朗普辞退的前国防部代理检察长格伦·费恩（Glenn Fine），其负责监督特朗普签署的应对新冠肺炎疫情的涉及金额2万亿美元的新冠肺炎疫情经济刺激法案的实施，而这一辞退距离其被任命为大流行应对问责委员会主席（Chair of the Pandemic Response Accountability Committee）仅仅一周时间，这一辞退也标志着格伦·费恩作为大流行应对问责委员会主席的职位也被剥夺。而特朗普新的监察长提名人选只要通过参议院审批，就能加入新冠疫情经济刺激法案督查小组。此时国会参议院中总统特朗普所在政党即共和党为多数党，这为特朗普的监察长任免提供了便利条件。除了格伦·费恩外，被辞退的监察长还包括2020年5月1日被辞退的美国卫生与公众服务部副监察长克里斯蒂·格林（Christi Grimm）。特朗普这一系列对监察长的任免得到了共和党和参议院的支持，但饱受民主党和众议院的批评。民主党人宣传"对出色的公职人员的惩罚是对整个监察系统的直接侮辱"。众议院议长、民主党人佩洛西更是将特朗普的系列操作称之为"危险的报复模式"，提出"总统必须停止对致力于保护美国人安全的公务员的报复"。① 这些批评尽管引起政府、社会的关注,但难以改变总统对监察人员任免的强干预。这显示出在新冠肺炎疫情防控中,行政系统内的监察问责被最高行政权所扭曲,导致问责不足(accountability deficit)或者问责捕获(accountability capture)的问题。与此同时,能力与忠诚是总统任免中必须面临的问题。② 特朗普选择了对亲戚的任命,包括自己的女儿、女婿、忠实属下等,使他们成为不需要负责任的政务官,显示了家族制官僚的兴起,破坏了民主负责制。家族制政治是对正统官僚制政治的侵入,显示了裙带关系、庇护关系等人格化的人事关系的崛起。美国一直面临着家族制政治的问题,导致专业化、非人格化、等级化的官僚制屡受破坏,影响了国家治理能力。

第二,虚弱性的国会问责。国会是监督总统权力的重要权力机构,有着及时性、灵活性的特点。国会拥有对付行政权的"武器库",这些"武器"包括立法、拨款、听证、调查、私人介入和建议等。新冠肺炎疫情防控中,国会对行政权的问责体现在两种组织的活动中,第一个组织是传统的美国政府问责办公室(the US Government Accountability Office),另一个组织是临时的美国国会应对新冠危机小组委员会(the Select Subcommittee on the Coronavirus Crisis)。在特朗普政府新冠肺炎疫情防控中,两个组织开展了多项监督活动,并提出政策建议,但从问责效果看,国会问责具有明显的强制性不足的问题,导致行政自由裁量权无节制。

---

① Tom McCarthy:"Pelosi: Trump Firing of Steve Linick Could Be 'Unlawful If It's Retaliation'"(2020,may17),The Guardian,https://www. theguardian. com/us-news/2020/may/17/pelosi-trump-steve-linick-firing-retaliation-unlawful,最后浏览日期:2021年10月30日。

② Richard W. Waterman and Yu Ouyang, "Rethinking Loyalty and Competence in Presidential Appointments", *Public Administration Review*, Vol. 80, No. 5, 2020, pp. 717-732.

在自由与安全之间：突发公共卫生事件中的中美问责体制比较

美国国会应对新冠危机小组委员会是2020年4月23日于众议院成立的，由众议院第三位次的民主党人、多数党党鞭詹姆斯·科拉伊博主持，其任务是检查特朗普政府应对新冠肺炎的财政和救济项目是否有效率、是否公平、透明，以及防控新冠肺炎疫情的准备和应对工作。对"吹哨人"的保护，行政部门的政策、审议意见、决定、活动、对内对外的沟通等。从2020年8月到2020年12月，小组委员会发布了9份针对特朗普政府疫情防控过程的报告，对特朗普政府应对新冠危机的评定是低效率、无效果、不公平。①

美国政府问责办公室已经成立一百年了，是美国政治体系中专门的问责机构。政府问责办公室（GAO）常常被称为"国会的监察人"（watchdog），是一个为国会服务的独立性、非党派的机构。其职责是检查财政收入是如何被花费的，并向国会和联邦机构提供客观的、无党派偏见的、以事实为基础的信息，以帮助政府更加高效地运转。面对新冠肺炎疫情这起重大突发公共卫生事件，美国政府采取了众多举措，也自然要受到政府问责办公室的监督。截至2021年12月，美国政府问责办公室一共发布了8份联邦疫情应对措施报告，提供了225项改进建议，其中有33项已得到充分执行，并向国会提交了4个问题供审议。② 从建议与被采纳的比例看，联邦政府对政府问责办公室建议（Recommendations）的采纳度并不高，充分执行的比例仅为14.7%。这源于政府问责办公室向国会负责，而三权分立的宪政体制下，行政权享有独立的自由裁量权。因此，政府问责办公室的建议更多只作为参考，并不具有强制性。这也引发了美国国会应对新冠危机小组委员会对特朗普

---

① 美国国会应对新冠危机小组委员会发布的报告参见 Select Subcommittee of the Coronavirus Crisis:Report ｜ House Select Subcommittee on the Coronavirus Crisis，最后浏览日期:2022年6月20日。

② 美国政府问责办公室对疫情应对的报告及数据资料参见:GAO:Coronavirus Oversight ｜ U. S. GAO,最后浏览日期:2022年6月20日。

政府未接受政府问责办公室政策建议的批评。① 尽管存在这样或那样的批评,不管来自权力机关还是民间人士,行政权有其职责范围内的自由裁量权,而行政行为的科学性、合理性本身难以被外界及时评估,并且这种外在评估也因其不具有强制性和权威性,亦可能被行政权所忽视。这一现象显示了政府问责办公室作为国会内专门的问责机关,其问责权在权威性、强制力、及时性上有明显的不足之处。

第三,低赋权的专业问责。美国有着领先全球的科技水平、医疗水平,也有着全球最好的医疗保障条件,但这些优势在疫情防控期间并未发挥出其应有的作用。专业问责以科学能力为基础,但能否发挥成效,还取决于专业力量的问责渠道、问责权力和问责程序。在特朗普主导新冠疫情防控背景下,总统对科学、专业人士充满不信任,使得专业人士的防控意见不被重视,甚至总统本人带头违反科学防控举措,散布反科学的防控意见,②这些进一步强化了特朗普政府时期的低赋权性专业问责。

第四,严重滞后性的社会问责。与专业问责一样,社会问责也是对政府防疫政策进行监督、审查的重要力量。社会问责形式多样,具有规模效应、灵活性等特点,包括集会、游行示威等非制度化形式,它有制度化的选举问责,包括总统选举和国会选举。特朗普政府防控疫情期间,恰逢美国大选年,发生了震惊全美的"弗洛伊德事件",这些因素叠加导致美国社会出现了声势浩大的集会、游行等,其对防疫政策以及特朗普个人发出了或赞成或反对的声音。有统计资料显示,新冠肺炎疫情是美国大选期间最受关注的议题,

---

① Press Releases: New GAO Report Details Trump Administration's Failed Coronavirus Response, New GAO Report Details Trump Administration's Failed Coronavirus Response | House Select Subcommittee on the Coronavirus Crisis, 最后浏览日期:2021年10月30日。

② 特朗普反科学的防控言论包括注射消毒剂可以消灭病毒等。

而绝大多数选民认为特朗普处理不当。有研究结论认为新冠肺炎疫情应对使特朗普失去了连任的希望。[1] 甚至有关于新冠肺炎与特朗普选举失败关系的研究指出，民主问责制是决定民粹主义领导人掌权后命运的强大因素。[2] 不可否认，选举问责是民主政治下最具权威性、合法性的问责方式，但其存在问责严重滞后的问题，这对新冠肺炎疫情这种重大公共卫生危机来说，其会造成不可逆转、不可修复的破坏，而这点却是西方选举政治研究中并未被强调的关键之处。

3. 僵滞性问责体制治理绩效的作用机制

美国新冠肺炎疫情防控过程中的问责实践，其突出特征是复杂性和冲突性，表现在多种问责主体基于形式主义和实用主义的问责规范展开问责，形成显著的混合问责规范特征。在这一问责规范下形成了程序非理性的问责过程，包括高度人格化的总统问责、强制性不足的国会问责、能动性不足的司法问责、低赋权的专业问责以及严重滞后性的选举问责。在混合问责规范和程序非理性问责过程下，美国新冠疫情防控中的问责实践显示出僵滞性问责体制的状态，导致问责体制的监督能力、学习能力、纠错能力有限。例如，美国政府问责办公室所提出的疫情防控建议案在特朗普政府时期未被采用，直至拜登政府上台后才被采用，包括重返世卫组织等政策。美国问责体制的这个特点使其在疫情防控中无法有效发挥出不同机构的职能，使新冠肺炎疫情深度传播，最终导致无法防控，不得不走向"群体免疫"。这些反映出美国的问责体制

---

[1] Paul Whiteley, Harold Clarke, Karl Ho, Marianne Stewart: "Donald Trump: How COVID-19 Killed His Hope of Re-election — New Research"(2020，Nov 30), The Conversation, Donald Trump: How COVID-19 Killed His Hope of Re-election — New Research (the conversation. com)，最后浏览日期：2021年10月30日。

[2] Anja Neundorf, Sergi Pardos-Prado, "The Impact of COVID-19 on Trump's Electoral Demise: The Role of Economic and Democratic Accountability", *Perspectives on Politics*, Vol. 20, No. 1, 2022, pp. 170-186.

存在着机制问题。

五、模式差异的政治解释

问责体制是政治体制的缩影,问责体制的危机治理绩效也是特定政治权力结构产生的结果。在对实质性的问责规范和程序性的问责过程进行分析的基础上,可以看出中美新冠肺炎疫情防控的问责体制分别呈现出适应性问责体制和僵滞性问责体制的特点。毋庸置疑,这两种问责体制都有其自身的政治基础,这种政治基础使其成为一种稳定的制度表现。

(一) 中国适应性问责体制的政治基础

中国疫情防控的适应性问责特征,其背后有深刻的政治基础作为支撑,体现在党政体制下党管干部制度、过程民主、理性官僚制、中华正义体系四个维度上,反映了中国在危机问责中以追求整体利益最大化为目的,同时以权利保障、程序理性为制约的实质正义哲学,这是对功利主义政治哲学的修正。

第一,适应性问责以中国党政体制下党管干部制度为基础。中国的官员问责和官员选拔以党组织为核心,深受党的干部路线的影响。中国应急管理最大的特点和优势是中国共产党的领导。[①] 执政党居于官员问责结构的核心。党管干部是中国干部队伍建设的根本原则,为干部问责确立了方向。在疫情防控中,党中央明确了严厉问责的导向,尤其是在防控形势极为紧张之时,严禁心存侥幸、精神懈怠、麻痹大意等,这使得干部问责极具刚性。与此同时,党中央对干部激励、问责质量提出更高要求,避免问责伤

---

① 龚维斌:《应急管理的中国模式——基于结构、过程与功能的视角》,《社会学研究》2020年第4期,第1—24页。

害干部的工作积极性。这种顶层要求为正确处理好干部问责指明了方向，也体现了坚持党的领导在中国国家治理结构中的重要意义。

第二，适应性问责以过程民主为运作基础。问责是民主政治的反映，没有民主的问责只会产生"包庇""背锅"等无法问责或问责失效的乱象。长期以来，西方以选举为民主标准的理念忽视了民主的广泛性。中国疫情防控中的问责实践体现出中国民主政治的广泛性，具体体现在社会舆论对官员失职行为的有效批评和监督、政治权力对社会问责的及时回应、调查处理中的民主诉求、问责过程的民主决策等方面。这些民主要素体现在这场危机问责的整个过程之中，体现出中国共产党人"站稳人民立场，贯彻党的群众路线，尊重人民首创精神，践行以人民为中心的发展思想，发展全过程民主"，①展现了过程民主相对选举民主的真实性。

第三，适应性问责以理性官僚制为基础。一方面，自上而下的权力设置，体现在监督、调查以及处分上；另一方面，避免权力设置导致的差异化引起新的不公，对权力设置进行制度制约。通过对问责过程的分析可以看出，监督、调查中既有对问责权的监督和制约，又有对社会权利的保护，使问责处分的制度化、法治化显著增强。适应性问责在具有灵活性的同时，制度刚性也在强化。问责过程依赖于严格的制度规范和现实的绩效考虑。前者是根基，不可逾越；后者是框架，作建设性调整。

第四，适应性问责以中华正义体系为基础。中华正义体系是黄宗智在对中西正义体系作对比以及对中华正义体系历史变迁进行研究基础上提出的，是一个"政"与"法"混合的制度，一个结合行政与法律的正义系统，一个可以有效搜集信息、维持组织纪律、保

---

① 习近平：《在庆祝中国共产党成立100周年大会上的讲话》，《人民日报》2021年7月2日，第2版。

护社会,更具韧性的正义体系。① 中华正义体系具有两重特点:其一是刚性和韧性相结合。在中国,党、政、法多元合一的中华正义体系提供了刚性和韧性相结合的惩罚制度,能发挥出惩罚体制实用理性的功能。其二是能动性,其中,中国特色的司法能动主义区别于美式司法权,尤其是法官对自由裁量权的使用,②强调执政党对司法权的领导地位,以及在此基础上的司法举措。中华正义体系为追求实质正义奠定了制度基础。

适应性问责是中国党政体制下,以实践为中心、以理性为保障的官员惩罚体制。其问责的目的在于追求整体效益最大化,尤为重视问责制本身的能动性。为了规避对少数人合法权利的伤害,中国的问责在强调能动性的同时,又以回应性为保障,体现在依法治国、程序理性、过程民主、权力制约、制度规范等方面。疫情防控中所提出的"疫情防控越是到最吃劲的时候,越要坚持依法防控,在法治轨道统筹推进各项防控工作""健全权责明确、程序规范、执行有力的疫情防控执法机制"③等重要理念,正是这种问责回应性的体现。从政治哲学角度看,中国的干部问责过程也是对单纯追求整体效益最大化的功利主义的一种修正,在发挥问责能动性和回应性的平衡中,追求实质正义。

(二) 美国僵滞性问责体制的政治基础

美国疫情防控中的僵滞性问责体制是美国极端主义膨胀的结果,又受三权分立宪政结构下对行政自由裁量权制约不足、司法能动性不足、国会问责迟滞等因素影响,加之进一步被党派竞争、政

---

① 黄宗智:《中国的新型正义体系:实践与理论》,广西师范大学出版社 2020 年版,第 252 页。
② [美]克里斯托弗·沃尔夫:《司法能动主义——自由的保障还是安全的威胁》,黄金荣译,中国政法大学出版社 2004 年版,第 52 页。
③ 中共中央党史和文献研究院编:《习近平关于统筹疫情防控和经济社会发展重要论述选编》,中央文献出版社 2020 年版,第 49、163 页。

治极化扩大化,形成无法有效问责的危机应对困境。困境的背后反映出美国制度环境下个体自由与国家安全之间、权力制约与权力协作之间难以弥合的张力。

第一,总统任免权的扩大,助长了人格化总统问责现象,消解了监察问责的权威性。在危机治理中,美国僵滞性问责体制以三权分立的宪政结构为基础,又受"极端主义总统"背景下行政权扩张的影响。正如美国宪法学家阿克曼所分析的:美国的政策决策由行政机构的专家知识模式走向落实总统"命令"的政治化模式,极端主义总统在美国兴起。① 这种极端主义总统的表现之一是任免权的扩大,为人格化的行政问责奠定了制度基础。根据理查德·沃特曼等人的梳理,布什和奥巴马时期总统直接任命的联邦机构人员共达3 366人,并且总统任命时普遍存在忠诚或能力(loyalty or competence)的取舍问题。② 福山在文章中指出,总统政治任命的人数远远不止这些,达到4 000多人。③ 总统任免权的扩大,且国会对总统任免的实际制约不足,导致疫情防控中出现严重的人格化的行政问责。尽管从制度上看,总统任免权受到国会的制约,但研究者发现美国总统任命中形成了"空缺人政治",产生了"未经确认的控制"。④ 总统的提名策略包括留下职位空缺并且任命过渡职位,这种选择反映了总统的优先考虑和空缺职位的特点。证据显示,当职位面对总统优先性扩张的时候,过渡性任命更

---

① [美]布鲁斯·阿克曼:《美利坚共和国的衰落》,田雷译,中国政法大学出版社2016年版,第15页。
② Richard W. Waterman and Yu Ouyang, "Rethinking Loyalty and Competence in Presidential Appointments", *Public Administration Review*, Vol. 80, No. 5, 2020, pp. 717-732.
③ Francis Fukuyama:"Restore Honor in Public Service"(2020, Aug 30), The Dallas Morning News, Francis Fukuyama:Restore Honor in Public Service (dallasnews.com),最后浏览日期:2021年10月30日。
④ Christina M. Kinane, "Control without Confirmation: The Politics of Vacancies in Presidential Appointments", *American Political Science Review*, Vol. 115, No. 2, 2021, pp. 599-614.

可能发生,这揭示了总统能够充分利用他的先人一步优势来逃过参议院确认。美国有很多具有专业知识的行政人员,这些具有影响力的行政人员又越来越多地受到政治任命的影响,政治忠诚代替了专业责任,使得极端政策、不专业政策大行其道。原本限制、制约政治权力的行政专业权力被捕获。这个结果进一步揭示了权力分立模式存在这样的问题:正式权力有意的不作为和回避,将影响政治控制和政策策略制定。

第二,三权分立下国会、法院对总统权力制约不足,表现在问责迟滞、问责虚弱等方面。在政治极化背景下,美国政治体制存在严重的对立,被称之为否决政体(Vetocracy)。权力分立也带来了权力极化,即立法、司法、行政各自形成自己的独立王国。正如福山所说,美国政治体制呈现出一幅复杂的画面,一方面过度的制衡限制了代表多数人利益的决策,另一方面又将过量或具潜在危险的权力委托给了不能负责任的机构。① 美国新冠肺炎疫情防控的绝大多数行政举措都是行政自由裁量权范围内的事情,其决策的科学性、合理性难以被立法部门有效制约。这是因为如何实现安全,什么是风险状态,这些很难由国会授权行政权并进行程序性监督。威尔逊在研究中早就分析过这种情况,通过区分国会对两种类型行政机关的监督(即程序性机构和工艺型机构),其发现后者的工作更不易被国会干扰。② 这就给行政自由裁量权合法的空间,造成危机问责迟滞或虚弱等问题。法院的能动性也受到极大的限制。法院活动本身受制于严格的程序要求,尽管一方面面临着行政权的独立性,另一方面面临着对公民权利的保护。危机治理对官员的行为预期产生了新要求,但美国目前这种宪政格局使

---

① [美]弗朗西斯·福山:《政治秩序与政治衰败:从工业革命到民主全球化》,毛俊杰译,广西师范大学出版社 2015 年版,第 453 页。
② [美]詹姆斯·威尔逊:《美国官僚体制》,李国庆译,社会科学文献出版社 2019 年版,第 336 页。

得国家权力对权力合理性存在严重的问责虚弱和问责迟滞问题,更多的只能对权力合法性、合程序性进行监督和制约。

第三,政治极化推波助澜,政党纷争影响了科学指导和社会意见的采纳。政党是美国公共政策制定和执行中的关键变量。近些年美国政党政治走向极端对立,政治极化现象日益突出,以至于著名学者戴蒙德提出,"当今能够威胁美国民主的基础性问题中,排在首位并且在我看来最可怕的一个问题,是政治妥协的加速崩溃"。[①] 美国政治极化更深层的原因在于共同价值观、社群归属感的削弱。不同派系的人看上去在相互辩论,但他们往往各说各话,实际形不成真正的、有建设性的"对话"。[②] 在这种情况下,政治问题掩盖了科学指导和社会意见,使政治纷争成为影响疫情防控的最大变量。

六、反思与不足

问责体制是国家权力结构的一种反映,新冠肺炎疫情防控中的问责实践则是对国家危机应对能力的检验。疫情防控的关键是对各主体的超常规动员以及快速提高组织的学习能力和政策执行能力,这需要有特殊的制度环境。中国适应性问责体制形成于中国特色社会主义政治体制基础之上,满足了疫情防控制度环境的要求,所以中国短时间内产生强大的动员能力,并能快速调整防控政策,有序调换防控人员,产出了相对较高的问责绩效。而美国僵滞性问责体制既存在严重的权力制约,导致短时间内难以达成疫情防控共识,组织协调不足,又存在严重的权力部门的独立王国现

[①] [美]贾雷德·戴蒙德:《剧变:人类社会与国家危机的转折点》,曾楚媛译,中信出版社2020年版,第293页。
[②] 段德敏:《重思美国政治中的冲突与"极化"》,《学术月刊》2021年第1期,第93—102页。

象，对权力监督不足。美国问责体制的复杂性产生了问责不足与问责随意并存的乱象，阻碍了疫情防控中的组织学习和政策执行，使得其危机应对失败。危机问责体制显示出国家权力结构的整体特性，也深刻影响了国家危机治理的绩效，从一个方面反映了中美两国政治体制的不同。

  需要指出的是，突发公共卫生事件有其特殊性，应对时对干预个体自由的深度、权力间合作的高度都提出了很高的要求，其防控成败与否有着特定的政治要求，不同于经济危机、军事危机等。因此，中美危机问责体制的比较有其明显的外延范围。中美疫情防控中问责体制分别表现出的适应性与僵滞性，有其特定的政治基础、事件特性和制度逻辑。同时，本文中关于危机问责绩效的评价指标侧重于疫情防控，而对个体自由等价值规范没有讨论，可见采用不同的绩效标准也会深刻影响评价结果。

德国选择党的兴起与政党体制的多极化

复旦大学国际关系与公共事务学院　王长鑫

近年来,在全球疫情扩散、经济形势恶化、难民危机等大背景下,欧美的几个主要发达国家(包括一些东欧国家)无一不经历了民粹主义的冲击。英国独立党推动脱欧、匈牙利的欧尔班执掌总理大权、勒庞对法国政坛带来的冲击等,都表明新一轮右翼民粹主义倾向的思潮在深刻地冲击着西方国家的宪政体制和政党体制。一向以温和、稳健的政党制度著称的德国也经历了大的政治变动:默克尔不再担任德国总理、以联盟党和社会民主党为代表的人民党大量流失选票、绿党影响力显著提高、右翼民粹主义政党德国选择党在两次大选中都获得超过 10% 的政党选票,凸显出德国右翼势力继续膨胀的政治风向。在后默克尔时代,随着德国选择党作为右翼势力稳定占据联邦议院的席位,德国的政党权力格局将会重组,德国政党政治将逐渐进入联合多党制时代,选举的灵活性和波动性继续增加;在政党竞争领域,除了传统的社会经济议题,环保、难民、欧洲一体化等多样化的议题在德国选举政治中的作用将日益凸显。

一、德国选择党的发展历程

与战后成立的基督教民主联盟,或者是早在德意志帝国和魏玛共和国时期就诞生的社会民主党不同,选择党(德语 Alternative für Deutschland)在德国政党中是一个2013年才建立的资历很浅的政党,但是其发展十分迅速,仅仅四年就成为议会第三大党。在德国这样一个采取议会民主制的政治制度和多数代表与单一选区混合型选举制度的国家,作为民意的晴雨表,政党在各级议会中席位的升降显著反映出德国政治生态的变化。德国选择党在政治光谱中很典型地占据着右翼的位置,而其政治主张也存在着明显的民粹主义倾向,其在各级议会选举中引人注目的表现对德国传统的政党政治格局和多元的政治文化提出了新挑战。不少学者基于政治的钟摆效应,认为奉行右翼民粹主义的德国选择党兴起只不过是民众宣泄情绪的一种表现,在德国以稳健著称的政党体制下注定是昙花一现。然而从现实表现和事实来看,经过近10年的发展,德国选择党由弱变强,其精明的选举策略和极端保守的价值偏好,的确对德国选民产生了越来越强的吸引力。屋漏偏逢连夜雨,随着德国社会发生的一系列深刻变化,联盟党成员违背以默克尔为首的党领导层的意愿,选择了新的议会党团主席等事件的发生,明确地暴露出基民盟和基社盟的联盟党内产生了巨大的分歧。人民党的另一巨头德国社会民主党也内斗不断,党内派系林立,极大地加深了力量内耗。此消彼长,选择党作为德国新生的政治力量开始崛起,并逐步成为稳定盘踞在德国政治生活中的一极。

德国选择党的前身是2012年由一部分经济学家发起成立的反欧元团体,名为"2013大选选择"。其后以德国《法兰克福汇报》前编辑康拉德·亚当(Konrad Adam)、德国黑森州前州秘书亚历山大·高兰特(Alexander Gauland)与经济学家贝恩德·卢克(Bernd Lucke)等人为首,联合发起成立了"2013支持联邦选举另类选择协会"(Verein zur Unterstützung der Wahlalternative 2013),反对"欧元救助政策",主张回到马克时代。2013年4月,这个政治组织改名为"德国选择党"①,正式作为新党参加竞选。它最主要的竞选口号是"废除欧元",在希腊陷入主权债务危机、欧盟准备开启大规模救助而引发巨大社会争议的背景下,起先这算不上一个极端出格的政策。并且由于该政党成员主要是经济学家,因而更带给民众一种专业化的印象。在选择党初创时期,50天的时间内该党就发展了10 000名党员,其中将近3 000名来自执政的大联合政府,即系基民盟和社会民主党成员的改换门庭。由此坚决反对欧元一直是选择党的重要身份标签,反映选择党理念的政治纲领中鲜明地体现了反欧元色彩:"(选择党认为)目前的欧元是一个有根本缺陷的设计,导致债务联盟不可避免地从货币联盟发展而来。我们要求安全有序地结束欧元的试验。如果联邦议院不同意这一要求,则必须就德国是否继续留在欧元区的问题举行公投……德国银行不应该对外国银行的错误决定承担连带责任。德国储蓄不得用于对冲国外风险……"②

在2013年的大选中,选择党共赢得81万张选票,但是在德国两票制的选举制度下,没有能够达到5%的最低门槛,因此无法进入联邦议会,但是选择党仅用几个月就获得了相当大的影响力,发展势头强劲。一年后在2014年的欧洲议会选举中,选择党获得德国的超过7%的席位,并于同年进入了德国萨克森和图林根等地区的议会。

2015年的欧洲难民危机促使选择党内部的民族主义势力抬头,该党的性质开始发生第一次重大转变。一部分成员认为,难民

---

① Maike Schmidt-Grabia,"Alternative für Deutschland",2017-03-23,参见"联邦政治教育中心"(Bundeszentrale für politische Bildung)官方网站,http://www.bpb.de/politik/wahlen/wer-steht-zur-wahl/203480/afd,最后浏览日期:2022年5月16日。

② 德国选择党基本纲领。Grundsatzprogramm für Deutschland,Alternative für Deutschland Bundesparteitag in Stuttgart 30. April bis 1. Mai 2016,参见德国选择党官方网站,https://www.afd.de/wp-content/uploads/sites/111/2021/02/2016-06-20_afd-kurzfassung_grundsatzprogramm_webversion_k.pdf,最后浏览日期:2022年5月16日。

问题和伊斯兰教问题具有巨大的政治动员潜力,如果能够呼应民众的反移民和反伊斯兰情绪,就能赢得更多的选民支持。不过排外倾向不符合一部分成员的期望,引发了党内激烈的政策分歧,导致创始人贝恩德·卢克以及20%的成员退出选择党。随着议题重心的转移和党员的更新换代,选择党的保守势力进一步抬头,右翼民粹主义倾向日益明显。借助反对移民、反对"外来宗教"在本国扩张影响力成了选择党的核心主张。在2016年的政党纲领中,选择党明确提出"伊斯兰教不属于德国"①,反对任何试图在德国展现或者扩大伊斯兰教影响的社会活动,比如修建清真寺、传教等,政治主张的右移使德国选择党从"欧洲怀疑论"政党变成了一个带有"排外"性质的右翼政党。

选择党2017年为联邦议会大选制定的《选举纲领》的重点,顺理成章地转移到难民政策和伊斯兰教问题上,其也因为鲜明的排外立场而获得了更多的关注度和选票。选择党的成员经常在公开场合发表煽动极端民族主义和种族主义的言论。比如该党前主席佩特里多次谈到要把难民挡在国境线之外,警察"必须学会开枪射击"②,其下属亦补充道:"在必要的情况下不排除对妇女和儿童开枪射击。"曾经在希特勒纳粹时代被使用的带有明显种族色彩的词汇(比如völkisch等)如今被广泛应用。尽管右翼势力会在宣传中"意有所指"地表示外来移民会窃取本国国民的工作机会,意在激起和加大人们心中对外来者和"反传统"者的恐惧,并选择合适的时机借题发挥,提出欧洲和西方文明将要因此消亡,从而使人们将

---

① 德国选择党基本纲领。Grundsatzprogramm für Deutschland, Alternative für Deutschland Bundesparteitag in Stuttgart 30. April bis 1. Mai 2016,参见德国选择党官方网站, https://www. afd. de/wp-content/uploads/sites/111/2021/02/2016-06-20_afd-kurzfassung_grundsatzprogramm_webversion_k. pdf.

② "German police 'should shoot at migrants'", populist politician says, 2016-01-31,参见BBC新闻, https://www. bbc. co. uk/news/world-europe-35452306,最后浏览日期:2022年5月18日。

这些恐惧转化为愤怒。但这一切仅仅停留在"意有所指"的阶段。在以深刻反省二战著称，对暴力、种族问题极敏感的德国，像佩特里这样公开而直接地谈论"开枪射击"，是集体记忆中自前民主德国士兵开枪射击试图越过柏林墙的"逃亡者"之后的首次，在欧美政治语境中无疑是越界之举。①然而选择党关于种族、暴力排外的言论获得了部分民众的响应，本身就说明了德国民众逐渐蔓延开来的焦虑与不安，新的游戏规则也开始形成。当佩特里试图弱化党内的极端言论，使选择党比较温和从而有望参与政治联盟时，她甚至被党内大部分成员孤立，最终被迫退党。

几经周折，选择党逐渐成为一个宽泛的右翼民粹平台，逐渐涵盖广泛的议题和社会领域的政治纲领。该党反对在德国二战之后形成的"羞耻文化"，认为"必须打破目前将德国纪念文化缩小到国家社会主义时期的做法，转而支持一种扩展的历史视角，发掘积极的德意志认同文化"；他们要求德国人能够再次公开表达民族自豪感②。该党在它的纲领中加入了对"政治正确"的批评。除了对政治正确的强烈反对外，纲领中还有对传统家庭的共同捍卫和对同性婚姻的批评。在竞选集会上，选择党官员经常嘲笑涉及性别敏感的语言的使用，并批评关注性别角色的学术探讨；反对同性恋婚姻，反对女权主义，反对可再生能源，支持公民联合等传统的右翼势力政治议题。

选择党的民意支持率在 2014 年到 2016 年爆炸性地增长，先是以 7% 的得票率成功入选欧洲议会，然后在 8 个联邦州或州级

---

① 周睿睿：《解析德国选择党的民意策略：新右翼如何赢得舆论和政治关注》(2017 年 9 月 14 日)，澎湃新闻，https://m.thepaper.cn/quickApp_jump.jsp?contid=1792184，最后浏览日期：2022 年 5 月 16 日。

② 德国选择党基本纲领。Grundsatzprogramm für Deutschland, Alternative für Deutschland Bundesparteitag in Stuttgart 30. April bis 1. Mai 2016，参见德国选择党官方网站，https://www.afd.de/wp-content/uploads/sites/111/2021/02/2016-06-20_afd-kurzfassung_grundsatzprogramm_webversion_k.pdf，最后浏览日期：2022 年 5 月 10 日。

市(萨克森州、勃兰登堡州、图林根州、汉堡、不来梅、巴登·符登堡州、莱法州和萨克森-安特哈尔州)进入州或州级市议会。其中在萨安州议会选举中的得票率为24.2%,仅次于基民盟,成为该州议会的第二大党。选择党成功地于2017年9月底的联邦议会大选中收获12.6%的选票,实现了议席从0到94的巨大飞跃,成为联邦议会第三大党和第一个进入联邦议会的右翼民粹主义政党,这是德国二战后第一个在议会中取得大量议席的极右翼政党,引发了强烈的政治地震,震惊了整个欧洲政坛。

2021年新冠肺炎疫情的暴发,使选择党的议题受到的关注变少,其主要的核心仍强调德国"传统"文化的存续;主张施行严格的移民、难民和边境政策;同时重申了对公司和私人进行减税,放宽对经济领域的控制;改善社会福利状况,调整儿童保育、医疗保健和养老金政策;结束向可再生能源的转型,取消二氧化碳税等传统主张。[①] 此次联邦议会选举选择党发挥仍然稳定,获得了10.3%的选票,排在社民党、联盟党、绿党、自由选择党之后。(见图1)虽然排位下降,但是其支持率并未明显下滑,可以看出经过几年的快速发展,选择党逐渐有了稳定的选民基础。

二、德国选择党兴起的背景与原因分析

德国选择党从创立至今都具有鲜明的右翼民粹主义政治倾向。民粹主义的核心思想是诉诸人民和对精英的不信任,在右翼民粹主义政党看来,合法性即在人民的意志之中,同时在民粹主义的语境下,人民是一个被严格限制的小团体,绝不泛指全体人民。"对于民粹主义者来说,以下等式永远成立:任何他们以外的人都

[①] 德国选择党2021年的竞选纲领,Deutschland. Aber normal. Programm der Alternative für Deutschland für die Wahl zum 20. Deutschen Bundestag,参见德国选择党官方网站,https://www.afd.de/wahlprogramm/,最后浏览日期:2022年5月17日。

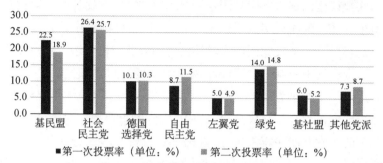

图 1　2021 年德国联邦议院选举结果

资料来源:2021 年德国联邦议院选举结果,详见 The Federal Returning Officer 网站,https://www.bundeswahlleiter.de/en/bundestagswahlen/2021/ergebnisse/bund-99.html#erststimmen-prozente7,最后浏览日期:2022 年 4 月 28 日。

可以被斥为不道德的,从而不是严格意义上人民的一员。换言之,民粹主义总是某种形式的身份政治。"①

德国是欧洲右翼民粹主义政党数量最多的国家,现存的右翼民粹主义势力,除了具有合法性的极右翼政党,还包括处于地下或半地下状态,煽动和组织暴力犯罪的组织,这两者之间往往紧密联系,互相支撑。据不完全统计,德国存在的各种右翼组织已经达到了 150 多个,其中以新纳粹分子组织和光头帮最具有代表性。2014 年以来,"爱国欧洲人反对西方伊斯兰化运动"(PEGIDA)也为右翼势力发展造势,成了其宣扬反移民反难民的有力工具和平台。就能够在民主框架内合法运作的政党来说,主要有德国国家民主党(NPD)、德国共和党(REP)和德国选择党(AfD)。

右翼民粹主义政党在德国的存在和发展具有一定的基础。

第一,比例代表制的选举制度为小党的存在提供了可能。德

---

① [德]扬·维尔纳·米勒:《什么是民粹主义?》,钱静远译,译林出版社 2021 年版,第 4 页。

西方政党政治与民主危机

国联邦议会的选举制度采用单一选区两票制,下议院的半数议员由单一选区的相对多数票产生,另一部分席位则是由政党得票率决定,5%是一个政党能进入联邦议会的最低资格要求。这一规定在一定程度上限制了德国极端政党的发展,但是同时也为一些有一定支持率的小党生存提供了法律依据。20世纪90年代以来,在德国州议会和联邦议会的选举中,大党的得票率相对降低,越来越多的小党开始崭露头角,国家民主党就曾经多次进入州议会和欧洲议会,选择党更是成为联邦议会的第三大党。此外西方民主制度自身也为右翼民粹主义政党的发展提供了空间,强调言论、结社、集会自由的体制在一定程度上被滥用,右翼政党被吸纳进国家宪政体制,其存在具有了合法性。彻底取缔一个政党的门槛要求非常之高,对政党违宪审查的条件极高。联邦德国成立至今,也只取消过几个政党的存在合法性。政府取缔右翼政党的行动甚至在某种程度上会提升舆论对其的关注度,进一步强化它们对现行体制的攻击和选民的支持,起到适得其反的作用。右翼政党只要遵循宽泛的政治原则,不明确或者直接使用暴力,其生存和发展是受到最高宪法保护的。

第二,德国特殊的经济和社会结构为右翼民粹势力的产生提供了条件。战后联邦德国和民主德国建立了不同的政治模式和经济体制。联邦德国建立了社会市场经济体制,奉行"组织化资本主义"(organisierter Kapitalismus)的原则,国家允许市场因素充分发挥作用,但是运作要在政府广泛的监管之下,市场体系被嵌入一个庞大的框架之内。政府鼓励私人和公共体制相互渗透,同时推行工会参与的混合型福利国家建设。但是两德统一后,民主德国不能很好地适应这种模式,这个号称苏联东欧社会主义国家里发达程度仅次于苏联的国家在苏东剧变、体制崩溃后迅速暴露出巨大的弊病。废除私有制、以计划为主导的经济体系完全与社会结构脱节,直接导致前民主德国地区出现生产效率低下、劳动力质量低的问题,种种因素导致东德、西德巨大的经济差距和地区之间极不均衡的发展形势。与此同时,前联邦德国地区民众持续多年缴纳统一税,同时还要经受前民主德国地区大量劳动力涌入挤占就业机会的问题,因而滋生大量不满。而受集体主义文化教育成长起来的前民主德国地区年轻人则经历了精神危机:前民主德国工业萧条的地区,受教育程度低的年轻人承受着失业的压力,失去了对自我价值的判定,担心自己在社会中被边缘化,对未来充满了忧虑。这类人群更容易产生政治上的疏离感,认为政府不关心他们的生活。他们在社会中体会到不安,很容易被激进的社会理念和价值观吸引,以移民、难民为替罪羊,对经济上的不满足用激进的政治行为去宣泄。从选择党获得的选票分布情况看,虽然其不是全国性政党,不能在全国层面赢得多数,但是选择党在德国的中东部和南部的农村地区获得了不少的选票,甚至在一些地区具备重要影响力,可以主导地方政府的组建。[1]

除了德国本身的社会结构外,欧洲近年来持续的经济低迷以及欧债危机的影响,也因为欧洲一体化的进程被传导到德国。作为欧盟经济的发动机、政治上公认的"领袖国",德国经济发展一枝独秀,但是国内庞大的福利产业和欧盟的领导责任也给德国政府带来沉重的负担。之前提到,选择党的产生就是因为对欧元以及德国援助希腊的不满。发起运动的不是盲目排外的民粹分子,而是有着专业知识的经济学家。自身发展势头良好的德国过度参与和领导欧洲一体化进程,导致本国民众用辛苦劳动为他人作嫁衣——这本身就是反对派用来攻击默克尔政府的一个重大议题。

第三,外来移民增加了德国社会的不确定性。右翼民粹主义政党的发展与移民问题密不可分,德国总体上是以德意志民族为

---

[1] 石晓虎:《大变局下的世界政党政治》,当代世界出版社2021年版,第80页。

主体的单一民族国家，但是随着战后重建以及欧洲一体化的发展，外来移民不断增加，民族与社会人口的构成也越来越复杂。战后德国经历了三次大的移民浪潮：20世纪40年代中期到60年代的后殖民主义移民，即因战败后领土变迁导致的被迫转移；60年代初到70年代的客籍劳工移民，由于经济快速增长和出生率下降导致本土劳工短缺，因此德国从土耳其、南斯拉夫等地引入了大量劳工，在1961年到1973年的十多年间，外籍劳工在联邦德国总就业人口比例由1.7%上升到11.9%；从20世纪90年代至今，冷战的结束、两德统一，使德国再次迎来移民潮。本次移民潮的主要构成人员是东欧的回迁移民、战争难民、经济移民和政治避难者。现在德国已经是非传统意义上的现代移民国家，2012年时外来人口已经超过了700万人，占了总人口的10%。移民缓解了德国的老龄化，同时也带来许多的问题，在社会结构、安全、文化等多方面对德国形成全方位的影响。

第四，难民危机成为德国政党体制发生剧变的直接导火索。德国接收难民并不是一个新的现象，20世纪70年代德国第三波移民浪潮中就有大量难民的身影，但是像今天这样大的规模实在是前所未闻的。每年申请在德国避难的难民人数都在增加：2008年仅有2.8万人，但5年之后就破了10万大关，2014年一年就有20万难民进入德国。2015年更是有总数高达110万的难民申请在德国避难。数量庞大的难民安置成为德国面临的重大输入性危机和政治挑战，政府行政机关则面临极大的考验（见表1）。难民危机的爆发绝非偶然，世界大国在西亚、北非的角力使得该地区政治局势动荡不已。突尼斯、叙利亚、利比亚等国家产生大量战争难民，他们为避战火逃往欧洲。德国高质量的经济发展水平、良好的教育和优厚的社会保障，对难民有着强大的吸引力。但是之所以大量难民涌入德国的根本原因在于政府的"欢迎难民政策"。德国的法律、经济和社会环境都为难民政策的实施提供了基础。

德国基本法规定,受政治迫害者拥有来德国避难的权利。2015年8月,默克尔政府废除了难民庇护限制,这一决定直接导致数百万难民把德国当成天堂,把默克尔当成救世主。2015年9月4日,默克尔对滞留在匈牙利的数万难民敞开国门,并说出那句饱受争议的"我们能做到"(Wir schaffen das)的话。她表示德国不会对申请避难者人数设置最高上限,同时饱受战火摧残的叙利亚难民具有优先避难权。这一口号的广泛传播,象征着德国现阶段对难民的包容与接纳,也标志着德国开放性难民政策的进一步落实。[①]

在默克尔政府异常宽松的难民政策基础上,德国成为世界上对待难民最友好的国家之一:以巴伐利亚州为例,每个难民只要完成身份登记手续,就可以免费获得住所,每个人还能领取300欧元的补贴(未成年人根据年龄不同,领取211—269欧元不等),类似的难民政策在德国比比皆是……除了经济援助还有法律上的救助。2016年德国通过《融合法》,以保证寻求庇护者获得培训、语言学习、适应德国社会的课程和就业机会。该倡议迅速使德国在难民融合问题上领先于欧洲其他国家。放松了庇护限制又给出优渥的福利待遇,使得谋求赴德国安身的难民络绎不绝。根据德国联邦移民与难民局的统计,2015年到2018年上半年间,大量难民进入德国,巅峰期在2016年,为75万;2017年大约22万,2018年上半年另有来自中东的叙利亚、伊拉克和阿富汗的11万人申请德国政府的庇护。[②] 难民潮是引发诸多社会问题的根源,客观上也为右翼势力的崛起提供了温床。

[①] 任希晨:《欧洲难民背景下德国的难民问题研究》,黑龙江大学硕士学位论文,2021年,第21页。

[②] 见德国联邦移民和难民局(Bundesamt für Migration und Flüchtinge)官方网站,https://www.bamf.de/DE/Startseite/startseite-node.html,最后浏览日期:2022年5月17日。

表 1　2015—2017 年德国用于难民救助的支出

年份	2015	2016	2017
接收难民人数（单位：万人）	110	75	22
累计难民人数（单位：万人）	43.7	152.5	216.3
累计有职业技能的难民人数（单位：万人）	0.6	9.9	27.6
安置、照料难民等方面的支出（单位：亿欧元）	53	183	25.9
因难民有职业技能而减少的支出（单位：亿欧元）	1	12	33
调整后的安置、照料难民等方面的支出（单位：亿欧元）	52	171	226
语言、一体化教育支出（单位：亿欧元）	10	50	50
总支出（单位：亿欧元）	62	221	276

资料来源：Stadista 数据库，https://www.statista.com/，最后浏览日期：2022 年 5 月 17 日。

　　2015 年的民意调查显示，超过六成的德国民众认为政府接收了过多的难民，承担了不符合自身实力的人道责任。这一数字相比 2014 年增加了 7%，2017 年这个数字又增加了 10%，将近七成的德国人对难民政策心存不满。除了绝对数量的上升，难民危机对于社会的威胁也促使越来越多的民众投票给右翼民粹主义政党。应该说默克尔政府宽松的难民政策有出于人道主义的因素，也有补充德国劳动力、促进经济发展的考虑，默克尔一贯坚持进入德国的难民中受到良好教育的人比例高，对经济结构的改善利大于弊，德国有能力消化掉难民压力。短期看，德国的经济运行良好，但难民的大量涌入仍然给财政带来巨大的负担。大量难民的涌入增加了德国基础设施建设和公共安全的负担，用于难民的预算也成倍增加。据统计，德国政府在难民问题上的投入从 2015 年的 62 亿欧元飙升至 2017 年的 276 亿欧元（见表 1），更重要的是德国短期内很难从难民涌入中获得多少红利。不同于 20 世纪 70 年代引进的外籍劳工,这些难民有更复杂的来源,几乎没有任何语言基础、学历水平和职业能力,劳动力转换的时间长,短时间内根本不能有效补充德国的青年劳动力空缺。

难民危机改变了右翼民粹主义政党的选民结构,越来越多的中产阶级把选票投给反对难民政策的右翼民粹主义政党,其极端排外的主张也吸引了相当多的社会底层者。在德国平均每个难民要花费1.5万欧元用以安置,而德国长期失业者的救济金每人却只有400欧元。对难民的救助已然大大超过了对本国民众的救济,这让不少德国人极其愤怒。中产阶级投票比例的上升是出于其对难民挤占社会资源导致自身福利下降的担心和忧虑,支持选择党的民众中月收入超过3 000欧元的已经超过四成。

难民的犯罪问题以及随之而来的潜在的恐怖主义,使得社会不稳定因素大为增加,德国社会日益分裂为两大尖锐对立的阵营。以科隆事件为转折点,德国民众在难民政策问题上的对抗日益严峻。大量难民的涌入暴露出德国国内安全领域的巨大缺陷。虽然德国各级政府试图对难民的犯罪问题进行低调处理,抹掉难民犯罪的身份标签,以降低难民带来的负面效果。但是难民犯罪对社会治安带来的恶劣影响已经成为不争的事实。根据相关机构统计,2015年德国犯罪案件暴增,总数达到171 477件,比2014年增加了151.6%,其中40%都与难民有高度的相关性。2016年科隆火车站史无前例的大规模性侵案中,警方抓捕的32名嫌犯中就有22个有难民背景。此事发生后旋即引发德国民众的普遍愤怒,掀起了蔓延全国的反难民热潮,民众对难民的恐惧感随之大幅度上升。

2015年以来进入德国的难民大部分来自西亚、北非、中东,穆斯林占据绝对多数,成为难民中最大的申请庇护团体。伊斯兰文明与基督教文明长达千年的碰撞再一次在德国上演。显然,短时间内信仰和文化冲突是难以调和的。除宗教信仰之外,穆斯林关于女性、教育、家庭等方面的观念跟德国人格格不入。在选择党以及相当保守的人士看来,接收难民实际上是"让本不属于一体的东西现在共同成长"。伊斯兰文化同时具备宗教性和民族性的双重特征,文化冲突、语言不通、宗教特点使得难民与德国民众相互之间缺乏基本的了解,穆斯林难民始终处于聚居却游离在社会边缘的弱势状态。不少德国人对于阿拉伯世界还有严重的偏见和负面印象,认为伊斯兰教的信徒"顽固、保守、与现代文明格格不入"。国内一旦发生冲突,民众很容易就联想到大量涌入的难民,这进一步强化了其对穆斯林世界的恐惧和排斥心理。在右翼势力的煽动下,民众的情绪进一步被强化,极易形成有组织的暴力报复,造成恶性事件的发生。

在默克尔深陷难民危机无法自拔时,选择党明确反对德国接收大量难民,抛出了"提高移民门槛、按需接受技术移民、限制移民社会保障所得、移民必须学习德国文化以融入德国社会"等主张。针对伊斯兰文化与德国主流文化融合的问题,选择党提出了"敢于支持德意志"的口号,提出以捍卫德意志文化为核心的一系列措施,如用德意志的领先文化代替多元文化,将"维护德语"写入基本法。2017年的选举中,选择党以"我们的家乡、我们的德意志、我们的未来与我们有关"为口号,突出"伊斯兰与德国的自由民主秩序相冲突",并在官方网站上明确表示:"德国需要一个政党,它坚决反对女总理及其政府不负责任的政治行为。我们是唯一稳定增长的力量,这一力量将在未来给我国带来彻底的政治改变,尤其在难民和移民、伊斯兰和身份特征、欧盟及欧元救助等问题上。"① 选择党的主张戳中了德国社会的痛点,为反对默克尔政府甚至反对主流政治的选民发声,说出了一些人不敢表达的"政治不正确"的话语,赢得了民众更多的选票。

---

① 德国选择党 2021 年的竞选纲领,Deutschland. Aber normal. Programm der Alternative für Deutschland für die Wahl zum 20. Deutschen Bundestag,参见德国选择党官方网站,https://www.afd.de/wahlprogramm/,最后浏览日期:2022年5月17日。

第五，网络技术的新应用为选择党的兴起提供了技术支持。德国没有哪个政党像选择党一样活跃在互联网上。选择党联邦总理候选人高兰特本就是资深传媒人，熟谙传统媒体和新兴媒体的不同。自2013年成立以来，该党一直严重依赖脸书、推特等来传播信息。他们认为传统媒体只报道负面消息，很少报道正面消息。2016年11月，选择党的巴登-符登堡州党代会禁止媒体进入会场，并选择通过脸书账号对党代会进行报道。选择党反过来利用社交媒体进行更有针对性的传播，且在全国范围形成相当成熟的传播策略。选择党发言人克里斯蒂安·卢斯（Christian Luth）告诉《南德意志报》，网络平台是"一个更快、更直接、更便宜地通往人们的门户"。① 该党在议会竞选期间又加强了网络传播的技术支持。譬如在大选前几周，选择党聘请了以数字竞选技巧闻名的美国机构——哈里斯媒体，进一步运用大数据进行精准宣传和政治动员。选择党是迄今为止在推特上最活跃的德国政党，选择党的脸书账号拥有的粉丝数量和粉丝点赞数量比基民盟和社民党两个主流大党相加的总和还多。

三、德国政党体制的演变与新均势

要全面评估选择党对德国政治的长久影响，应该从历史和现实的维度进行综合考察。德国作为典型的议会制民主国家，政党在德国的政治过程中发挥着核心作用，同时德国的政党体制也具有相当鲜明的特色和发展过程。德国的政党地位受到国家法律的保障，相关的法律对政党的运作原则和性质作出了严格的限定。首先，政党被写入宪法体系中，看作"国家宪法架构中不可缺少的

---

① Nach Entlassung: Ex-AfD-Sprecher Lüth gesteht "abscheuliche" Äußerungen，参见《南德意志报》官方网站，https://www.sueddeutsche.de/politik/afd-lueth-dokumentation-1.5052842，2. Oktober 2020，最后浏览日期：2022年5月17日。

组成部分",明确了政党存在的必要性和合法性。① 其次,联邦德国的体制吸取了魏玛共和国的教训,为确保民主制度不让反民主的政党从内部抵制和摧毁,建立了能够让各个政党进行平等竞争并得到法律保障的民主制度。根据《基本法》第21条、1967年的《政党法》以及联邦宪法法院的相关判决,"政党的内部组织结构必须符合民主原则"②。

20世纪90年代以前,除了德意志党等几个小党在联邦德国成立初期曾经短暂地进入议会之外,能够长期稳定地获得5%以上选票而进入联邦议会的政党只有基民盟和基社盟组成的联盟党、社会民主党和自由民主党。其发展大致经历了以下几个阶段:1945年至1949年,这是德国政党的建立或重建时期;1949年至20世纪60年代初,各个政党之间呈多元化、不稳定的联合态势;1961年至1983年期间,德国的政党格局基本上维持稳健的两个半政党体制,③由联盟党或者社会民主党联合自由民主党轮替组建政府,其中能否与第三大势力自由民主党成功地结成联盟,成为能否取得执政地位的关键。基希海默尔研究发现,基民盟和基社盟能够在战后长期执政的重要原因之一,是二者都弱化了各自的意识形态和阶级属性,将自己定位为中间派的人民党和"全方位党"④。他们谋求以国家利益而非单一社会阶级利益代表的身份执掌政权,在议题选择方面日益相似,并降低传统意识形态的作用,协调各个阶层的利益,采取追求选票最大化的选举策略,在政党体制中采取中间立场等。在这样的背景下,左翼政党与右翼政党的政策

---

① Heinz Lufer, Verfassungsgerichtarbeit und politische Prozess, Tübingen 1968, S. 492.

② 见德国《基本法》, Grundgesetz für die Bundesrepublik Deutschland。

③ [德]沃尔夫冈·鲁茨欧:《德国政府与政治》,熊炜、王健译,北京大学出版社2010年版,第98页。

④ Politics, Law and Social Change: Selected Essays of Otto Kirchheimer, F. Burin and K. Shell, eds., Columbia University Press, 1969, p. 429.

分歧程度大大下降。绿党在1983年进入联邦议院使得政党体制向两党集团体制的方向发展,基民盟/基社盟和自民党为一方,而社民党和绿党为另一方,形成了联合政府的替代可能性。[①] 2005年德国联邦大选之后,随着左翼党选举支持率的稳步上升和整体实力的增强,左翼阵营力量壮大,德国"流动的五政党体制"日益稳固。

2017年联邦议会选举因为选择党的异军突起而造成了德国政坛的巨大震动,2021年的选举结果进一步加剧了德国政党体制的多极化趋势。选择党从一个反欧元的小团体,经过近10年的发展,已经成为一个具有完整的政治纲领和政策主张的强大势力,建立了牢固的选民基础,稳定地占据了德国政党体制的一极。

一项2017年的选举调查表明,德国选择党的支持者集中在三个社会群体中:工作不稳定者、重视德国文化主体性的传统主义者和在私营部门工作的中产阶级。(见图2)

图2　2017年选举投票者背景调查

资料来源：Robert Vehrkamp und Klaudia Wegschaider, „Populäre Wahlen: Mobilisierung und Gegenmobilisierung der sozialen Milieus bei der Bundestagswahl 2017", 参见"博特斯曼基金会"(Bertelsmann Stiftung)官方网站, https://www.bertelsmann-stiftung. de/fileadmin/files/BSt/Publikationen/GrauePublikationen/ZD_Populaere_Wahlen_ Bundestagswahl_2017_01. pdf, 最后浏览日期: 2022年5月16日。

---

① ［德］沃尔夫冈·鲁茨欧:《德国政府与政治》,熊炜、王健译,北京大学出版社2010年版,第100页。

西方政党政治与民主危机

选择党通过在德国尤其是东部各州强调文化战争与社会的不平等,塑造了一个典型的右翼保守政党的形象。2017年联邦大选对于德国政府的议程是一次系统性的冲击,因为虽然进入联邦议会的政党增多,但并没有因此提出更多的替代性方案。联盟党和社会民主党都不愿意与选择党联合,联盟党不得已再次与社会民主党组建大联合政府。作为德国行政政治的最后手段,大联合政府象征着一种看守政府,即它是任何一场大选后都可行的一种选项。虽然大联合政府有诸多优势,但它也存在着诸多的问题——大联合政府下的政策出台更多是在执政联盟内部进行谈判,政党卡特尔化趋势下这导致议会政治辩论的沉默,一定程度上危害了民主政治。[①] 在大联合政府模式下,选民的投票对于政党及其领袖的约束和惩罚的效力将大打折扣,"从而造成了建制派政党的代表性危机,加重民众对大联合政府正当性的质疑,也瓦解了支撑政党国家稳定性的'中间道路'的共识,为民粹主义政党的崛起提供了最好的机会"[②]。选择党用"间接明确"的口号"拒绝默克尔",表达了其对于默克尔时代大联合政府模式下对一系列社会危机处理不力的抗议。

新冠肺炎疫情背景下的2021年德国联邦大选,基民盟和社民盟的影响力持续下降,中小型政党继续维持上升的势头。社民党和联盟党分别获得25.7%和24.1%的选票,绿党和自民党则获得14.8%和11.5%的选票。选择党和左翼党相比,2017年大选结果都有不同程度的下降,分别获得10.3%和4.9%的选票,而其他一些小政党共获得8.6%的选票。2021年德国联邦大选再次巩固了既存的"六政党体制",这一政党体制主要由中型和小型政党所构成,呈现出很大程度的波动性。2017年和2021年德国联邦大选

[①] Waldemar Besson, Regierung und Opposition in der deutschen Politik, *Politische Vierteljahresschrift*, 1962, Vol. 3, No. 3, pp. 234.

[②] 丁辉:《默克尔时代的大联合政府——德国"大联合国家"治理模式的衰落》,《经济社会体制比较》2018年第5期。

的结果一定程度上表明,传统人民党的绝对优势地位已被动摇,小型政党的异军突起使得德国政党格局更加碎片化。

进入21世纪,随着西方经济社会结构的重大变化,政党政治的形态也被深刻改变,就政党自身而言,其价值标签和思想特性日益模糊。政党脱离社会融入国家所形成的政党国家化,使其表达和整合社会诉求的代表功能不断萎缩,这导致政党与选民之间的联系被普遍削弱,选民对政党的认同和依恋感弱化,主流政党党员数量急剧减少。以阶级或宗教为基础的投票在下降,流动性选民不断增多,选民可能在不同的选举中投票给不同政党。虽然传统意识形态的左右分野依然影响着德国政党政治,但社会-文化议题的重要性日益凸显,甚至在某些情况下超越传统的社会-经济议题而主导联邦大选走向。

首先,主流政党虽然其社会政策日趋中间化,但是对于极端的左右翼思想仍然需要做出足够的回应。一项对联邦德国历年来应对相关的极端政党挑战的经验研究表明,主流政党会从政策选择的"供应方"和针对支持极端政策的选民的"需求方"两方面进行反制,在现实中表现为一种多层次的广泛遏制。① 作为"供应方",他们减少选择党等表达其立场的机会,以限制其在议会机构中的存在,完全排斥其政策主张落地的可能性。他们拒绝支持其提出的任何提议或拒绝共同提出联合决议;他们会称该党为极端主义者或反对其立法倡议,以避免使该党及其语言和立场正常化。2017年选举结果出炉后,其他所有进入联邦议院的政党都公开声明拒绝将选择党作为潜在的联盟伙伴。2019年,基民盟主席团和执行委员会重申了党代会明确排除了与选择党进行结盟或合作等类似安排的决议。选择党在联邦议会上的任何立法提案与倡议都

---

① David Art, "The AfD and the End of Containment in Germany", *German Politics and Society*, 2018, Vol. 36, No. 1, pp. 76-86.

得不到来自其他政党的响应和支持。此外,自2021年3月起,德国国家安全机关——联邦宪法保卫局将这一组织列为"极右派嫌疑",认为其可能威胁德国民主,对其党员采取监听等措施。之后在选择党取得更高支持率的东部地区,也有四个州因为怀疑其极端化倾向而对该党展开了调查。① 虽然其后选择党进行了上诉,并且成功地暂时解除了对选择党的监控行为,但这清晰地表明在德国存在着捍卫宪政和民主体制的可行机制,这是主流政党利用相关法律排斥选择党的有力工具。

作为"需求方"的反应,为减少对于极端政党的社会支持,最为有效的方式就是老牌政党可能会复制其政策立场——换句话说,他们可以教育选民为什么其政策被误导;或者他们可能会忽视或污名化其提议的政策。主流政党也可能寻求通过挖走其成员和领导人,使其人数不断减少,或通过"妖魔化"其成员和领导人,以使愿意加入该党的人越来越少。② 其中最为有效的,就是对于其议题的部分融合和立场的复制。与其他极右翼的反体制政党一样,对选择党的大部分支持源于愤怒、恐惧和民族怀旧情绪。2013年因批评欧元政策而初创的选择党属于在选举竞争中突出强调或专注于特定政治议题的利基政党。③ 一旦希腊债务危机消退,选择

---

① 见BBC新闻,https://www.bbc.co.uk/news/world-europe-56250460,最后浏览日期:2022年5月16日。

② David F. Patton, "Party-Political Responses to the Alternative for Germany in Comparative Party-Political Responses to the Alternative for Germany in Comparative Perspective", Connecticut College Government and International Relations Department, 2020.

③ 利基政党(niche party),是西方学术界针对绿党、极右翼政党等不同于传统的中左和中右政党的非主流政党在选举政治中的集体性崛起而提出的概念。利基政党相较于主流的全方位政党主要依靠议题的显著性凝聚支持。为避免在选举中与强大的对手发生正面竞争,利基政党利用自身特有的条件和优势,选取对手力量薄弱或被其忽视的一小块选举"市场"(如生态、区域、极右、疑欧等)作为其专门服务的对象,全力满足该"市场"的选民需求,从而达到牢固占领这部分选举"市场"的目的。具体可参见池步云:《西方利基政党理论》,《国外理论动态》2020年第4期。

党就基本上不在被关注范围内,因为它的主要议题已经被纳入主流政党的议事日程得到了处理。2015年德国的难民问题引爆了国内日益不满的社会情绪,但从那以后,欧洲收紧了边境关卡,进入德国的移民人数急剧下降。因此,移民问题也从德国选民的主要关注点中滑落。由此,选择党转向另一场新冠病毒大流行的危机,反对政府接种疫苗和封锁的政策,通过攻击政府政策寻求支持。虽然该党最初呼吁对病毒采取强硬措施,但它很快就掉头了,转而抨击默克尔政府实施的"新冠独裁统治"。但这一举措适得其反,因为绝大多数德国人认为接种疫苗是绝对必要的。

综上所述,德国选择党作为带有民粹性质的政党,本质上是一个抗争性政党,而单凭抗争是不能实现治理的。[1] 在稳定的宪政体制的钟摆作用下,民众趋于理性。在现实的政治实践中,欧洲的非主流政党在赢得选票方面取得了突破性进展,但是受限于单一化的议题、意识形态极端和组织化程度低等主观因素,为了摆脱困境,部分非主流政党选择转换角色,由反体制政党转向主流政党,尝试加入执政联盟。但是右翼民粹主义的实质是民众对整个精英民主体制的理念与能力滞后于现实表示强烈不满和抗议,是对极化的"政治正确"教条的反驳。右翼兴起的根源不只是因为成员主观上极化的意识形态,很大程度上也归因于客观的社会危机和治理困境。这股思潮的盛行程度反映着德国社会危机的深度和对改革要求的迫切程度。在主流政党的代表性功能和政治整合能力已经受到严重侵蚀的背景下,其能否继续提供制度整合,促进不同制度安排的融合,能否有效地处理导致民粹蔓延的社会经济问题,不仅关系到政治力量的兴衰,从根本上看还关乎国家政治体系的稳定性和有效性。

---

[1] [德]扬·维尔纳·米勒:《什么是民粹主义?》,钱静远,译林出版社2021年版,第54页。

四、总结与讨论

德国曾以稳健的政党制度著称,但联盟党和社民党在 2017 年和 2021 年的德国联邦大选中都遭遇了选举支持率的下降,绿党和选择党的相继崛起重塑着竞争格局,边缘性政党选票支持率和议席的增加使得政府组阁谈判面临更多的考验和挑战,也使得德国政党体制更加碎片化,更具波动性。由社民党、绿党和自由民主党组成的"红绿灯联盟"需要正视各种挑战:移民与难民、欧洲一体化与本土化、就业与福利扩张、外交政策的取舍……奥拉夫·朔尔茨领导下的政府将面临在四年内启动重大举措的任务。然而在日益多极化的政党体制下,没有任何迹象表明政治均势会在强化转型的条件下稳定下来。① 无论如何,后默克尔时代的德国政党体制正在逐步走向多极化,尽管最终的政党格局仍具有高度的不确定性。

---

① Horst Kahrs, Die Wahl zum 20. Deutschen Bundestag Wahlnachtbericht, erste Deutungen und Hintergründe zum Wahlverhalten,见"罗莎·卢森堡基金会"官方网站 (Rosa-Luxemburg-Stiftung: zurStartseite), https://www.rosalux.de/publikation/id/45055/die-wahl-zum-20-deutschen-bundestag,最后浏览日期:2022 年 5 月 18 日。

瑞士"全政党政府"模式的形成

中共上海市委党校　胡淑佳

在世界各国中,瑞士的政党政府模式可谓自成一格,其联邦政府长期由超大、超稳定且无意识形态表现的执政联盟掌控,形成了独特的"全政党政府"模式。本文深度追踪瑞士政党政府的制度变迁脉络,采用理性选择制度主义分析视角得出结论:瑞士的"全政党政府"模式是政治精英们在既有制度环境下,为追求利益最大化而达成的共识性结果。瑞士高度分化的政党体系、充分的直接民主机制、清晰交错的社会裂隙以及悠久的合作传统,是促使政治精英们最终走向权力共享、形成"全政党政府"模式的重要原因。瑞士经验表明,制度的设置并不囿于形式,只有与本国国情相契合的政治制度,才能发挥良好的效用。

一、引言

19世纪伊始,政党逐渐成为世界各国政治舞台上的重要角色。在现代民主政治的运作中更是处处可见政党的身影,现代政府已然成为"政党政府"(party government),其组建与运转几乎都是在某个政党或政党联盟的主导下进行的。[①] 在各国多样的政党

---

① ［意］乔万尼·萨托利:《最新政党与政党制度》,雷飞龙译,台湾韦伯文化国际出版有限公司2003年版,第30页。

政府模式中,瑞士的政党政府模式最别具一格。首先,在多党制下,亟待组阁的政党为了获得尽可能多的利益会寻求最小获胜联盟(minimum winning coalition),即结盟的政党数量正好满足组阁的需要;①若政党要同时确保自身政策得到落实,则一般会选择意识形态或政策选择更相近的政党组成"最小关联获胜联盟"(minimal connected winning coalitions)。②然而瑞士的政治体制却一反常规,自 1959 年起瑞士就形成了"全政党联盟"(all-party coalitions)格局。③组阁政党在议会中的席位占比不仅远远超过半数,达到了 80%—90%,④且横跨了左右翼不同的意识形态,就连剩余的小党也常因支持政府候选人而难以被称为反对党。⑤其次,在西方民主体制中,政党政府的更迭是常态,然而瑞士自形成全政党联盟以来,一直由自由民主党、基督教民主党、社会民主党和瑞士人民党四大政党联合执政,未经历过执政联盟的轮替,表现出了超稳定的态势。最后,政党以其意识形态倾向与政策方案吸引选票、赢得竞选后,一般会在执政过程中贯彻其政策选择偏好以兑现对选民的承诺。而在瑞士,宪法规定来自各政党的 7 名联邦委员会成员不能体现政党的意识形态偏好,而是要关注社会共同福祉,政府的决策不能是任何党派的意志,必须是各党派协商后的

---

① William Riker, *The Theory of Political Coalitions*, Yale University Press, 1962, p. 127.
② Robert Axelrod, *Conflict of Interest: A Theory of Divergent Goals with Applications to Politics*, Markham Publishing Company, 1970, pp. 225-239.
③ Daniel Bochsler and Karima Bousbah, "Competitive Consensus. What comes after Consociationalism in Switzerland?", *Swiss Political Science Review*, Vol. 21, No. 4, 2015, pp. 654-679.
④ 根据 21 世纪以来瑞士的四次大选结果,组阁的四大政党在全国直接选举产生的瑞士国民院中所占议席比例分别为 85.5%(2003 年)、83.5%(2007 年)、79%(2011 年)、84%(2015 年)。
⑤ Nenad Stojanović, "Party, Regional and Linguistic Proportionality under Majoritarian Rules: Swiss Federal Council elections", *Swiss Political Science Review*, Vol. 22, No. 1, 2016, pp. 41-58.

结果。① 简言之,在西方政党政府模式中,瑞士"全政党政府"模式具有与众不同的特点:超大的全政党联盟,无轮替的超稳定联盟,无意识形态差异表现的一致联盟。②

值得一提的是,瑞士的"全政党政府"模式并非是由某个特定制度突然产生出来的,它在历史发展的过程中逐渐演变而成。瑞士于1848年正式成立联邦国家,从1848年到1890年,瑞士一直是具有多数主义特点的政体(majoritarian regime),③彼时联邦委员会的全部7个席位完全由在内战中获胜的自由-激进派(the Liberal-Radical,自由民主党的前身)占据。④ 直到1891年,自由-激进派才首次转交出一个席位给保守派(基督教民主党的前身),此后执政联盟持续扩张,最终形成了"全政党政府"模式。⑤ 目前,现有研究对瑞士政党政府模式的成因解释不充分,而厘清这个模式背后的逻辑机制对理解瑞士政治制度的独特性具有重要意义。

二、文献回顾

对于瑞士超大政党联盟内阁的成因,一些学者给出了几种解

---

① Clive Church, *The Politics and Government of Switzerland*, Palgrave Macmillan, 2004, pp. 116—117.
② 行政权在广泛的联合内阁中得到分享被利普哈特认为是共识民主的重要特征。利普哈特以瑞士和比利时的政治体制为模板,提出了共识民主的十大特征。参见:[美]阿伦·利普哈特:《民主的模式:36个国家的政府形式和政府绩效》,陈崎译,北京大学出版社2006年版,第34—41页。
③ Linder Wolf, *Swiss Democracy: Possible Solutions to Conflict in Multicultural Societies*, Palgrave Macmillan, 2010, p. 128.
④ 1848年,自由-激进派获得国民院(由各州按人口比例直接选举)111席中的95席,以及联邦院(由各州选派)44席中的38席。参见:Clive Church and Randolph Head, *A Concise History of Switzerland*, Cambridge University Press, 2013, p. 455。
⑤ 现在看来,瑞士的委员会制度是全政党联盟的重要载体,由于联邦委员会存在7个席位,不同党派可通过分配入驻联邦政府席位的形式分享权力。但事实上,1848年宪法设立集体领导的委员会制度的初衷是为了确保各州、各语区在联邦权力中的平衡,1848年宪法曾明确规定联邦委员会成员的任命需要平衡各州和各语区的代表。

释。佘林·马茨(Sjölin Mats)认为,当上院在立法上拥有相当大的权力,而下院中的最小获胜联盟不足以确保其在上院获得多数时,其将扩大联盟的成员,以确保议案在上院得以通过。① 克龙贝·克里斯多夫(Crombez Christophe)提出,当各政党得票非常分散,最大党的席位也远远达不到多数且其意识形态倾向又较为极端时,为了寻求政府的稳定,最大党将不得不组织一个超大规模的联盟。② 卡鲁巴·克利福德和克雷格·沃尔登(Carrubba Clifford & Craig Volden)认为,如果没有一个政党能获得多数席位,且政党之间需要彼此互投赞成票才能使各自提议的法案通过时,最大政党可能会试图通过扩大联盟内成员数以使其他成员相互制约。③ 戴维·巴龙和丹尼尔·蒂尔迈尔(David Baron & Daniel Diermeier)则认为,即使最大政党具备组成最小关联获胜联盟的条件,其还是可能扩大联盟成员数。比如,当政党在长期未执政的情况下成为最大党,则其可能会通过争取反对党(此前的执政党)的合作以减少落实新政策的阻碍。④ 上述分析均认为,超大联盟内阁是议会最大政党在选举后审时度势、进行策略性选择的结果;组建超大内阁是特定情境下的偶发性事件,而非常态。但瑞士自1959年形成"全政党政府"模式之后至今保持不变,其政党政府格局已然成为一种长期性的非正式制度而非某次选举后的政党

---

① Sjölin Mats, *Coalition Politics and Parliamentary Power*, Lund University Press, 1993, pp. 13-14.
② Crombez Christophe, "Minority Governments, Minimal Winning Coalitions and Surplus Majorities in Parliamentary Systems", *European Journal of Political Research*, Vol. 29, No. 1, 1996, pp. 1-29.
③ Carrubba Clifford and Craig Volden, "Coalitional Politics and Logrolling in Legislative Institutions", *American Journal of Political Science*, Vol. 44, No. 2, 2000, pp. 261-277.
④ David Baron and Daniel Diermeier, "Elections, Governments and Parliaments in Proportional Representation Systems", *Quarterly Journal of Economics*, Vol. 116, No. 3, 2001, pp. 933-967.

组阁策略。① 因而，上述理论均无法解释瑞士的政党政府模式。

还有一些研究直接对瑞士的政党政府模式进行了解释。有学者认为，1919年瑞士国民院选举引入比例代表制是现有政党政府结构产生的关键，因为比例代表制使各党有机会在国民院获得更多席位。② 比例代表制的引入的确对瑞士议会中政党格局的变化产生了重要影响，但并非是其变化的充分条件，毕竟在议会选举中实行比例代表制的国家比比皆是，但唯有瑞士形成了此种模式。③ 还有学者认为，瑞士联邦委员会选举所采用的候选人单独多轮投票制，有利于各政党在每次投票之前进行相互妥协，达成分摊席位的共识。④ 但正如乔万尼·萨托利（Giovanni Sartori）所说，选举制度虽然会影响政治制度，却不会导致某种特定的政治制度。⑤ 更多的分析则聚焦于直接民主制度的作用。如扬尼斯·帕帕佐普洛斯（Yannis Papadopoulos）认为，直接民主，特别是否决性倡议权（rejective initiative）给执政党带来了巨大挑战，使其政策很可能在公投中被否决，因而为了确保其政策能更顺利地通过，执政党会选

---

① 宪法没有对联邦委员会内政党的席位分配进行明文规定。

② Georg Lutz, "Switzerland: Introducing Proportional Representation from Below", in Josep M. Colomer eds., *Handbook of Electoral System Choice*, Palgrave Macmillan UK, 2004, pp. 279-293.

③ 瑞士宪法没有规定政党在议会中占席比例与其在联邦政府中占席比例之间的直接相关性。实行比例代表制后，原来的小党逐渐获得了更多议席，但只是提升了其在提名联邦党候选人时的"议价权"，而不是马上就能获得联邦政府的席位。经过一段时间的政党间协商妥协后，瑞士才形成了1959年的全政党政府格局。

④ 候选人单独多轮投票制度的规则是：两院对七个联邦政府席位分别进行七次投票，每次由获得绝对多数投票的人当选。在每次投票中，若第一轮投票没有任何候选人获得绝对多数则进行第二轮投票，此时将剔除第一轮投票中获得票数最少的候选人。如此循环，直到选出符合要求的候选人。且每轮投票前可进行商议，这就有利于不同政党进行交易互惠。参见 Nenad Stojanović, "Party, Regional and Linguistic Proportionality under Majoritarian Rules: Swiss Federal Council Elections", *Swiss Political Science Review*, Vol. 22, No. 1, 2016, pp. 41-58。

⑤ Giovanni Sartori, "The Influence of Electoral Systems: Faulty Laws or Faulty Method?" in Grofman Bernard and Arend Lijphart eds., *Electoral Laws and Their Political Consequences*, Agathon Press, 1986, pp. 43-68.

择与其他党派妥协，形成更大的执政联盟。① 上述研究虽然具有一定的针对性，但其呈现的理论解释存在如下问题：未能与历史事实紧密结合，无法展现制度变迁的全貌；维度较为单一，缺乏整体性、全面性与结构性；视角较为宏观，忽略了制度创造者即政治精英的行为逻辑，因而解释力不足。

在上述研究的基础上，本文试图从理性选择制度主义视角出发，深入追踪瑞士政党政府体制变迁的历史，紧密聚焦制度与政治精英之间的互动机理，更为系统、全面地解析该问题。理性选择制度主义的基本观点认为，新制度的产生是相关行动者在既有制度环境下理性博弈的结果。② 既有的制度是相关行动者的"游戏环境与规则"，对行动者的选择具有约束作用；既有制度也可被视为一种文化环境，影响着行为者的认知方式与价值偏好。③ 同时，行动者之间也将相互影响，行动者会事先预测与演算竞争对手的行为，再做出促进自身利益最大化的战略选择。④ 行动者的行为结果既是在制度约束下的被动反应，也是其发挥主观能动性进行理性追求的结果，瑞士"全政党政府"模式即是在此情境下形成的。

三、瑞士政党政府体制模式的形成

本文认为，瑞士的"全政党政府"模式是政党精英在既有制度

---

① Yannis Papadopoulos, "How Does Direct Democracy Matter? The Impact of Referendum Votes on Politics and Policy-Making", *West European Politics*, Vol. 24, No. 2, 2001, pp. 35-58.

② 李月军：《温格斯坦理性选择制度主义政治学研究》，《教学与研究》2005年第12期。

③ Kenneth Shepsle, "Rational Choice Institutionalism", in Rhodes Rod, Sarah Binder and Bert Rockman eds., *The Oxford handbook of political institutions*, Oxford University Press, 2008, pp. 24-26. 徐静波、张莉、杨光坤：《理性选择制度主义》，《改革与开放》2012年第10期。

④ Peter Hall and Rosemary Taylor, "Political Science and the Three New Institutionalisms", *Political Studies*, Vol. 44, No. 5, 1996, pp. 936-957.

的约束与影响下进行理性抉择的结果。瑞士从多数主义模式转变成"全政党政府"模式的历史过程是政党精英们从竞争角力走向相互妥协、权力共享的过程。有学者将其称为自愿比例制(voluntary proportionality),即多数派自愿与少数派进行协商,从而达成对议席或政府公职的比例分配。① 下文将深入阐述瑞士政党政府模式演化的过程,以及驱使政党精英进行权力共享的行为逻辑与制度诱因。瑞士形成"全政党政府"模式的逻辑机制如图1所示。

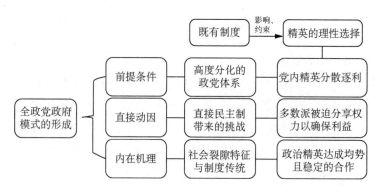

图1 瑞士"全政党政府"模式形成的逻辑机制

首先,瑞士的政党体系从萌发到成型,始终保持着高度分化性。原有的"多数党"(majority party)内部派系分立,缺乏凝聚力和统一性,致使在面临新的挑战时,党内政治精英分散逐利,无法形成稳定而强有力的一致多数。因此,"多数党"优势的丧失是形成"全政党政府"模式的前提条件。其次,直接民主制度的扩展给少数党创造了不断挑战当权者的机会,当权者坚持自己的多数地位变得风险重重。为了使政策顺利通过,多数派只能采取妥协的策略,通过扩大同盟、分享利益的方式确保自己的核心利益,这是

---

① Daniel Bochsler and Karima Bousbah, "Competitive Consensus. What Comes after Consociationalism in Switzerland?", *Swiss Political Science Review*, Vol. 21, No. 4, 2015, pp. 654-679.

形成"全政党政府"模式的直接动因。最后,瑞士虽然是一个多元分化的社会,但其主要的社会裂隙线清晰简明且相互交错。这使得政党体系在实现了对不同社会群体的充分代表后,容易保持长期稳定而不更迭;站在不同裂隙线两边的政党能够互相掣肘,从而保持均势而稳定的合作。此外,瑞士悠久的权力共享传统也影响着现代政治精英们的选择,使其更偏好合作。这是瑞士形成"全政党政府"的内在机理。

(一) 高度分化的政党体系

瑞士具有悠久的地方自治传统。瑞士在1848年正式成为联邦国家以前一直以一个松散的政治军事联盟而存在,各州独立自主且维持着不同的制度。从1830年起,受法国七月革命的影响,瑞士的许多州也开始提议创立宪法以建立瑞士联邦国家。在建国议题上的分歧催生了瑞士的早期政党,而松散的联盟形态从一开始就造就了各州分立且迥异的政党割据局面。

就是否"创宪建国"这一问题,瑞士产生了三个具有不同诉求的政治派别:自由派(Liberals)、激进派(Radicals)和保守派(Conservatives)。自由派的诉求是建立代议制宪政国家,设立全国性的议会和行政机构以推行法律和经济改革。激进派则试图建立更为强有力的中央政府。由于在建立中央政府这一议题上拥有相近主张,自由派与激进派被视为一体,即自由-激进派。但与自由派不同的是,激进派推崇直接民主,反对代议制。保守派与前两派完全不同,坚持认为各州的独立自主权传统神圣不可侵犯,拒绝建立中央政府,坚决抵制前两派的立宪建国活动。[1] 1833年,包括

---

[1] Thomas Maissen, "The 1848 Conflicts and their Significance in Swiss Historiography", in Michael Butler, Malcolm Pender and Joy Charnley eds., *The Making of Modern Switzerland*, 1848 - 1998: Between Continuity and Change, Palgrave Macmillan UK, 2000, p. 3.

伯尔尼、苏黎世等在内的12个自由-激进派所在的州提议修订新宪法，但遭到七个保守派所在州的反对。1845年12月，保守派的七个州政府组成分离者同盟（Sonderbund），旨在遏制自由-激进派的势头。在几次和平解决冲突的尝试失败后，双方开始动用自己的军队。战斗于1847年11月4日爆发并持续到11月29日，最终自由-激进派取得了胜利。作为"建国党"的自由-激进派顺理成章地成了联邦议会与联邦委员会的权力主宰。1848年联邦政府成立后，自由-激进派在联邦议会中所占席位超过了85%且占据了联邦委员会的全部7个席位。

然而，自由-激进派的大权独揽之势仅仅维持在联邦层面，"立宪建国"并未从根本上改变瑞士各州原有的政党格局，这为多数派的失势埋下了伏笔。自由-激进派虽然在取得胜利后迫使保守派同意"立宪建国"，但并没有对其步步紧逼。自由-激进派的军事领袖杜福将军（Guillaume Henri Dufour）采取了宽宏大量的政治手腕，他并未将分离者同盟视为外敌，而是试图抚平双方因战事可能产生的敌视怨恨。① 自由-激进派还邀请了保守派于1848年2月共同起草新宪法。② 最终，双方达成妥协所制定的宪法赋予联邦政府的权力十分有限，各州依然保持着高度的自治。③ 因此，保守派虽然因战败而在联邦政府中处于弱势地位，却依然在州的层面保持着自己的势力。根据汉斯皮特·柯里希和多米尼克·维斯勒（Hanspeter Kriesi and Dominique Wisler）的观点，在内战中胜利的自由-激进派之所以没有走得太远而是选择妥协，是因为瑞士是一个四面强国环绕的小国，生存压力致使政治精英更加具有妥协、

---

① 张维邦：《瑞士史》，台湾三民书局2013年版，第97页。
② 同上书，第98页。
③ 根据1848年宪法，各州的主权一部分让渡给中央联邦政府，联邦政府享有外交权及统领军队、决定战争事宜的权力，并统一货币、关税和度量衡。而其他宪法没有规定的权力仍属各州所有。

合作倾向,谨防再次陷入内战。① 而本文认为,自由-激进派内部各派系、各州的利益分化也是重要原因。自由-激进派内部本身在民主形式的设定上存在分歧;且各州的自由-激进派人士虽能够就建立联邦中央政府这一议题达成一致,但对联邦具体的权力范围设定也莫衷一是。从建国时期的这次妥协经历也可窥探出自由-激进派在执掌联邦政权多年后仍愿意与少数派分享权力的原因。

一个在利益、思想、组织结构上都保持一致的政党,在面对竞争对手的冲击时,更容易一致对外;而一个在各方面都分化松散的政党,在面对竞争对手的冲击时,更容易分头行事,与对手达成妥协。瑞士的政党显然属于后者。克劳斯·舒曼(Klaus Schumann)甚至认为,瑞士不存在一个联邦层面的政党体系,而是在各州层面存在许多个政党体系。② 埃里克·格伦纳(Erich Gruner)则指出,在瑞士,通常某一政党在不同州的政党分部无法就国家决策达成共识。在一个政党的内部,不同州的政治精英们不仅在思想问题上存在分歧,且经常以州利益为由反对党的全国性组织的决定。③ 无论从思想、组织还是利益看,瑞士的国家政党④都是内部高度分化的组织。在此背景下,19世纪60年代的民主运动成为打破自由-激

---

① Hanspeter Kriesi and Dominique Wisler, "The Impact of Social Movements on Political Institutions: A Comparison of the Introduction of Direct Legislation in Switzerland and the U. S. ", in Marco Giugni, Doug McAdam and Charles Tilly, eds., *How Social Movements Matter*, University of Minnesota Press, 1999, pp. 42-65.

② Klaus Schumann, *Das Regierungssystem der Schweiz*. Karl Heymans Verlag KG, 1971, p. 125. 转引自: Hanspeter Kriesi and Alexander Trechsel, *The Politics of Switzerland: Continuity and Change in a Consensus Democracy*, Cambridge University Press, 2008, p. 89.

③ Erich Gruner, *Politische Führungsgruppen im Bundesstaat*. Bern: Francke, 1973. 转引自 Franz Lehner, "Consociational Democracy in Switzerland a Political-Economic Explanation Empirical Evidence", *European Journal of Political Research*, Vol. 12, No. 1, 1984, pp. 25-42。

④ "国家政党"是指在国家层面进行活动的党组织,是相对于州政党而言的。

进派垄断地位的直接作用力。

19世纪60年代,瑞士国内出现了一股民主运动浪潮。该运动由来自巴塞尔州的一名教士发起,其要求州议会制定新宪法,允许公民对立法进行倡议。① 尔后这场运动蔓延开来,一些州参与该运动的人士开始反对自由-激进派在州内的主导性统治,要求更多的民主。在此过程中,社会主义者的势力随之壮大。由于缺乏思想上的凝聚力和组织上的一致性,各州的自由-激进派精英在面对民主运动带来的冲击时,开始各寻出路,各自为政。激进派中支持直接民主的势力在运动中被进一步激化而走上前台,自由-激进派内部因此开始愈加分裂。对于保守派而言,崇尚无神论的社会主义者直接冲击了该党派的天主教信仰,迫使保守派走向支持民主化以赢取民心。② 由此,在那些社会主义者势力扩大的州,原本敌对的激进派与保守派结成了同盟。这场民主运动过后,不仅社会主义政党开始崭露头角,获得激进派助力的保守派也势力大增,而自由-激进派的绝对优势地位已然岌岌可危。

(二)直接民主带来的挑战

民主运动不仅改变了瑞士各州的政党格局,也推动了瑞士直接民主制度的进一步发展。瑞士具有悠久的直接民主的历史传统。早在13世纪,"老三州"③就有让男性公民在"大会"中聚集共同议事的传统。④ 1848年宪法则明确了瑞士公民的直接民主权

---

① Clive Church and Randolph Head, *A Concise History of Switzerland*, Cambridge University Press, 2013, pp. 472-473.
② Ibid., p. 484.
③ "老三州"指在反对哈布斯堡王朝的斗争中秘密结成永久同盟并签署了《永久同盟誓约》的三个州:乌里(Uri)、施维茨(Schwyz)和下瓦尔登(Nidwalden),其构成了瑞士最早的联盟形态。
④ 端木美:《论瑞士联邦的历史渊源与沿革》,《世界历史》1991年第5期。

利。宪法规定,任何宪法修正案必须提交给州和全国人民进行表决,此类复决权的行使实行双重多数原则,即只有同时获得大多数投票人和大多数州的同意才能通过,因而被称为"强制性复决权"(mandatory referendum)。此外,这部宪法还包含了有限的"公民创制权"(popular initiative),即五万名公民联名可以要求对其所倡议的宪法修订原则进行投票。[1] 但由于就宪法修订的原则进行倡议过于抽象,事实上并没有这样的倡议被发起。

在民主运动之后,情况发生了变化。1874年推出的新宪法赋予了瑞士公民"选择性复决权"(optional referendum),即在联邦法律公布后的100天内,五万名选民签名或八个州提议即可要求就联邦立法的变更进行复决。[2] 1891年,"公民创制权"进一步得到扩展,公民不仅可以就宪法的总体修改原则提交提案,还可以就具体的宪法条例提交提案。简言之,"选择性复决权"允许公民推翻现有的决定,而"公民创制权"则使公民能够将全新的提案提上议事日程。少数派可以通过利用这两种直接民主机制向执政者发起挑战。这两种"权威挑战机制"就像是悬在执政者头上的达摩克利斯剑,成为执政者政治进程中的永久威胁。

"选择性复议权"是少数派手中至关重要的撒手锏。正如博弈论中著名的前景理论(prospect theory)所预测的:"相比可能获得的较大收益,人们更会偏好确定可以获得的较小收益,特别是在获得收益的风险较大的情况下。"[3] 彼时的自由-激进派精英就是被迫选择了低风险的确定收益。因为在引入选择性复议机制后,多数

---

[1] Hanspeter Kriesi and Alexander Trechsel, *The Politics of Switzerland: Continuity and Change in a Consensus Democracy*, Cambridge University Press, 2008, p. 52.

[2] Ibid.

[3] Daniel Kahneman and Amos Tversky, "Prospect Theory: An Analysis of Decision under Risk", Leonard C. MacLean, William T. Ziemba, eds., *Handbook of the Fundamentals of Financial Decision Making: Part I*, World Scientific Publishing Co. Pte. Ltd., 2013, pp. 263-292.

派要坚持独大的地位变得困难重重。1888年，于民主运动中崛起的社会主义者正式成立了社会民主党，对当权者的意识形态与绝对地位构成双重挑战。当权者为减少自身压力，选择拉拢与自己意识形态更为相近的右翼保守派。保守派本身根基稳固，势力庞大，面对当权者的示弱，保守派乘胜追击，率先开始利用复议权频繁挑战自由-激进派的政策。为了使提出的政策提案能顺利通过，当权者最终选择扩大行政联盟、与之分享权力的策略，因为妥协虽然会造成一部分损失，却有助于获得确定的利益。据此，保守派于1892年成功地从当权者手中赢得联邦委员会的一个席位。此后其他党派纷纷效仿，以争取进入中央行政机构的机会。值得一提的是，在执政者推出的联邦法律中，仅有少数立法真正进入了选择性复议程序，但这恰好证明了"选择性复决权"作为"权力敲诈器"的威力，因为仅有少量的立法进入复议是当权者努力与各方进行事前协商和事后妥协的结果。①

"公民创制权"的扩展使少数派的影响力大增，从而提高了其"议价能力"，甚至促成了议会选举制度的修改。1919年10月26日，在少数派的推动下，瑞士国民院将选举制度改革为比例代表制，由此，各党在议会中的席位纷纷得以增长，打破了自由-激进派在议会中的绝对优势地位。特别是当时的"农民、工匠和独立党"（人民党的前身）成为此次改革的最大赢家。②"公民创制权"为原本处于边缘地位的小党派提供了独特的机会，使它们能够将新问题引入政治舞台或成为某个重要议题的

---

① 为了预防法案进入复议被否决，决策者在立法前会事先与全民公投的可能发起者（具有影响力的政党和团体）进行协商，如果一开始该法案就遭到了他们的质疑，则法案需要根据各方意见进行协调和修改。如果在法案通过后依然有反对者，政策制定者会与之进行再协商。

② 在此之前，瑞士人民党在国民议会中并无议席，而它在1919年选举制度改革后一举赢得25个席位。人民党现在是瑞士的最大党。数据来自瑞士议会官网：https://www.parlament.ch/en/organe/groups，最后浏览时间：2021年7月3日。

推动者,从而吸引选民的注意与支持。事实上,小党发起修改宪法条例的倡议或许并非真的奢望能够直接改变宪法条例,因为变更宪法条例的条件十分苛刻。① 对其而言,倡议的结果如何并非是关键,重要的是发起倡议的过程能使政党充分实现自我宣传的目的。②

通过直接民主机制壮大势力、进行"权力敲诈"之后,议会中最大的四个政党最终都进入了联邦委员会,形成了"全政党政府"模式(过程详见表1)。③ 联盟扩张后,为使联邦委员会更容易达成共识而非陷于党派纷争,政治精英们进行了精心的制度设计,要求联邦委员会不体现任何政党意识形态。在1959年"神奇的配方"(magical formula)④形成后,四大政党四足鼎立,以任何政党的意识形态和政策为准都不可能被接受,"协商一致"才是唯一的通行证。⑤

---

① 倡议的通过需要获得过半数的州和半数以上选民的双重多数的支持,因此真正进入全民投票环节的倡议很少。1891年至1990年间进入投票的倡议共有五个,被接受的倡议只有一个。

② Lucas Leemann, "Political Conflict and Direct Democracy: Explaining Initiative Use 1920-2011", *Swiss Political Science Review*, Vol. 21, No. 4, 2015, pp. 596-616.

③ Yannis Papadopoulos, "How Does Direct Democracy Matter? The Impact of Referendum Votes on Politics and Policy-Making", *West European Politics*, Vol. 24, No. 2, 2001, pp. 35-58.

④ 1959年联邦委员会中形成自由民主党2席、基督教民主党2席、社会民主党2席、瑞士人民党1席的政党格局,此格局维持了50年未变,因而被称为"神奇的配方"。2003年瑞士人民党增加了1席,基督教民主党减少了1席,但四大党执政的联盟依然未变。

⑤ 直接民主制度虽然迫使各方合作,但也为各方保留了坚持己见的权利和途径。联盟内的某一方可以通过发起复议或者倡议寻求各州公决或全国公决,使其不至于为了达成一致而抹杀不同政党的特殊诉求。因此直接民主制度也被视为联合民主的"解压阀",有利于制度的长期稳定。参见 Yannis Papadopoulos, "How Does Direct Democracy Matter? The Impact of Referendum Votes on Politics and Policy-Making", *West European Politics*, Vol. 24, No. 2, 2001, pp. 35-58.

表 1 瑞士联邦委员会席位更迭时间①

时间	政党			
	自由民主党（原自由-激进派）	基督教民主党（原保守派）	瑞士人民党（原农民、工匠和独立党）	社会民主党
1848—1890 年	7 席	0 席	0 席	0 席
1891 年	6 席	1 席	0 席	0 席
1919 年	5 席	2 席	0 席	0 席
1928 年	4 席	2 席	1 席	0 席
1943 年	3 席	2 席	1 席	1 席
1959 年	2 席	2 席	1 席	2 席
2003 年—至今	2 席	1 席	2 席	2 席

（三）瑞士的社会裂隙与制度传统

瑞士"全政党政府"模式的另一个重要特征是联盟的超稳定性，四大党组成的执政联盟自形成后未曾出现过变动或更迭（四大党概况见表 2）。这应当归因于瑞士清晰的社会裂隙线特征。社会裂隙理论（cleavage theory）②认为，政党是沿着社会裂隙线形成的，一个国家的政党体系体现了其社会整体的冲突情景。所谓裂隙是指社区成员因重要的社会政治差异而分裂为两个或更多的名义团体（nominal groups）的情况。③ 当政党组织或团体将社会分

---

① Hanspeter Kriesi and Alexander Trechsel, *The Politics of Switzerland: Continuity and Change in a Consensus Democracy*, Cambridge University Press, 2008, p. 77.

② Seymour Lipset and Stein Rokkan, "Cleavage Structures, Party Systems, and Voter Alignments: an Introduction", in Seymour Lipset and Stein Rokkan eds., *Party Systems and Voter Alignments: Cross-National Perspectives*, The Free Press, 1967, pp. 1-64.

③ Michael Taylor and Douglas Rae, "An Analysis of Cross-cutting between Political Cleavages", *Comparative Politics*, Vol. 1, No. 4, 1969, p. 536.

化表现出来时,裂隙才真正形成。一般而言,社会裂隙包括族群、宗教、阶级、文化、地域等方面。阿伦·利普哈特(Arend Lijphart)认为:"当一个社会存在多层次的冲突时,就需要大量政党来表现它们。"①瑞士虽然是一个多元分化的社会,但其主要的社会裂隙简单清晰,主要表现在宗教(天主教与新教)、阶级(工人阶级与资产阶级)和地域(农村与城市)等几个方面。② 历史上,瑞士的社会裂隙线存在一个演变的过程,不同的时代凸显的社会裂隙也不尽相同。但当上述主要的社会裂隙都拥有了政党代表后,政党格局就逐渐趋于稳定了。

表2 瑞士四大执政党概况③

政党名称	历史沿革	意识形态偏好	当前在联邦委员会的席位
自由民主党(原自由-激进派)	成立于19世纪30年代,2009年更名	中右翼:古典自由主义	2席
基督教民主党(原保守派)	成立于19世纪30年代,1970年更名	中右翼:基督民主主义	1席
社会民主党	成立于1888年	左翼:社会民主主义	2席
瑞士人民党(原农民、工匠和独立党)	成立于1936年,1971年更名	右翼:民粹主义	2席

在瑞士政党体系发展的早期,宗教分化是一个关键性问题。

---

① Arend Lijphart, *Democracies: Patterns of Majoritarian Consensus Government in Twenty-one Countries*, Yale University Press, 1984, pp.147-148.
② 值得一提的是,瑞士虽然是个多族群多语言的国家,却没有任何主要政党明确按语言或族群划分。在瑞士,语言和族群一直是次要问题。
③ 资料来源于各政党官网。自由民主党:https://www.plr.ch;基督教民主党:https://www.cvp.ch;社会民主党:https://www.sp-ps.ch;瑞士人民党:https://www.udc.ch,最后浏览时间:2021年7月9日。

建国前，瑞士的宗教问题和建国问题相互缠绕，促使自由-激进派和保守派形成对立局面。自由-激进派所在的州多信奉新教，希望建立自由宪政国家，将瑞士从传统旧俗中解放出来。而保守派所在的州反对基于自由主义原则建国，因为这将挑战天主教的宗教权威。但在19世纪90年代后，宗教分野与选举的关系开始淡化，①主要是由于信教者人数有所减少，②且新的社会裂隙开始显现。瑞士另一个重要的社会裂隙是阶级分化。自工业革命以来，瑞士的工业与制造业快速发展，资产阶级与工人阶级的矛盾也逐渐凸显。1888年社会民主党正式成立，这标志着阶级裂隙的成型。当时的社会民主党代表工人阶级的利益，奉行社会民主主义政策，支持增加福利支出，反对经济自由主义，是瑞士委员会中唯一的左派政党。在其他三大政党中，自由-激进派（自由民主党）、保守派（基督教民主党）属于中右翼，而后成立的农民、工匠和独立党（瑞士人民党）被归为极右翼。随着瑞士经济结构的调整，传统的大资本家与劳工之间的冲突虽然减弱，中产阶级成为社会结构的主流，但中产阶级内部的管理者阶层与基层员工之间的阶层分化依然存在，这使得阶级裂隙至今仍保持显性。另外，城市与农村之间的分化也在政党体系中有所体现。自由-激进派被视为城市利益的代表，因为其所主导的城市（苏黎世、巴塞尔和日内瓦等）率先进行了自由化改革，城市化与工业化水平远高于其他地区。而瑞士人民党的前身——农民、工匠和独立党——则以农村代表自居，在那些城市化进程较慢、农业和小企业较为发达的州发展起来。

---

① Hanspeter Kriesi and Alexander Trechsel, *The Politics of Switzerland: Continuity and Change in a Consensus Democracy*, Cambridge University Press, 2008, p. 86.

② 根据美国中央情报局（CIA）官网的数据，截至2017年，瑞士非信教人口已攀升至26%。参见 https://www.cia.gov/library/publications/resources/the-world-factbook/geos/sz.html，最后浏览时间：2021年7月11日。

此外,瑞士的社会裂隙是纵横交错而非重叠的,这促成了各党派稳定且均势的合作。社会裂隙的交错,使政党较难找到一个在各个议题上都能够达成一致的合作者,因为在一个议题上的接近很可能伴随着在另一个议题上的相差甚远。相反,在裂隙重合的情况下,两个或多个政党则在几条裂隙线上站在同一边,如两个政党都是右派,都支持相同的宗教等。此时的政党往往只与裂隙线同一侧的政党互动,而拒绝与其他政党合作。① 瑞士的四大主流政党则正好均衡地分布在三条主要裂隙线的两侧:自由-激进派与保守派站在宗教裂隙线的两侧,社会民主党与其他三个政党站在阶级裂隙线的两侧,农民、工匠和独立党与自由-激进派站在地域裂隙线的两侧(如图2所示)。因此,各党派的政治精英在不同的议题上需要寻求不同的合作方。广泛的合作使各党派之间相互牵制、始终保持均势,从而形成了超稳定结构。

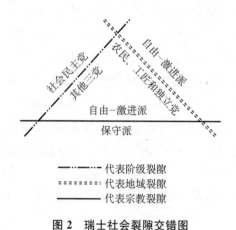

图2 瑞士社会裂隙交错图

不同党派之间的稳固合作不仅得益于瑞士清晰交错的社会裂

---

① Fernando Bertoa, "Party Systems and Cleavage Structures Revisited: A Sociological Explanation of Party System Institutionalization in East Central Europe", *Party Politics*, Vol. 20, No. 1, 2014, pp. 16-36.

隙，也源于瑞士的历史文化。政治精英之间广泛且深入的妥协与合作并非是在瑞士建国后才生成的，也不是人为制造的"社会工程"，而是对瑞士传统的自然沿袭。① 瑞士一直是一个多元分化的共同体，早在旧联邦时期，瑞士的先辈们治理地方的经验就充满着合作联合、协商妥协的色彩。② 瑞士的地方社区（commune）采用的是多方联合统治模式，其典型特征是让适合统治的几个贵族家族共同组成社区委员会进行社区治理，特别是社区内两大教区和谐共治景象更是堪称典范。③ 1529年，瑞士建立宗教自治原则（religious autonomy of the cantons），各州基本上自然形成了由天主教主导的州或新教主导的州两大类，但还有一些地区存在着天主教和新教教徒均势的情况。其中一些地方维持了原有的行政区划不变，采取不同宗教片区共同治理的方案。而不同教区在同一社区内的和谐共处，依赖的是执掌各自教区的贵族之间充分的相互妥协与合作。现代瑞士掌权者解决矛盾冲突的智慧可以说是承袭了先辈们的经验。

四、瑞士模式的制度绩效

有西方学者认为，政党竞争执政的模式在一定程度上将迫使执政党提高自身的执政绩效，从而提高政府的责任性。④ 照此理论，瑞士几乎无轮流执政的"全政党政府"模式似乎会导致政党政府责任性受损。此外，政党进入政府后贯彻落实其意识形态与政

---

① Gerhard Lehmbruch, "Consociational Democracy and Corporatism in Switzerland", *Publius*, Vol. 23, No. 2, 1993, pp. 43-60.
② 旧联邦时期指的是1848年瑞士正式通过联邦宪法之前的松散联盟状态。
③ 相当于瑞士建国后市镇一级的行政单位，是瑞士最小的行政单位。
④ James Adams, *Party Competition and Responsible Party Government: A Theory of Spatial Competition Based upon Insights from Behavioral Voting Research*, University of Michigan Press, 2001, p. 5.

策偏好,被视为政府执行民意的重要举措。① 但在瑞士,联邦委员会中的各政党被要求不表现自身意识形态偏好,这是否会影响选民意志的实现,损害政府的回应性呢?

本文认为,瑞士的政党政府模式与既有政治制度(联邦制、直接民主制)达成了良好的契合,使得无轮流执政、无政党意识形态偏好的政府依然能够保持较高的责任性与回应性。首先,瑞士发达的直接民主机制使得政党的回应性与责任性不仅仅体现在政府之中。在直接民主制度下,选民可通过直接参与决策来影响和控制政府行为,而不局限于仅通过政党表达其偏好。因而,选民不再只看重政党在政府中的表现,也关注其在公投中对公共议程的影响力和塑造力。政党无论是否进入政府,都需要通过进一步提升自己的回应性和责任性来增加竞争力。另外,由于瑞士实行高度自治的联邦制度,州政府是践行选民意志的第一责任主体,因而即使中央政府不体现党派意识形态也无大碍。在联邦制国家中,瑞士联邦政府的权力相对而言是最小的,被称为是合作联邦制(cooperative federalism)模式。② 大多数政策由州政府制定和实施,即使是那些由联邦政府负责决策的内容也交由州政府去执行。③ 这就使得公共服务的受益人和纳税人接近一致,更加确保了其有效性与回应性。简言之,瑞士的"全政党政府"模式与既有制度形成了弥合互补,从而表现出了较好的制度绩效。瑞士模式表明,有效运转的政治体制并不囿于其形式,而在于其实质。只有与本国国情相契合的政治体制,才能发挥良好的效用。

---

① [法]让·布隆代尔、[意]毛里奇奥·科塔:《政党政府的性质:一种比较性的欧洲视角》,曾淼、林德山译,北京大学出版社 2006 年版,第 27 页。

② 合作联邦制相对于美国的双重联邦制(dual federalism)而言,联邦和州都具有实施政策的权力。参见 Hanspeter Kriesi and Alexander Trechsel, *The Politics of Switzerland: Continuity and Change in a Consensus Democracy*, Cambridge University Press, 2008, p.40。

③ 只有在国际关系和国防领域,联邦政府才具有排他性的政策实施权力。

五、余论

瑞士政党长久以来所保持的合作共赢、协调一致的局面在近年来发生了一些微妙的变化。20世纪90年代后,由于穆斯林移民问题逐渐凸显,持文化保守主义和孤立主义态度的极右翼势力崛起,新的社会裂隙随之成型。试图保持开放文化的右翼(以自由民主党和基督教民主党为代表)与倡导捍卫传统、抵制异族文化的极右翼(以瑞士人民党为代表)之间形成了文化维度上的分立。[①] 目前,极右翼政党的民众支持率不断攀升,已经挤压到原有的中右翼,导致了右翼阵营的分裂。除了政党体系右转,政党间的妥协性与一致性也在减弱。近年来,瑞士议会中各党派在主要政策领域内的投票行为表明,左右翼都不太愿意偏离自己最初的政策立场进行妥协,党派间冲突日益凸显。[②] 这说明,随着极右翼势力的崛起,不仅中右翼内部的一致性减弱,左右之间的政治妥协性也在减弱。[③] 当前瑞士政党体系所呈现的两极化倾向是否有可能导致其政党政府模式的变动,值得我们进一步关注。

[①] Clive Church, *The Politics and Government of Switzerland*, Palgrave Macmillan, 2004, p.66.

[②] Denise Traber, "Disenchanted Swiss Parliament? Electoral Strategies and Coalition Formation", *Swiss Political Science Review*, Vol.21, No.4, 2015, pp.702-723.

[③] Simon Bornschier, "The New Cultural Conflict, Polarization, and Representation in the Swiss Party System, 1975-2011", *Swiss Political Science Review*, Vol.21, No.44, 2015, pp.680-701.

中东欧和西欧族党核心诉求的差异及其内在逻辑[*]

上海政法学院政府管理学院　杨友孙
上海政法学院语言文化学院　尹春娇

冷战结束后,族党逐渐受到人们的关注。尽管不同的族党存在一些差异,但它们在起源、政治倾向、诉求方面具有区别于其他政党的共同特点,构成了政党家谱中的一个单独的政党类型或政党家族。[①] 然而,国内对于族党的研究还十分粗浅,对族党的特殊性、发展规律等问题尚未进行深入研究。本文从中东欧和西欧族党核心诉求的差异出发,探讨两者发展差异的内在逻辑,以期对欧洲族党政治乃至整个政党政治有更为深刻的认识。

一、"族党"的名称与界定

族党(ethnic party/ethnopolitical party)的定义是十分复杂的问题。在中文中,"族党"有时也被称为"少数民族政党"或"族群型政党"。[②]

---

[*] 本文为国家社科基金项目"多民族国家治理中政党作用机制与效能的比较研究"(21BZZ022)的阶段性成果。

[①] Andreas Fagerholm, "Ethnic and Regionalist Parties in Western Europe: A Party Family?" *Studies in Ethnicity and Nationalism*, 2016, Vol. 16, No. 2, pp. 304-339; Régis Dandoy, "Ethno-regionalist parties in Europe: a typology", *Perspectives on Federalism*, 2010, Vol. 2, No. 2, pp. 194-219.

[②] 参见杨友孙:《中东欧少数民族政党兴衰的自身因素探析》,《当代世界与社会主义》2021年第4期,第137—144页;张建伟:《族群型政党:概念、类型及其影响》,《中央民族大学学报》(哲学社会科学版),2019年第4期,第27—37页。

但"族党"并不局限于少数民族政党,主体民族或构成民族均可能有族群性政党,因而"少数民族政党"的表述并不贴切;同时,由于"族群"和"民族"两个词语在非中文语境中存在明显差异,使得"族群型"政党的表述潜在地排除了"民族型"政党,因而也不贴切。而"族党"的称呼不仅简洁,还避免了上述问题。

在英文中,"族党"的表述更为复杂。西欧的民族性政党常常同时也是地区性政党,与地区利益和民族地区的自治、自决有着紧密联系,因而在指涉西欧的民族政党时,大多数学者常常使用"ethno-regionalist parties""ethnoregionalist parties"这样的表述(缩写均为"ERPs"),即"民族地区主义政党",[①]包括英国的苏格兰民族党(The Scottish National Party, SNP)、芬兰的瑞典族人民党(The Swedish People's Party, SFP)、西班牙的安达卢西亚党(The Andalusian Party, PA)、阿拉贡人党(The Aragonese Party, PAR)等。中东欧族党除了少数情况外,大多数民族性政党并非地区主义政党,因而常统称为"ethnic parties"(缩写为"EPs"),即族群政党。[②]

[①] Régis Dandoy, "Ethno-regionalist parties in Europe: a typology", *Perspectives on Federalism*, 2010, Vol. 2, No. 2, pp. 193-220; Huri Türsan, "Introduction: Ethnoregionalist Parties and Ethnic Entrepreneurs", in Lieven De Winter and Huri Türsan, eds., *Regionalist Parties in Western Europe*, Routledge, 1998, pp. 1-16; Dawn Brancati, "The Origins and Strengths of Regional Parties", *Brithish Journal of Political Science*, 2007, Vol. 38, No. 1, pp. 135-158. 需要指出的是,在西方政治语境中,"地区"(region)与"地方"(local)是不同的两个概念。一般来说,在实行三级政府的国家(例如匈牙利),"地区"一般是指除了中央政府之后的第二级地理、政治单位,即县或相当于县的地理单元,"地方"则是第三级政治和地理单元。在实行四级政府的国家(例如波兰、法国),"地区"一般是指第二层、第三层政治和地理单元,"地方"一般是指第四层政治和地理单元。

[②] Donald Horowitz, *Ethnic Groups in Conflict*, University of California Press, 2000; Kanchan Chandra, "What is an ethnic party?" *Party Politics*, 2011, Vol. 17, No. 2, pp. 151-169; Karen Bird, "The Political Representation of Women and Ethnic Minorities in Established Democracies: A Framework for Comparative Research", AMID Working Paper Series, January 2004; Matthijs Bogaards, Matthias Basedau and Christof Hartmann, *Ethnic Party Bans in Africa*, Routledge, 2015; Kristian Stokke, "Political Representation by Ethnic Parties? Electoral Performance and Party-Building Processes among Ethnic Parties in Myanmar", *Journal of Current Southeast Asian Affairs*, 2020, Vol. 38, No. 3, pp. 307-336.

此外,有些学者还会使用其他一些表述指代民族性政党,例如安德烈亚斯·法格霍尔姆(Andreas Fagerholm)认为,使用"族群与地区主义政党"(ethnic and regionalist parties)是最准确的名称,[①]霍洛维茨(Donald Horowitz)在多数情况下使用"ethnic parties",但也使用过"ethnically based party"(基于族裔的政党),[②]石山(John Ishiyama)和布罗伊宁(Marijke Breuning)曾使用"ethnological party"(民族政党)的表述。[③] 甚至还有学者使用"分离主义政党"(separatist parties)、[④]"种族-民族政党"(ethnonational parties)、"无母国民族与地区政党"(stateless nationalist and regionalist parties)或"minority nationalist parties"(少数民族政党)等来指代某些族党。[⑤] 还有学者使用"ethnic minority parties"(少数族群政党)、[⑥]"ethnic political parties(EPPs,族群政党)"等称谓。[⑦]

[①] Andreas Fagerholm, "Ethnic and Regionalist Parties in Western Europe: A Party Family?" *Studies in Ethnicity and Nationalism*, 2016, Vol. 16, No. 2, pp. 304-339.

[②] Donald Horowitz, *Ethnic Groups in Conflict*, University of California Press, 2000; John Ishiyama and Marijke Breuning, *Ethnopolitics in the New Europe*, Lynne Rienner, 1998.

[③] Ibid.

[④] Janet Laible, *Separatism and Sovereignty in the New Europe: Party Politics and the Meanings of Statehood in a Supranational Context*, Palgrave Macmillan, 2008.

[⑤] Huri Tursan, " Introduction. Ethnoregionalist parties as ethnic entrepreneurs", 1998; Edina Szöcsik and Christina Isabel Zuber, "EPAC—A new dataset on ethnonationalism in party competition in 22 European democracies", *Party Politics*, 2015, Vol. 21, No. 1, pp. 153-160; Eve Hepburn and Anwen Elias, "Dissent on the periphery? Island nationalisms and European integration", *West European Politics*, 2011, Vol. 34, No. 4, pp. 859-882.

[⑥] Julian Bernauer and Daniel Bochsler, "Electoral entry and success of ethnic minority parties in central and eastern Europe: a hierarchical selection model", *Electoral Studies*, 2011, Vol. 30, No. 4, pp. 738-755; Corina Stratulat, "EU integration and party politics in the Balkans", EPC(European Policy Center) Paper No. 77, September 2014.

[⑦] Yousun Yang, "How Internal Factors Affect the Performance of Ethnic Political Parties in Central and Eastern European Countries: A QCA-Based Analysis", *Chinese Political Science Review*, 2020, Vol. 5, No. 4, pp. 555-587.

最早对"族党"进行界定的是美国学者霍洛维茨（Donald Horowitz），他在1985年的著作《冲突中的族群》中指出，"族党是指服务于某个（些）族群利益并受到该族群绝对多数支持的政党"。① 该定义提出了族党的两个基本特征：一是服务于某个（些）族群；二是受到某个（些）特定族群的绝对多数的支持。

此后，莫扎法尔（Mozaffar）和斯卡里特（Scarritt）分别对"族党"（ethnic party）和"多族政党"（multi-ethnic party）进行了界定，认为族党是指获得国内族群分裂社会中的某个族群或二级族群的绝对多数支持的政党，而多族政党是指在一个非排他性国内族群结构中获得超过一个族群支持的政党。② 他们和霍洛维茨一样，均认为族党需获得某个（些）族群的绝对多数支持。但这有时难以操作，因为族群身份具有隐私性，奥地利、比利时、丹麦、爱沙尼亚、芬兰、法国、德国、希腊、冰岛、意大利、卢森堡、荷兰、挪威、葡萄牙、西班牙、瑞典、瑞士、土耳其等近20个国家禁止对人口进行民族或族群方面的官方统计。即使在对族群身份进行统计的国家，个人对于族群身份的选择也是自愿、自由的，即采取"自我认同"原则。③ 而且，族群数据需要符合隐私保护的要求。因而族群成员的投票几乎是不可溯源的。

美国学者钱德拉（Kanchan Chandra）对族党做了广为流传的"最简界定"："族党"（ethnic party）是指支持一个或一些族群的特定利益的政党。④ 该定义虽然避免了族党必须受到族群多数支

---

① Donald Horowitz, *Ethnic Groups in Conflict*, University of California Press, 2000, p. 291.
② Shaheen Mozaffar and James Scarritt, "Why Are There so Few Ethnic Parties in Africa?" Paper presented at the International Political Science Association, Quebec, Canada, August 2000, pp. 1-5.
③ 关于该原则的具体实践，参见杨友孙：《欧洲国家个人族群身份自我认同的原则和实践》，《民族研究》2021年第4期，第39—54页。
④ Kanchan Chandra, "What Is an Ethnic Party?" *Party Politics*, 2011, Vol. 17, No. 2, pp. 151-169.

持、族党必须是少数民族政党等问题,但它更适合中东欧国家的情况,而不符合西欧或非洲族党的情况。因此,法格霍尔姆提出了一个更为全面的界定,即族党(ethnic and regionalist party)是指至少符合以下两个条件之一的政党:(1)为某个或几个族群特殊利益服务的政党;(2)寻求某种地域自治(territorial self-government)的政党。[①]

本文认为,族党与其他政党的核心差异在于其在族群方面的特殊诉求,因而研究族党政治必须围绕这点进行。而一个政党只要在党纲、党章、领导人讲话、竞选计划、重要文件、重要政策等某个方面明确表达支持某个族群在族裔方面的诉求,或者其行动已经支持了这种诉求,就可以称之为"族党"。

二、研究方法

本文以 91 个族党(见文后附表 1、附表 2)为样本——其中西欧(包括北欧)族党 47 个,中东欧族党 44 个——对中东欧和西欧族党进行比较研究,具体涉及以下几个问题。

族党的选择标准。本文选择"族党"样本主要出于以下几方面考虑:第一,作为"族党"不存在疑问,即至少通过某种方式(例如党纲、党章、领导人讲话、竞选纲领等)表达过代表某个或几个族群的特殊利益,但又非纯粹的"地区主义政党"。第二,在全国或地区层面影响力相对较大,且至少存在 5 年以上。第三,样本选择"点"、"面"结合,一方面注重族党来源的广泛性,另一方面在族党活跃区域选择更多的样本。

族党比较的指标。就中东欧和西欧族党的以下方面进行比

[①] Andreas Fagerholm, "Ethnic and Regionalist Parties in Western Europe: A Party Family?" *Studies in Ethnicity and Nationalism*, 2016, Vol. 16, No. 2, pp. 304-339.

较:族裔目标;在地方政府、国家议会选举(重点考察下院选举情况)中的表现;对族党生存状况,尤其是否曾遭解散、核心目标是否转变进行考察。

数据来源。本文的数据来源主要包括以下几方面:(1)关于欧洲政党的重要网站,例如"欧洲选举数据库""欧洲政党与选举数据库""议会与政府数据库"等;①(2)各族党的网页,从中可获取族党的党纲、党章、选举计划等信息。

三、族党的基本分类

与其他类别政党一样,族党在对社会、政治、经济等方面也有着自己的观点和态度,它们可能支持社会民主主义、社会保守主义、民粹主义、社会公平和正义。从这个角度看,族党和其他政党一样,也可以分为左翼族党、右翼族党;自由主义族党、保守主义族党;执政族党、参政族党、在野族党等。但这些分类方法不能体现族党的特殊性,因而意义不大。根据族党在支持族群特殊利益方面的诉求——即其核心诉求进行分类,才抓住了族党独有的特点。不同学者从这个角度对族党进行了分类,总体上大同小异。

里吉斯·丹德罗瑞(Régis Dandoy)认为,根据族裔诉求,民族地区主义政党包括三类:保护主义(protectionist)政党、分权主义

---

① 参见 Wolfram Nordsieck, "Parties and Elections in Europe", http://www.parties-and-elections.eu/, http://archive.ipu.org/parline/,最后浏览日期:2022年1月30日;PARLINE database on national parliaments, http://archive.ipu.org/parline/,最后浏览日期:2022年1月30日;Political Party Database Project, https://www.politicalpartydb.org/statutes/, http://archive.ipu.org/parline/,最后浏览日期:2022年1月30日;European Election Database, http://www.nsd.uib.no/european_election_database,最后浏览日期:2022年1月30日;Parties and Elections in Europe, http://parties-and-elections.eu/index.html; Parliaments and governments database, http://www.parlgov.org/,最后浏览日期:2022年1月30日。

(decentralist)政党、分离主义(secessionist)政党,比利时新弗莱芒联盟(The New Flemish Alliance)和英国苏格兰民族党属于分离主义族党,西班牙巴斯克民族主义党(The Basque Nationalist Party)属于分权主义族党,芬兰瑞典族人民党属于保护主义族党。①与此类似的是,法格霍尔姆将族党分为以追求承认为诉求的族党、以扩大自治为诉求的族党、以分离主义为诉求的族党。②

与此类似,本文将欧洲族党分为三类:温和族党或温和目标族党——主要诉求为维护族群语言、文化、身份认同、政治参与等普通的集体权利;中等族党或中等目标族党——主要追求自治、分权、联邦制、与同胞国保持紧密关系;激进族党或激进目标族党——表现为分离主义、同胞国利益高于一切,要求与同胞国合并,并试图采取极端方式实现目标。根据上述标准,德国的"南石勒苏益格选民协会"一直以维护弗里斯人权利、推广少数族群语言、推动跨境合作、推动少数民族合法的政治参与、加强少数族群在德国的影响为目标,③因而是温和族党。保加利亚的"欧洲罗姆政治运动"党章规定,它在族群方面的主要目标是:使所有族群的贫困家庭儿童接受教育,反对所有形式的族群歧视,在所有层级政府中都应获得参政地位等,④它也属于温和族党。罗马尼亚"匈牙利人民主联盟"虽然在其他方面相当温和,但在族裔方面却主张在

---

① Régis Dandoy, "Ethno-regionalist parties in Europe: a typology", *Perspectives on Federalism*, 2010, Vol. 2, No. 2, pp. 194-219.

② Andreas Fagerholm, "Ethnic and Regionalist Parties in Western Europe: A Party Family?" *Studies in Ethnicity and Nationalism*, 2016, Vol. 16, No. 2, pp. 304-339.

③ Deine Stimme für Schleswig-Holstein Wahlprogramm des SSW zur Bundestagswahl(石勒苏益格-荷尔斯泰因"南石勒苏益格选民协会"的联邦选举计划),2021年9月26日,https://www.ssw.de/fileadmin/user_upload/Wahlprogramm_des_SSW_zu_Bundestagswahl_2021.pdf,最后浏览日期:2022年1月20日。

④ УСТАВ: НА ПОЛИТИЧЕСКО ДВИЖЕНИЕ "ЕВРОРОМА"("欧洲罗姆政治运动"党章), http://www.EuroRomabg.org/inline_1_1.htm,最后浏览日期:2022年1月20日。

匈牙利聚居区[尤其是塞克勒(Szeklerland)地区]实行区域自治或其他形式的民族自治，因而属于"中等目标"族党。拉脱维亚的"拉脱维亚俄罗斯联盟"要求无条件给予所有长期居住在拉脱维亚的人以公民身份；积极支持"俄罗斯人世界的团结"；在有20%人口使用俄语、拉特盖尔语(Latgalian)的地区，这两门语言应为官方语言；强烈支持加强与俄罗斯和白俄罗斯的关系；支持克里米亚并入俄罗斯，在顿巴斯冲突中支持俄罗斯，①因而其也属于"中等目标"族党。波黑的"独立社会民主联盟"在1996年建立之初虽然相对温和，强调跨族群民族团结。但自2006年后，它抛弃了改良主义传统，强调塞尔维亚民族主义，要求塞族共和国脱离波黑，②因而它属于激进族党。比利时新弗莱芒联盟是2001年弗莱芒大区荷兰语群体的族党，③它主张通过自治实行联邦制，最终实现弗莱芒独立，因而也属于激进族党。

根据以上标准，在91个欧洲族党中，34个是温和族党，中等族党26个，激进族党31个，分布总体上比较均匀(见本文末附录1和附录2)。但是，如果将中东欧、西欧比较观察会发现其中明显的差异性。在47个西欧族党中，有温和族党7个，中等目标族党12个，激进族党28个，占比分别约为14.89%、25.53%、59.57%；在中东欧44个族党中，温和族党27个、中等目标族党14个，激进族党3个，占比分别约为61.36%、31.82%、6.82%。

---

① The program of the FHRUL for the 2002 parliamentary elections, https://rusojuz.lv/en/the-program-of-the-fhrul-for-the-2002-parliamentary-elections/，最后浏览日期，2022年1月20日。

② Radio Free Europe/Radio Liberty, "Defying Ban, Republika Srpska Proceeds With 'Statehood Day'", January 09, 2018, https://www.rferl.org/a/republika-srpska-statehood-day-defying-court-ban/28964699.html，最后浏览日期：2022年1月25日。

③ 比利时划分不同民族群体的标准是语言，因此不同语言群体实际上也是不同民族群体。

四、中东欧与西欧三类族党发展趋势比较

欧洲族党大都认同西方民主政治,积极参政,通过合法途径实现目标,反对暴力和极端主义,愿意与主流政党合作。不过,西欧激进族党占据绝对优势而温和族党处于绝对劣势,中东欧则温和族党占据绝对优势而激进族党处于绝对劣势,类型分布几乎完全相反。

(一) 温和族党发展趋势比较

西欧 7 个温和政党中,只有 2 个发展较好——比利时法语民主阵线党和芬兰瑞典族人民党,它们长期稳定地进入国家议会。比利时法语民主阵线党于 1964 年成立,目标是推动法语地区法语与荷兰语一样拥有官方地位;在弗莱芒地区,法语群体在与政府官员交流中使用法语。它长期以来能稳定获得瓦隆议会、法语共同体议会和比利时议会席位,但得票率和议席数量呈现下降趋势。芬兰瑞典族人民党主要目标是争取瑞典语的使用权及享有瑞典文化的权利;促使瑞典语和芬兰语一样成为官方语言。该党一直参与芬兰议会选举,但得票率也持续下降,尤其是 20 世纪 60 年代之后,以前在 1907—1936 年间其议会席位均超过 20 个;1939—1999 年的大多数时间内在 10—18 个席位之间波动;2003 年之后基本获得 8—9 个席位。

西欧其他 5 个族党只能偶尔进入国家议会或从未获得过议会席位,有的甚至难以进入地方议会,影响力总体较小。德国丹麦人的"南石勒苏益格选民协会"长期服务于石勒苏益格的丹麦人和弗里斯人的族群利益,经常进入石勒苏益格-荷尔斯泰因议会和政府,但仅能偶尔进入联邦议会。意大利"法萨协会"党主要代表法萨山谷(Fassa Valley)的法萨人,以及较弱程度上代表整个特伦蒂

诺省拉丁人的利益。其能经常进入省级政府，偶尔进入意大利议会。西班牙的"我们安达卢西亚"以推动西班牙承认安达卢西亚人为一个历史性民族、罗姆人为一个族群为目标，积极参与地方选举和全国选举，但均未获得成功。意大利的"斯洛文尼亚联盟"以保护斯洛文尼亚人利益为主，积极参与地方政治，经常进入弗留利-威尼斯朱利亚（Friuli Venezia Giulia）地区议会和政府，但几乎从未进入意大利议会。西班牙的卡洛民族党以维护西班牙罗姆人权利为目标，自2000年以来连续参加西班牙议会选举，但得票率极低。

中东欧国家的27个温和族党明显发展得更好。其中，波黑的"克罗地亚民主共同体"党，保加利亚的"权利与自由运动"，爱沙尼亚的"中心党"，立陶宛的"波兰人选举行动"，黑山的"阿尔巴尼亚选择党"、波斯尼亚克党，北马其顿的"融合民主联盟"，斯洛伐克的桥党8个族党能够长期稳定地跨越当选门槛而进入国家议会，有时还进入执政联盟，显示了其较强的社会基础和影响力。另外有3个温和族党——克罗地亚的"独立民主塞尔维亚党"、罗马尼亚的"罗姆社会民主党"、塞尔维亚的"罗姆党"能较稳定地获得政府给族群预留的席位。

其他族党大多数在议会选举中能偶尔跨越当选门槛而进入议会，仅有个别族党，例如保加利亚"自由与尊严人民党"及"欧洲罗姆政治运动"，从未进入国家议会；捷克的"罗姆公民倡议"最终解散了。考虑到中东欧普遍较高的议会进入门槛，[1]少数族群的社

---

[1] 中东欧国家大多数采取比例选举制，绝大多数国家的议会当选门槛（electoral threshold）为5%（政党联盟为7%—10%），只有保加利亚为4%，黑山为3%，北马其顿无当选门槛。而西欧绝大多数国家为3%以下（有的国家——例如英国，采取小选区多数选举制，则无所谓当选门槛，只要在某个小选区获得最多票即能当选）。根据莎拉·伯奇（Sarah Birch）的研究，中东欧国家议会的平均当选门槛为4.25%，而西欧国家平均为1.23%。参见Sarah Birch, "Electoral Systems and Party Systems in Europe East and West", *Perspectives on European Politics and Society*, 2001, Vol. 2, No. 3, pp. 35-77.

会资本总体较弱。可以发现,中东欧温和族党的表现远远超过了西欧温和族党。

(二) 中等目标族党发展趋势比较

91个欧洲族党中,有26个中等目标族党(以下简称中等族党),其中西欧12个,中东欧14个,分布相对均匀,但中东欧比例稍高一些。从参选表现看,中等族党在中东欧国家做得相对更为成功。

西欧中等族党都以实现、维持、扩大民族聚居地的地方自治为目标。12个西欧中等族党绝大多数能稳定地进入地方议会或地方市政委员会(municipal council),但能经常进入国家议会的政党仅有2个:南蒂洛尔人民党和巴斯克民族主义党;有2个因支持率持续下降而解散,即意大利的"南蒂洛尔公民联盟"和芬兰的"奥兰进步组织党"。5个仅能偶尔获得议会议席:格陵兰团结党、法国的科西嘉民族党和"布列塔尼民主联盟"、意大利特伦蒂诺省的"拉丁自治联盟"、荷兰"弗里斯民族党"。其余3个——法国"奥克西塔党"、丹麦格陵兰的"民主党"、西班牙的"加利西亚人民联盟"几乎从未获得过国家议会议席,甚至不能进入地区政府。

中东欧14个中等族党有7个获得较高支持率,能较稳定跨越当选门槛而进入议会,例如波黑"民主行动党""塞尔维亚族民主党",克罗地亚的"伏伊伏丁那匈牙利人联盟",拉脱维亚的"社会民主'和谐'党",罗马尼亚的"匈牙利人民主联盟",塞尔维亚的"伏伊伏丁那匈牙利人联盟""桑扎克民主行动党";有2个——黑山的"塞尔维亚人民党"、爱沙尼亚的俄罗斯人党——最终解散;其他5个除了罗马尼亚的"匈牙利人民党""匈牙利公民联盟"从未进入议会外,其余均能偶尔进入议会。

(三) 激进族党发展趋势比较

在31个激进族党中,只有3个为中东欧族党,却有28个为西

中东欧和西欧族党核心诉求的差异及其内在逻辑

欧族党,这是在中东欧和西欧分布最不均衡的一类族党,也是中东欧族党和西欧族党最大的差异所在。

3个中东欧激进族党为:波黑的塞族政党"独立社会民主人士联盟"、捷克的摩拉维亚人政党"摩拉维亚人"党、爱沙尼亚的俄罗斯人政党"宪法党"。"独立社会民主人士联盟"起初作为"塞尔维亚民主党"的温和替代党出现,具有很强的跨族群意识,后转变为激进族党,主张"塞族共和国"脱离波黑独立。不过,它转变为激进族党后仍持续进入波黑议会,在2006年后更是主导塞族共和国议会和总统职位,这归因于塞尔维亚人在波黑占比较高,①而且是波黑三大"构成民族"之一。捷克的"摩拉维亚人"党的核心诉求是"根据摩拉维亚民族自决权的原则,通过在摩拉维亚教区的领土范围内恢复摩拉维亚立法议会来实现摩拉维亚的独立"。② 这对于新独立的国家来说是难以接受的,因而该党未能发展壮大,在2006年、2010年的捷克议会选举中,均只得到0.23%的选票而未能获得议席。2013年后,它参与其他政党的选举联盟,但未能进入议会,影响力持续弱化。"宪法党"与爱沙尼亚亲俄组织"守夜人"(Nochnoy Dozor)、俄罗斯政府保持着十分密切的联系,虽然在1995年、1999年与"我们的家园爱沙尼亚"组成选举联盟并获得6个议席(分别是3个),但2003年之后由于支持率过低,于2008年解散。

西欧的28个激进族党发展总体都不错,28个族党都能稳定地进入地区议会和政府,有的还能稳定地获得国家议会的席位,例

---

① 根据2013年波黑人口统计结果,三个构成民族人口占比分别为:波斯尼亚克族50.11%,塞尔维亚族30.78%,克罗地亚族15.43%,其他民族占2.73%。参见Census of Population, Households and Dwellings in Boinia and Herzegovina, 2013, final result, https://web.archive.org/web/20160630143615/http://www.popis2013.ba/popis2013/doc/Popis2013prvoIzdanje.pdf,最后浏览日期,2022年1月25日。

② Stručný Politický Program Strany Moravané("摩拉维亚人党"的纲领):https://web.archive.org/web/20081201031834/http://www.moravane.cz/program.php,最后浏览日期,2022年1月25日。

如英国的新芬党、威尔士党、苏格兰民族党,西班牙的统一与联合党、加泰罗尼亚共和左翼党、比利时的新弗莱芒联盟、弗莱芒利益党,丹麦法罗人的人民党、共和党。有的能较稳定地进入地区政府,也能偶尔进入国家议会,例如西班牙巴斯克的"创造"党、"巴斯克地区联合"党、巴斯克"选择党""巴斯克团结"党、"加利西亚民族主义集团"党、加泰罗尼亚人民团结候选人党;丹麦"因纽特人共同体"党;意大利"撒丁岛行动党"等。不过,在西欧激进族党中,也有不少重点参与地区或地方政治,几乎不参加国家议会选举,或者偶尔参加但却从未获得席位的,例如丹麦法罗群岛的"进步"党、"自治党",格陵兰的"方向"党;芬兰的奥兰未来党、不结盟联盟党;法国的自由科西嘉党;意大利的"撒丁岛独立共和国"党、撒丁岛人党、自由党;西班牙的"PSM民族主义协定"、革新-民族主义兄弟会。而西班牙的"统一与联合党"虽然解散了,但其被更为激进的政党所替代。总体看来,西欧激进族党具有较为强大的生命力。

五、东西欧族党发展差异的内在逻辑

温和族党、中等族党、激进族党在中东欧和西欧具有不同的历史命运和发展趋势,其中有深刻的逻辑和原因,笔者试从以下几方面进行阐释。

首先,冷战结束对中东欧、西欧族党具有不同的影响。

冷战结束之后,被冷战压抑了的政治参与热情和少数民族权利诉求,借着中东欧民主变革的浪潮集中释放,为中东欧族党的发展提供了千载难逢的时机。但随着部分温和诉求逐渐实现,激进诉求无法企及,族党政治和族裔问题明显降温,族党的族群基础和政治基础削弱,导致中东欧族党的政治影响力逐渐下降,温和族党、中等族党和激进族党概莫能外,而激进族党的空间更为狭窄,不仅不会因为激进而获得少数民族的支持,反而可能受到主流社会的排斥和国家的压制。

例如冷战结束之后,爱沙尼亚积极"回归欧洲",远离俄罗斯。面对爱沙尼亚强化爱沙尼亚族语言文化的"民族化"政策,俄罗斯族党仅提出了一些"温和"诉求,例如俄罗斯族的语言权、公民权,以母语接受教育的机会等,而不可能提出政府完全不可能接受的民族地域自治、自决、分离等较高诉求。由于欧盟"哥本哈根"入盟标准要求候选国保护少数民族,在冷战结束之初的10年左右,俄罗斯族党的温和诉求与欧盟的少数民族保护标准大体一致,因而俄罗斯族党在冷战结束之初顺应了时代需要,具有较强的凝聚力。甚至中等族党"俄罗斯人党"和激进族党"宪法党"在20世纪90年代也能获得一定的支持率。但是,随着上述问题在2004年爱沙尼亚加入欧盟前后获得了较大程度的解决,俄罗斯族选民逐渐从积极支持俄罗斯族党转向接受包容俄罗斯族利益的政党,因为"俄罗斯族人可以通过支持主流政党表达其政治诉求"。[①] 这由俄罗斯族党和主流族党融汇而成的"中心党"获得了很高的支持率。[②] 而作为中等族党的俄罗斯人党和宪法党,则在21世纪第一个十年里支持率逐渐下降,宪法党更是在2007年选举中得票率急剧下降并于2008年解散,与"爱沙尼亚左翼党"共同组建更为温和的"爱沙尼亚联合左翼党",而"俄罗斯人党"在2009年遭遇了选票大幅减少,2012年它融入了社会民主党。新组建的政党均不再是族党。

对于西欧国家来说,冷战结束并未引发它们的政治制度变革,也未对西欧的族群参与意识、族群权利诉求带来明显的激发作用。它们的族群基础是民族聚居区的民族人口——他们常常是聚居区

[①] Ryo Nakai, "The Influence of Party Competition on Minority Politics: A Comparison of Latvia and Estonia", *Journal on Ethnopolitics and Minority Issues in Europe* (JEMIE), 2014, Vol. 13, No. 1, pp. 57-85.

[②] 代表俄罗斯语群体的利益是中心党的重要目标之一,在这个意义上它也是族党。但它包容性很强,并非典型的族党,因而本文未将其列入族党范围。

的多数民族——这使西欧族党具有十分稳定的选民基础,冷战结束并不会减弱它们对于地区自治或地区独立的诉求,反而可能因受到冷战后民族独立新浪潮的影响而有所强化。

其次,冷战后中东欧新生国家维护主权及安全的需要,促使它们约束激进族党。

冷战结束后,民族矛盾导致了南斯拉夫常年战争和连续解体;在罗马尼亚,特兰西瓦尼亚的罗马尼亚人和匈牙利人发生过流血冲突;波罗的海国家的俄罗斯人的国籍、权利保护问题也成为地区热点问题。而且,中东欧国家大多数少数民族是跨界民族,这是反复的国界变动或者领土争夺形成的结果。这些跨界民族基本受到周边同胞国的支持,并与同胞国保持着比居住国更亲密的关系。因而中东欧国家担心族党的活动可能强化民族分离主义,危及国家主权与国家安全,因而对于族党的激进主义意识形态较为敏感和反感,会尽力推动它们走向"温和化"。

例如匈牙利政府对散落在周边国家——罗马尼亚、斯洛伐克、南斯拉夫、斯洛文尼亚、克罗地亚和乌克兰的匈牙利人给予了过度的关心和支持,而匈牙利族党也常常表现出分离主义或民族区域自治等诉求,这引起了周边国家的警惕。2001年6月19日,匈牙利通过的《邻国匈牙利族人地位法》规定,匈牙利将向其周边国家匈族人提供文化、教育及社会福利保障;支持匈族人建立民族组织、政党和组织各种民族活动;为国外匈族人到匈牙利上学、旅游、就业提供支持等。① 匈牙利政府希望罗马尼亚对其境内的匈牙利人实行区域自治,但遭到拒绝。1990年4月,罗马尼亚的匈牙利民主联盟党出台的党纲强调,应参考西欧模式,给予匈牙利族以集

---

① 具体参见姜琍:《"邻国匈牙利族人地位法"与匈斯关系》,《俄罗斯中亚东欧研究》2004年第2期,第55—60页;杨友孙:《欧盟东扩视野下的中东欧少数民族保护问题研究》,江西人民出版社2010年版,第155—156页。

体权利和民族自决权。① 鉴于"自决"目标不能被罗马尼亚政府接受，1992年10月开始，该党将目标从"自决"转变为"自治"，包括个人自治、地方自治和地区自治。② 2005年，该党又提出学习爱沙尼亚，实行文化自治的立法建议，也未获罗马尼亚政府同意。罗马尼亚政府仅仅愿意给予匈牙利族"欧洲少数民族框架公约"规定的保护义务，而反对实行任何形式的民族自治。

保加利亚的土耳其人及其族党处境类似。土耳其政府出台了一系列支持国外"同胞"的政策，为此成立了"土耳其合作与协调局"（the Turkish Cooperation and Coordination Agency）和尤努斯·埃姆雷研究所（Yunus Emre Institute）。土耳其政府也积极支持保加利亚的土耳其族党"权利与自由运动"，利用它在欧盟为土耳其代言，毕竟这个政党长期能进入欧洲议会。另外，由于很多保加利亚的土耳其族人居住在土耳其（据估计有40万左右），尤其是聚居在伊斯坦布尔，土耳其政府还试图通过侨民为其在欧盟和国际政治中发挥作用，或利用这些人的选票影响保加利亚政治。例如，2017年3月，土耳其政府的一个部长级官员在伊斯坦布尔积极号召保加利亚的土耳其人积极支持同胞国的对外政策。③ 对此，保加利亚起初采取了严格限制族党注册的政策。后来，由于族党可以通过注册为全民政党从而绕开禁令，才使保加利亚对事实上存在的族党给予默认。但保加利亚对族党，尤其是对土耳其族党，仍然采取严厉限制的态度，包括限制土耳其人大规模聚集、对土耳其出版物保持一些审查制度；对一些激进的族党进行严格管制甚至

---

① Levente Salat, "The Chances of Ethnic Autonomy in Romania—Between Theory and Practice", in Zoltán Kántor, eds., *Autonomies in Europe: Solutions and Challenges*, L'Harmattan, 2014, pp. 123-139.

② Ibid.

③ Tsvetelia Tsolova, "Bulgaria's PM says taking steps to prevent election meddling by Turkey", *Reuters*, March 17, 2017, https://www.reuters.com/article/us-bulgaria-election-turkey-idUSKBN16O1Q1，最后浏览日期，2022年1月25日。

驱逐出境,例如 2017 年选举期间,2 个"责任、团结和宽容民主党人"的活动分子被保加利亚政府驱逐,政府以此减小土耳其人在竞选中的影响力。①

反观西欧,族党较高的政治诉求,包括自治、自决、分权、分离主义、独立运动,并未和某种强烈的民族仇恨或民族裂痕紧密相关,在周边也不存在着一个支持它们的同胞国,因而其对社会的破坏性和敏感性远远弱于中东欧国家。毕竟,要实现分离或新建立一个国家,需要受到主权国家、欧盟、联合国的多重限制。而且,西欧民主国家、民族国家和国族建设都已进入较为成熟的阶段,相对成熟的选民也不容易受到民族主义情绪的鼓动。因而西欧国家对于族党较高的政治诉求的接受度要远远高于中东欧国家,虽然分离主义也同样会受到一些压制。

再次,西欧族党比中东欧族党更为激进的一个重要原因是其处于不同的"诉求"层次。

相比中东欧,西欧的民族地区绝大多数在一战后或二战后已经实现了民族地域自治,因而代表这些民族利益的族党,只有提出更加诱人的目标,才会对民族选民更具吸引力。马塞蒂(Massetti)和沙克尔(Schakel)的研究显示,当地区主义政党的自治目标实现之后,一般来说,就会出现更多新的也常常是更为激进的地区主义政党。② 而且,地区主义族党的重点目标是参加地区选举而非全国性选举,将现存国家权力结构的重构放在首要地位和核心地位,而国家权力重构主要包括自治和地理方面的变化。③

---

① Ali Beştaş,"The Turkish diaspora in Bulgaria", *Daily Sabah*, August 23, 2019.
② Emanuele Massetti and Arjan H Schakel,"Between Autonomy and Secession: Decentralization and Regionalist Party Ideological Radicalism", *Party Politics*, 2016, Vol. 22, No. 1, pp. 59-79.
③ Lieven De Winter, Marga Gomez and Peter Lynch, *Handbook of Territorial Politics*, Klaus Detterbeck and Eve Hepburn, eds., Edward Elgar publishing, 2018, pp. 139-157.

中东欧和西欧族党核心诉求的差异及其内在逻辑

西欧实行民族地域自治的区域非常多,例如芬兰的奥兰群岛,西班牙的加泰罗尼亚、巴斯克等,意大利的西西里岛、撒丁岛、南蒂洛尔、弗留利-威尼斯朱利亚等,丹麦的法罗群岛、格陵兰岛等,法国的科西嘉岛、布列塔尼等,英国的苏格兰、北爱尔兰等更是实行了比民族地域自治更高的自治。例如丹麦的法罗群岛,根据1948年3月出台的"地方自治法"(Home Rule Act),[①]法罗群岛实行了高度自治,设有自治政府和议会、政府总理。民族地方政府在经济、税收、关税、金融、交通、通信、文化和自然资源等领域,以及部分外交事务方面享有高度的自治权,它甚至可以单独决定是否加入欧盟、欧洲自由贸易联盟等国际组织。仅仅国防、司法和部分外交事务由丹麦政府掌管。法罗人在丹麦议会的代表为上院至少一人,下院至少两人。1953年,丹麦的两院制改为一院制,法罗群岛在其中的代表则固定为2名,分别给予在丹麦议会选举中获得最多席位的前两个政党。虽然法罗群岛的族党也会积极参与对这2个席位的争夺,但它们的重心是争夺法罗群岛议会的代表权而非国家议会的代表权,因为管理民族事务的权力重心在地方政府而非中央政府。在这种情况下,如果法罗群岛或格陵兰岛的族党继续以"自治"为核心目标,已无吸引力,必须提出更高层次的目标,这就是西欧大多数族党相对激进,同时激进族党更为成功的深层原因。

中东欧国家虽然也有一些民族聚居地方,但大多数国家并未建立民族地域自治制度,主要还处于实现普通集体权利阶段,这使族党难以通过参与地方政治来实现其族群抱负。而要参与全国性选举,必须让自己"温和化"或者加入主流族党,才能获得更多选民支持。21世纪之后,尤其是中东欧逐渐加入欧盟之后,在激进族党已逐渐"阵亡"的情况下,原先支持这些激进族党的选民,可能退

[①] The Government of the Faroe Islands, "Home Rule Act of the Faroe Islands", No. 137 of March 23rd, 1948, https://www.government.fo/en/the-government/the-home-rule-act/,最后浏览日期:2022年1月25日。

而求其次,支持中等族党或温和族党,毕竟在中东欧,少数民族的自治需求基本未实现,语言、文化权利的保护等温和需求也比西欧实现的程度要低,因而中东欧温和族党和中等目标族党仍然具有较强的吸引力。加上中东欧国家普遍实行大选区的比例选举制,族党需要超越族群聚居区进行更广泛的全国性动员,才能在比例选举制中跨越较高的当选门槛进入国家议会乃至政府,而民族自治或者民族分离等较高诉求,不容易在全国性选民那里获得共鸣。

六、结语

冷战结束后,中东欧国家族党的初级诉求在大约 10—20 年里基本获得解决,族群动员变得更为艰难。而且,新成立的中东欧国家大多面临国家和国族建构的使命,政府和主流社会对分离主义和激进主义诉求、政党与其同胞母国保持紧密关系尤其反感,甚至也不愿意接受族党的自治诉求。在政府、主流社会压制下,选民对族群事务的注意力分散。进入 21 世纪后,尤其是在冷战结束后的第三个十年里,中东欧族党整体出现了"影响力下降"和"总体温和化"的趋势,包容性强的温和族党才能持续取得成功。西欧族党虽然在 21 世纪 90 年代之后出现了一定程度的衰落,但冷战结束对它们的影响并不明显,未出现明显衰落倾向。其深刻原因在于,西欧族党的政治舞台大于中东欧族党,凭借其代表民族在地方的人口优势、成熟的民族地域自治制度,它们常常主导民族聚居区的地方事务和民族事务,也能够在中央政府层面进行政治参与和发声。而且,由于西欧族党无同胞国支持,也未和某种民族仇恨结合在一起,因而西欧社会对于激进族党的包容性要高于中东欧。

从西欧、中东欧自身对比来看,支持全国性族群利益的族党相

中东欧和西欧族党核心诉求的差异及其内在逻辑

对来说更为温和,以聚居性族群为基础的族党相对激进。例如同样是芬兰瑞典族党,关注全国范围内的瑞典人利益的芬兰瑞典族人民党相对温和,而以奥兰群岛为活动中心的瑞典人族党则相对激进。散居族群——罗姆人的族党都是温和的。其逻辑在于,聚居性族党具有更为坚实稳定的选民基础,温和族党在全国范围内更容易为大众接受。当较高的民族诉求与地区主义、民族地域自治结合在一起时,"民族地区主义族党"容易形成激进的分离主义诉求;而当较高的民族诉求未与地区主义、民族地域自治结合时,就不大可能发展为激进主义族党。

不过,从另一方面看,正是由于大多数西欧族党具有更坚实的选民基础,有着地区主义和民族地域自治的基础,具有更大的政治空间和政治能量,在它们的引领下,西欧国家的民族分离主义或者国家分裂的风险也要明显大于中东欧国家。对此,如果西欧国家不对加泰罗尼亚、巴斯克、北爱尔兰、苏格兰、法罗群岛、科西嘉等地区的激进族党进行一定的约束,一旦民族主义风潮涌起,族党可能乘机进行族群动员,民族分离主义浪潮可能还会在西欧出现。

附表1 西欧47个族党列表

(斜体为中等诉求,斜体加粗为激进诉求,其余为温和诉求)

政党名称及成立时间	代表族群	核心诉求	参选及选举表现
人民党(People's Party, 1939)	丹麦法罗人	***法罗群岛独立;分离主义***	稳定进入法罗议会,经常进入丹麦议会
共和党(Republican Party, 1948)	丹麦法罗人	***法罗群岛独立;分离主义***	稳定进入法罗议会,经常进入丹麦议会
自治党(self-government party, 1906)	丹麦法罗人	*从自治转向渐进式独立*	经常进入法罗议会,从未进入丹麦议会

199

(续表)

政党名称及成立时间	代表族群	核心诉求	参选及选举表现
进步党(Progress，2011)	丹麦法罗人	独立、分离主义	稳定进入法罗议会，从未进入丹麦议会
团结党(Solidarity Party，1978)	丹麦格陵兰人	推动地方自治、反对分离主义	稳定进入格陵兰议会，偶尔进入丹麦议会，1998年后得票率下降
格陵兰民主党(Democrats，2002)	丹麦格陵兰人	自治，反对独立	稳定进入格陵兰议会，从未进入丹麦议会
方向党(Point of Orientation，2014)	丹麦格陵兰人	独立、分离主义	稳定进入格陵兰议会，从未进入丹麦议会
因纽特人共同体(Community of the People，1976)	丹麦格陵兰因纽特人	独立	稳定进入格陵兰会议，2001年后持续获得丹麦议会议席
新弗莱芒联盟(The New Flemish Alliance，2001)	弗莱芒荷兰语群体	逐步实现独立	稳定地进入了弗莱芒议会、布鲁塞尔议会和比利时议会
弗莱芒利益党(Flemish Interest，2004)	弗莱芒荷兰语群体	和平脱离，独立	经常进入弗莱芒议会、布鲁塞尔议会和比利时议会
比利时法语民主阵线党(the Democratic Front of Francophones，后改名DéFI,1964)	比利时法语群体	推动法语群体获得语言、文化权利	经常进入瓦隆议会、法语共同体议会和比利时议会
芬兰瑞典族人民党(Swedish People's Party of Finland，1906)	芬兰瑞典人	争取瑞典人语言、文化权利，瑞典语作为官方语言权利	稳定进入芬兰议会，20世纪60年代后得票率有所下降

(续表)

政党名称及成立时间	代表族群	核心诉求	参选及选举表现
奥兰未来党（Future of Aland，2001）	芬兰奥兰群岛瑞典人	推动奥兰群岛成为独立国家	稳定进入奥兰群岛议会
不结盟联盟党（Non-aligned Coalition，1987）	芬兰奥兰群岛瑞典人	主权主义；温和独立	较稳定进入奥兰群岛议会
奥兰进步组织党（Aland Progress Group，1999，2007年解散）	芬兰奥兰群岛瑞典人	完善自治	偶尔参加地方议会选举并进入议会
奥克西塔尼亚党（Occitan Party，1987）	法国奥克西塔尼亚人	加强奥克西塔尼亚人的民族意识，推动地方自治	经常进入地方议会，偶尔进入法国议会
自由科西嘉（Corsica Libera，2009）	法国科西嘉人	分离主义，独立，不反对暴力	稳定进入科西嘉议会，但议席很少
科西嘉民族党（Party of the Corsican Nation，2002）	法国科西嘉人	科西嘉民族主义与自治	稳定进入科西嘉议会，偶尔进入法国议会
布列塔尼民主联盟（Breton Democratic Union，1964）	法国布列塔尼人	争取布列塔尼人语言、文化权利，自治	稳定进入地方议会，偶尔进入法国议会
南石勒苏益格选民协会（South Schleswig Voters' Association，1948）	德国石荷州的丹麦人和弗里斯人	少数族群权利保护	稳定进入地方议会
斯洛文尼亚联盟（Slovene Union，1963）	意大利弗留利-威尼斯朱利亚的斯洛文尼亚人	斯洛文尼亚族权利保护	较稳定进入地区政府（regional council）
撒丁岛独立共和国党（Independence Republic of Sardinia，2002）	意大利撒丁岛人	分离主义，和平建国	较稳定进入地方政府
撒丁岛人党（Party of Sardinians，2013）	意大利撒丁岛人	分离主义	较稳定进入地方政府

西方政党政治与民主危机

(续表)

政党名称及成立时间	代表族群	核心诉求	参选及选举表现
撒丁岛行动党（Sardinian Action Party，1921）	意大利撒丁岛人	自治；分离主义	稳定进入地方政务委员会，偶尔进入意大利议会
南蒂洛尔公民联盟党（Citizens' Union for South Tyrol，1989）	南蒂洛尔地区德语群体	主张自决但反对分离，2020年并入激进族党"南蒂洛尔自由党"	较稳定进入地区政府，偶尔进入全国议会
自由主义党（The libertarians，1992）	南蒂洛尔地区的德语群体和拉丁语群体	分离主义	稳定进入地区政府
南蒂洛尔人民党（South Tyrolean People's Party，1945）	南蒂洛尔地区的德语群体和拉丁语群体	自治	地方政府主导政党，稳定进入意大利议会
拉丁自治主义联盟党（Ladin Autonomist Union，1983）	意大利特伦蒂诺省（Trentino），尤其是法萨山谷（Fassa Valley）拉丁群体	自治	偶尔进入省级政府
"法萨协会"党（Fassa Association，2008）	意大利特伦蒂诺省（Trentino），尤其是法萨山谷（Fassa Valley）拉丁群体	拉丁群体语言、文化权利保护	持续进入省级政府，偶尔进入意大利议会
弗里斯民族党（Frisian National Part，1962）	荷兰弗里斯省弗里斯人	更强的自治，联邦主义	稳定进入省级政府，自2011年以来持续成为省级执政党
我们安达卢西亚（Andalusia by Herself，2016）	西班牙安达卢西亚人、罗姆人等	承认安达卢西亚人为历史性民族，罗姆人为族群	经常进入地方政府，从未进入西班牙议会

(续表)

政党名称及成立时间	代表族群	核心诉求	参选及选举表现
PSM 民族主义协议党 (PSM-Nationalist Agreement, 1998)	西班牙加泰罗尼亚人	加泰罗尼亚独立	稳定进入地区议会,从未进入西班牙议会
巴斯克地区联合党 (Basque Country Unite, 2012)	西班牙巴斯克人	巴斯克独立	较稳定进入地区议会,偶尔进入西班牙议会
选择党(Alternative, 2009)	西班牙巴斯克人	巴斯克独立	稳定进入地区议会,偶尔进入西班牙议会
巴斯克团结党 (Basque Solidarity, 1986)	西班牙巴斯克人	分离主义	稳定进入地区议会,偶尔进入西班牙议会
创造党(Sortu, 2011)	西班牙巴斯克人	巴斯克独立	稳定进入巴斯克议会,偶尔进入西班牙议会
巴斯克民族主义党 (Basque Nationalist Party, 1895)	西班牙巴斯克人	民族地方自治	地区支配性政党,并经常进入西班牙议会
人民团结候选人党(Popular Unity Candidacy, 2003)	西班牙加泰罗尼亚人	通过争取自决权实现加泰罗尼亚独立	稳定进入加泰罗尼亚议会、政府
统一与联合党 (Convergence and Union, 1978—2015, 2015年解散,被更激进的族党替代)	西班牙加泰罗尼亚人	自治、温和独立	地区支配性政党,并能稳定进入西班牙议会
加泰罗尼亚共和左翼 (Republican Left of Catalonia, 1931)	西班牙加泰罗尼亚人	独立	稳定进入地区议会,较稳定进入西班牙议会

203

(续表)

政党名称及成立时间	代表族群	核心诉求	参选及选举表现
革新-民族主义兄弟会（Renewal-Nationalist Brotherhood, 2012）	西班牙加利西亚人	**主张加利西亚独立**	稳定进入地区议会和政府，从未进入西班牙议会
加利西亚民族主义集团（Galician Nationalist Bloc, 1982）	西班牙加利西亚人	从主张独立到主张自治、分权	稳定进入地区议会，偶尔进入西班牙议会
加利西亚人民联盟（Galician People's Union, 1963）	西班牙加利西亚人	自决（但放弃了早期的独立）、联邦主义	较稳定进入加利西亚议会
卡洛民族党（Caló Nationalist Party, 1999）	西班牙罗姆人	维护罗姆人权利，尤其是政治权利	从未进入议会
新芬党（Sinn Féin, 1905）	英国北爱尔兰人	**分离主义；建立囊括整个爱尔兰岛的共和国**	稳定进入北爱尔兰议会，经常进入爱尔兰和英国议会
威尔士党（the Party of Wales, 1925）	英国威尔士人	**威尔士独立**	稳定进入地区议会；1974年后稳定进入英国议会
苏格兰民族党（Scottish National Party, 1934）	英国苏格兰人	**苏格兰独立**	苏格兰议会支配性政党，自1970年后稳定进入英国议会

附表2 中东欧44个族党列表
（斜体为中等诉求，斜体加粗为激进诉求，其余为温和诉求）

政党名称及成立时间	代表族群	核心诉求	参选及选举表现
统一人权党（Unity for Human Rights Party, 1992）	阿尔巴尼亚的希腊人（兼顾其他少数民族）	维护阿尔巴尼亚的希腊人权益	经常进入地方政府和阿尔巴尼亚议会，但2011年后支持率明显下降

(续表)

政党名称及成立时间	代表族群	核心诉求	参选及选举表现
欧洲一体化马其顿联盟（Macedonian Alliance for European Integration, 2004）	阿尔巴尼亚的马其顿人	维护阿尔巴尼亚的马其顿人权益	在马其顿聚居区能经常进入地方政府，偶尔进入阿尔巴尼亚议会
民主行动党（Party of Democratic Action, 1990）	波黑乃至整个巴尔干地区的波斯尼亚克人	泛伊斯兰主义；与穆斯林兄弟会有密切联系	稳定进入波黑议会和政府，较稳定进入穆克联邦议会
克罗地亚民主共同体（Croatian Democratic Union of Bosnia and Herzegovina, 1990）	波黑克罗地亚族	维护克罗地亚族权益	稳定进入波黑议会，有时进入执政联盟；经常进入穆克联邦议会
塞尔维亚民主党（Serbian Democratic Party, 1990）	波黑塞族	团结波黑的塞尔维亚人；塞尔维亚民族地区自治；早期有轻微脱离倾向	波黑塞族共和国支配性族党，稳定进入波黑议会
独立社会民主联盟党（Alliance of Independent Social Democrats, 1996）	波黑塞族	**起初温和，强调跨族群合作，后来转变为支持塞尔维亚共和国独立**	稳定进入塞族共和国议会和波黑议会；塞族共和国主导政党
权利与自由运动党（Movement for Rights and Freedoms, 1990）	保加利亚的土耳其人、波马克人（保加利亚穆斯林）	土耳其人与波马克人权益	稳定进入保加利亚议会
自由与尊严人民党（The Freedom and Dignity People's Party, 2011）	保加利亚的土耳其人	土耳其人利益	和其他政党联合参加议会选举，但从未获得议席

205

(续表)

政党名称及成立时间	代表族群	核心诉求	参选及选举表现
责任、团结与宽容民主党(Democrats for Responsibility, Solidarity and Tolerance, 2016)	保加利亚的土耳其人	保护土耳其人利益，与土耳其政府保持密切关系	从未进入国家议会
欧洲罗姆政治运动(Political Movement Euro Roma, 1998)	保加利亚的罗姆人	反对各种形式族群歧视；积极参加各级政府	从未进入国家议会
独立民主塞尔维亚党(Independent Democratic Serb Party, 1997)	克罗地亚的塞尔维亚人	保护塞尔维亚人权益，反对狭隘民族主义	稳定进入克罗地亚议会
多瑙河塞尔维亚人党(Party of Danube Serbs, 1998)	克罗地亚的塞尔维亚人	起初支持大塞尔维亚主义，后来相对温和，但仍支持民族主义和地区主义	经常参加选举，但从未进入克罗地亚议会
塞尔维亚人民党(Serb People's Party, 1991)	克罗地亚的塞尔维亚人	起初反对激进主义和分离主义，后转为激进，经常批评政府	偶尔进入克罗地亚议会，但自2003年后未进入议会
克罗地亚匈牙利人民主联合党(Democratic Union of Hungarians of Croatia, 1993)	克罗地亚的匈牙利人	保护匈牙利人；推动政府遵守"少数民族宪法法案"	稳定进入地方政府，经常参与克罗地亚议会选举，偶尔获得议席
伏伊伏丁那匈牙利人联盟(Alliance of Vojvodina Hungarians, 1994)	克罗地亚的匈牙利人	支持匈牙利人自治	稳定进入地区政府，较稳定进入国家议会
克罗地亚民主行动党(Party of Democratic Action of Croatia, 1990)	克罗地亚的波斯尼亚克人	代表波斯尼亚克人的利益，伊斯兰主义	偶尔进入克罗地亚议会

中东欧和西欧族党核心诉求的差异及其内在逻辑

（续表）

政党名称及成立时间	代表族群	核心诉求	参选及选举表现
罗姆公民倡议（Roma Civic Initiative，1989，2005 年解散）	捷克的罗姆人	保护罗姆人权利，推动罗姆人参政，反对新纳粹主义	从未进入捷克议会
罗姆民主社会党（Roma Democratic Social Party，2005）	捷克的罗姆人	改善捷克的罗姆人的社会、经济处境	从未进入捷克议会
摩拉维亚人党（Moravians，2005）	捷克的摩拉维亚人	*摩拉维亚人自决、独立；反对中央集权；要求欧洲重新划定国界和建立新国家*	从未进入捷克议会
宪法党（Constitution Party，1994，2008 年解散）	爱沙尼亚的俄罗斯人和俄语群体	*亲俄；与爱沙尼亚亲俄团体联系紧密*	早期连续进入国家议会，2003 年后未能进入议会，2008 年解散
爱沙尼亚俄罗斯人党（Russian Party in Estonia，1994，2012 年解散）	爱沙尼亚的俄罗斯族人和俄语群体	亲俄；俄罗斯民族主义	1995 年与宪法党组成联盟竞选，进入议会。2003 年之后未进入议会，2012 年解散
中心党（Center Party，1991）	爱沙尼亚的俄罗斯人和俄语群体	代表俄罗斯族及俄语群体利益	稳定进入议会
拉脱维亚俄罗斯联盟（Latvian Russian Union，1998 为政党联盟，2007 年始为独立政党）	拉脱维亚的俄罗斯人和俄语群体	给予俄罗斯人以公民身份；支持加强与俄罗斯的联系；反对拉脱维亚加入北约	2010 年前稳定进入拉脱维亚议会，2010 年之后再未进入

207

(续表)

政党名称及成立时间	代表族群	核心诉求	参选及选举表现
社会民主和谐党（Social Democratic Party "Harmony"，2009）	拉脱维亚的俄罗斯人和俄语群体	与俄罗斯政府、统一俄罗斯党关系密切	稳定进入拉脱维亚议会
立陶宛俄罗斯联盟（Lithuanian Russian Union，1995）	立陶宛的俄罗斯人和俄语群体	保护俄罗斯人及俄语群体利益	偶尔进入立陶宛议会
立陶宛波兰人选举行动（Electoral Action of Poles in Lithuania，1994）	立陶宛的波兰人	保护波兰人利益；支持天主教会；加强学校宗教教育	经常进入议会，多次进入执政联盟
塞尔维亚人民党（Serb People's Part，1997，2009年解散）	黑山的塞尔维亚人	保护塞族权利；反对2007年宪法；支持双重国籍政策	1998年参加议会选举，惨败；2000年后通过联盟参选，连续进入议会
阿尔巴尼亚人民主联盟（Democratic Union of Albanians，1993）	黑山的阿尔巴尼亚人	保护黑山的阿尔巴尼亚人权利	偶尔进入黑山议会
新民主力量(New Democratic Force，2005)	黑山乌尔齐尼镇（Ulcinj）的阿尔巴尼亚人	保护阿尔巴尼亚人权益	乌尔齐尼镇支配性政党，偶尔进入黑山议会
阿尔巴尼亚选择党（Albanian Alternative，2006）	黑山的阿尔巴尼亚人	维护阿尔巴尼亚人的民族权益	经常进入国家议会
波斯尼亚克党［Bosniak Party (BS)，2006］	黑山的波斯尼亚克人	维护波斯尼亚克人权益	稳定进入黑山议会，有时进入执政联盟
克罗地亚公民倡议（Croatian Civic Initiative，2002）	黑山的克罗地亚人	维护克罗地亚人权益	在蒂瓦特(Tivat)和科托尔(Kotor)具有较大影响力，偶尔获得议会预留席位

(续表)

政党名称及成立时间	代表族群	核心诉求	参选及选举表现
融合民主联盟（Democratic Union for Integration，2001）	北马其顿的阿尔巴尼亚人	维护阿尔巴尼亚人权益	阿尔巴尼亚人的最大政党，稳定进入国家议会，经常参与执政联盟
民主繁荣党（Party for Democratic Prosperity，1990）	北马其顿的阿尔巴尼亚人	维护阿尔巴尼亚人利益，总体温和	早期稳定进入议会，2011年后未进入议会
北马其顿罗姆联合党（United Party of Roma in Macedonia，2002）	北马其顿的罗姆人	维护罗姆人权益	与其他政党联合参选，从未进入议会
罗马尼亚匈牙利人民主联盟（Democratic Alliance of Hungarians in Romania，1989）	罗马尼亚的匈牙利人	支持匈牙利人利益；主张匈牙利人实现自治；权力下放	稳定进入罗马尼亚议会，并经常获得政府高层职位
特兰西瓦尼亚匈牙利人民党（Hungarian People's Party of Transylvania，2011）	罗马尼亚的匈牙利人	在特兰西瓦尼亚建立匈牙利人的议会和政府，实现匈牙利人区域自治	从未进入议会
罗姆党（The Party of Roma，1990，2008年改名罗姆社会民主党）	罗马尼亚的罗姆人	维护罗姆人权益	从未达到当选门槛，但长期获得一个议会预留席位
匈牙利公民党（Hungarian Civic Party，2001）	罗马尼亚的匈牙利人	匈牙利人在塞克勒（Szeklerland）实行区域自治	稳定进入地方议会和政府，从未进入国家议会
伏伊伏丁那匈牙利人联盟（Alliance of Vojvodina Hungarians，1995）	塞尔维亚的匈牙利人	推动伏伊伏丁那匈牙利人区域自治	稳定进入地方政府，经常进入国家议会

(续表)

政党名称及成立时间	代表族群	核心诉求	参选及选举表现
桑扎克民主行动党（Party of Democratic Action of Sandžak，1990）	塞尔维亚的波斯尼亚克人	波斯尼亚克民族主义，自治	稳定进入塞尔维亚议会
罗姆党（Roma Party，2003）	塞尔维亚的罗姆人	维护罗姆人的权益	偶尔获得一个议会保留席位
桥党（Most-Híd，2009）	斯洛伐克的匈牙利人	维护匈牙利人的权益；推动族际合作	稳定进入议会，但2020年未通过当选门槛
匈牙利族群党（Party of the Hungarian Community，1998）	斯洛伐克的匈牙利人	维护匈牙利人权益	2010年前稳定进入议会，2010年后未进入议会

加拿大政党体制的转型与调整：
卡特尔化与政党全国化

复旦大学国际关系与公共事务学院　王晓青

加拿大政党体制是仿照英美建立的两党制，但在发展变迁中形成了独具特色的"两个半党制"或者说"非完全两党制"。进入20世纪后，加拿大从两党轮流执政的时代逐渐进入多党相互竞争的时代，一些所谓"第三政党"先后进入联邦议会，20世纪90年代一些"第三政党"影响力显著提升，一度成为最大的反对党，组织建立多数党政府，冲击了两党制的基础。2003年保守党经合并后势力回升，目前加拿大5个联邦政党的实力对比渐趋稳定。从选举制度和权力架构看，加拿大政党体制百年来似乎没有太大的变化，自由党和保守党轮流执政，从未有第三党赢得执政地位，但深究各个政党内部结构、政党间竞争以及政党与国家、社会关系，加拿大政党体制其实发生了深刻的变化。尤其是近半个世纪以来，主要政党为了保持自身实力、获取政治权力，不得不根据外部环境、选民基础的变化进行策略与战略上的调整改革。本文认为，20世纪70年代以后，加拿大联邦政党出现了卡特尔化的倾向，但由于历史传统、法律制度以及选区特性等约束，卡特尔化政党的生存环境受到抑制。联邦政党的地方利益和政党认同遭受打击，倒逼主要政党加快组织建设、调整选举策略，通过政党全国化的策略以对抗地区性危机对加拿大政党政治的影响。

国内外学界对加拿大政党的关注从其政党体制、特定政党的组织结构逐渐转向选举策略、政党间关系、地方政党等领域。近年来,有关加拿大政党政治的研究议题更加多元,视角更加微观,尤其是加拿大学者运用多重方法对政党的立法投票、选举竞争、少数族群利益等议题进行了深度研究,为理解加拿大政党的体制特征及其变化提供了理论框架和经验证据。本文尝试结合卡特尔政党理论和政党全国化理论分析加拿大政党体制的变迁,阐述加拿大政党的卡特尔化现象及其向政党全国化的转向,并分析加拿大政党体制的内在张力。

加拿大是否进入或曾进入卡特尔政党阶段,如何理解加拿大政党全国化特征,以及半个世纪以来加拿大政党体制是否存在转型与调整,关于这些问题,既有研究提供了一定的线索。首先,20世纪末,许多学者试图通过卡特尔政党理论来解释加拿大政党发展状况,但对比当时欧洲国家,加拿大缺乏政党之间合作共谋的历史传统。此后,有关政党财政、政党竞争的研究揭示加拿大政治中存在许多有利于卡特尔政党产生的因素,譬如国家对政党的资助、主要政党对执政权的垄断等,但加拿大政党政治始终未完全符合卡特尔政党理论的定义。其次,传统观点认为加拿大政党体制存在显著的地区化倾向,尤其是1993年联邦选举之后,其国内涌现了大量关于政党地区化的研究,然而通过地区化的研究视角无法观察加拿大政党体制的整体变化,因此,一些学者反其道而行,借助政党全国化理论对相关议题进行概念界定、假设测量等,这对于理解体制的变迁有很大的帮助。就以往评判政党制度的指标而言,加拿大政党体制自20世纪20年代以来没有显著变化,譬如"1935年至1993年间,加拿大有效政党数量基本上停留在3",[①]由于这一研究截至1993年,无法获知此后政党格局中的有效政党数

---

① Scott Pruysers, Anthony Sayers and Lucas Czarnecki, "Nationalization and Regionalization in the Canadian Party System, 1867-2015", *Canadian Journal of Political Science*, Vol. 53, No. 1, 2020, pp. 151-169.

量的改变,同时数据中缺乏对加拿大政党体制及政党内部的深层分析,极易忽略半个世纪以来加拿大政党体制中出现的新变化。

一、概念界定与内涵分析

(一) 何为"卡特尔政党"

"卡特尔政党"这一概念最早由理查德·S.卡茨(Richard S. Katz)和彼得·梅尔(Peter Mair)提出,1995年他们在论文"Changing Models of Party Organization and Party Democracy: The Emergence of the Cartel Party"(《政党组织和政党民主的变化模型:卡特尔政党的出现》)中提出,"我们看到一种新的政党类型的出现:卡特尔政党,政党依赖于国家成为国家代理人,并通过政党之间的共谋维持集体生存"。[①] 卡茨和梅尔发现20世纪70年代以后,西欧政党之间的竞争愈发激烈,而政党也通过大选过后重新联合的方式应对参与率下降、选民流失等问题,在总结西方政党组织形态的变迁过程后,他们认为政党的"卡特尔"模式,是继产生于资产阶级议会中的"干部型政党"、产生于社会主义群众运动中的"大众性政党"以及为了适应选举需要而形成的"全方位政党"后的第四种政党形态,或者说政党发展的第四阶段,是当代政党逐渐走向国家并在一定程度上与国家结合的产物。

在此之后,卡特尔政党成为政党类型学研究的重要内容,引发了国内外学者对卡特尔政党的概念研究、实证研究。德国学者克劳斯·德特贝克(Klaus Dettabeck)在卡茨、梅尔文章的基础上,将卡特尔政党的分析维度概括为组织结构、政党功能和政党竞争三

---

① Richard S. Katz and Peter Mair, "Changing Models of Party Organization and Party Democracy: The Emergence of the Cartel Party", *Party Politics*, Vol.1, No.1, pp.5-28.

个,并由此延伸出不同的经验指标进行欧洲国家间的比较。就组织结构而言,"公职政党"地位上升并主导政党内部的行政和决策机构,而政党活动分子的影响力降低,不仅如此,处于中央层级的政党精英试图减少地区的影响,而处于地方层级的政党则会更加坚守地区利益;就政党功能而言,政党逐渐失去了履行社会功能的能力而转向强调议会和政府职能,更加依赖国家资源;从政党竞争的维度看,一方面主要政党通过合作来获取权力和利益,另一方面,卡特尔化的政党为维持特权往往对新党进行一定程度的排斥。[1]

国内学者对卡特尔政党的理解大体沿着上述的几种思路,认为卡特尔化政党的公职部分具有特权地位,尤其是这种地位的确立不依靠党的其他部分的支持,而是依赖于与国家的密切关系。[2] 不同的是很多学者强调从政党与国家、政党与社会的相互关系来理解这种新型的政党。胡伟、孙伯强从政党与公民社会及国家之间的关系、政党在选举竞争中的特征以及政党组织体系内部特征三个维度进行阐释,他们指出"随着专业化程度的不断增加,议会中的政党组织积累了越来越多的经济和人力资源,最终导致了公职机构中的政党在整个卡特尔型政党中处于支配地位"。[3] 或者可以说卡特尔化政党的主要特征是,"首先,在国家和社会之间,政党与国家结合得更紧密而疏远社会,政党的资源取向从社会转向国家;其次,政党领导人的作用上升,公职人员在党内占有优势,能够控制政党为国家服务;再次,主要政党在相互竞争的同时,又在某种程度上联合起来垄断国家提供给政党的资源,进而垄断国家

---

[1] Klaus Dettabeck," Cartel Parties in Western Europe?" *Party Politics*,Vol. 11, No.2, 2005, pp.173-191.

[2] 李路曲:《论欧美政党组织形态和权力结构的变迁》,《政治学研究》2007年第4期,第63—70页。

[3] 胡伟,孙伯强:《政党模式的理论建构——以西方为背景的考察》,《马克思主义与现实》2005年第5期,第75—81页。

政权"。① 高奇琦、张佳威在比较德特贝克和荷兰学者英格丽·范·比岑（Ingrid Van Biezen）及佩特·科佩基（Petr Kopecky）②的观点后，提出从组织结构、政党竞争、社会基础、财政资助这四个维度进行考量。如其所言，"组织结构、社会基础和财政资助等维度意在突出卡特尔政党逐渐脱离社会而靠近国家甚至与国家结合的特征"。③

与早先的欧洲政党相比，卡特尔政党的组织结构、竞争形态以及政党与国家和社会之间的关系等各方面都发生了明显的变化，核心则是政党在国家和社会中的定位和功能问题。无论是公职人员党内的强势地位，还是资源取向的变化，或是政党联盟与排斥新党，都需要通过政党融入国家、国家渗透政党的路径。政党依赖国家资源并成为国家的代理人，增强了政党执政的"合法性"，主要政党之间的共谋和基层政党地位的下降，不可避免地降低了政党与社会的粘性，关于政党与利益群体之间的剥离是否导致大众意志被削弱，成为一个新的重要的问题，因为这涉及政党在选票中的"代表性"问题。这也是为什么一些学者认为政党的卡特尔化是西方政党政治危机的表现之一。"在卡特尔模式下，政党的代表性不断受到削弱，合法性遭到严重侵蚀，民主政治只余空壳"。④ 在实证研究中，由于卡特尔政党定义本身的缺陷，目前学界未形成统一的、有效的衡量标准，因此在具体区分和判断卡特尔政党的过程中存在一些困难。

---

① 胡本良：《西方政党卡特尔化研究——以政党政府关系为研究视角》，北京大学政府管理学院 2011 年博士毕业论文，第 45—54 页。

② Ingrid Van Biezen and Petr Kopecky, "The Cartel Party and the State: Party-State Linkages in European Democracies", *Party Politics*, Vol. 20, No. 2, 2014, pp. 170-180.

③ 高奇琦，张佳威：《卡特尔政党模式在德国的兴起及其动因分析》，《德国研究》2016 年第 1 期，第 16—30 页。

④ Richard S. Katz and Peter Mair, "Cadre, Catch-All or Cartel? A Rejoinder". *Party Politics*, Vol. 2, No. 4, 1996, pp. 525-534.

(二) 何为西方"政党全国化"

"政党全国化"(party nationalization)一词源于20世纪50年代对美国政党的研究。1954年美国著名政治学家谢茨施耐德(Elmer Eric Schattschneider)在研究中提出了"nationalization of party alignments"(政党联盟的全国化),①在此基础上,1959年美国学者高盛(Ralph M. Goldman)在对谢茨施耐德的研究回顾中使用了"party nationalization"一词,这是目前该词最早出现的记录。② 谢茨施耐德认为,美国两党选举在1932年以前呈现明显的地理分割,共和党的支持者主要在美国北部各州(包括东北地区和中西部),而民主党的支持者则分布在南部各州。经过经济大萧条、二战和冷战等一系列危机,美国选民的关注点才逐渐集中到涉及国家整体利益的问题上,促成了一个全国范围的利益共同体的形成。③ 在此之后,唐纳德·斯托克斯(Donald Stokes)通过政党全国化来讨论全国性事件对选举的影响,他认为在地区性影响(district effect)较小的情况下更容易发生"选举的国家化"(nationalized),并提出将国家性影响(national effect)作为政党支持率变化的一项衡量指标。此外,美国学者威廉·克拉格特、日本学者川人贞史(Sadafumi Kawato)在讨论美国的政党全国化时,重点从选民的角度出发,强调"不同选区中党派支持水平的趋同性""不同地理单位对政治力量的反应的同质性"。④ 西班牙学者伊格纳

---

① 谢茨施耐德曾于1954年在某一书评中提出"nationalization of party alignments"。
② Scott Morgenstern, *Are Politics Local?: The Two Dimensions of Party Nationalization around the World*, Cambridge University Press, 2017, p. 12.
③ Elmer Eric Schattschneider, *The Semi-Sovereign People: A Realist's View of Democracy in America*, Holt, Rinehart and Winston, 1960.
④ William Claggett, William Flanigan and Nancy Zingale, "Nationalization of the American Electorate", *American Political Science Review*, Vol. 78, No. 1, 1984, pp. 77-91.

西奥·拉戈和何塞·拉蒙·蒙特罗(Lago,Montero)等学者为了有效测量政党全国化的程度,提出了"政党全域化"的最小定义,即政党竞选候选人所占地区的比例。政党全国化的进程即意味着用全国性政党逐渐取代地区性政党。[1] 由此可知,政党的全国化意味着特定政党在全国范围内的地域扩张或组织渗透,而政党体制的全国化则说明一个国家的整体的政党全国化,这既是一个过程,也是结果。它与特定的政治环境、选举制度和选民认同密切相关,同时也与政党的组织能力、选民基础相关,从政党自身看,其实质是政党的生存策略。

从概念可知,西方政党全国化不同于国家建构(state building)层面的"政党国家化""国家政党化",后者更多地表示政党在一定的政体和政党制度下,通过民主、合法的方式掌握、巩固国家政权的过程。西方政党的全国化主要表现为千方百计争取选举胜利,争取本党党员占据议会席位、影响立法进程,强调基于选举的政党策略,并且作为"整体的部分"[2]的西方政党往往始于地方,因此基于整体选区的政党的全国化进程反而缺乏最初的合法性,需要历经政党组织和制度的建构。

综上所述,卡特尔政党和政党全国化虽然是关于政党组织和形态的两种不同的定义,但实质都勾画了西方政党向国家靠拢的进程,卡特尔政党主要针对的是联邦政党、议会内政党的组织结构和运行方式的特征,而政党全国化意味着政党从基层到中央、从地方到全国的组织转型和发展,二者均是政党为适应多党竞争、增强自身韧性的结果,是西方政党体制变化的重要信号,然而二者都不

---

[1] Ignacio Lago and José Ramón Montero, "Defining and Measuring Party System Nationalization", *European Political Science Review*, Vol. 6, No. 2, 2014, pp. 191-211.

[2] [意]乔万尼·萨托利:《政党与政党体制》,王明进译,商务印书馆2006年版,第11—51页。

可避免地引发了代议制度的内在张力。对于加拿大政党而言，面对强大的族群冲突和地区力量，政党（尤其是联邦政党）不得不强化与国家的关系，通过组织结构的优化和制度的调整缓和中央与地方的关系，通过在选举和议会中的相互作用，或合并促进，或压制抵消，合力维持着稳定的政党政治。在这一进程中，加拿大政党体制的动态应对是至关重要的。

二、加拿大政党体制的变迁：基本概况

早在几十年前，乔万尼·萨托利（Giovanni Sartori）就指出，不同于其他两党制的国家，加拿大政党有很多"怪异的地方"，比如"两个半党"的竞争模式，"循环性复兴和长期存在的第三政党"。[①] 半个世纪过去了，加拿大政党似乎仍然具有如上的特征。然而，不同的是，政党与社会和国家的关系发生了明显的改变。对于现代民主政治而言，国家、政党和社会是现代民主政治中最为重要的概念，通过观察三者之间的关系来分析特定国家的政治生态和权力分配成为最为普遍的一种研究视角，本文关于加拿大政党卡特尔化和政党全国化的讨论离不开对政党-社会-国家关系的讨论。

（一）18世纪中期到20世纪70年代：基本概况和社会基础

加拿大政党在建立之初，是典型的社会性政党，无论是保守党还是自由党，都拥有活跃的社会力量的支持。譬如最早的右翼政党——自由保守党[②]（保守党前身）当时与英裔商人利益集团保持

---

① ［意］乔万尼·萨托利：《政党与政党体制》，王明进译，商务印书馆2006年版，第274—275页。

② 加拿大保守党前身是1791年至1840年各省代议制政府时期的托利党。1854年，各省的保守派重新组合建立自由保守党。1867年加拿大自治领建立后，自由保守党组织第一届政府，此后多次执政。1942年正式改名为进步保守党。2003年进步保守党与加拿大联盟合并成为加拿大保守党。

密切的联系,在成为执政党后代表了东部地区银行保险业、铁路运输业、能源工业垄断资本和大农场主的利益,而西部地区的农民、部分法裔群体则组建了进步党,与自由党结盟,并逐渐吸引了不同种族、宗教、经济和地区利益群体的支持,此后又逐渐靠向美裔群体。20世纪30年代后,社会主义运动使得加拿大工人阶层活跃,费边主义者、农民和劳动群体等的集合形成了新民主党的前身——平民合作联邦党。可见,加拿大政党在建立之初往往基于特定的社会基础和选民基础,具有很强的社会性和地区性。

尽管如此,在很长时间里加拿大政党间竞争并不激烈。在加拿大联邦的历史发展中,19世纪末是保守党的时代,而20世纪初被称为是自由党的时代。因为在这两个时期,除了自由党和保守党以外,再也没有其他党派能够与这两党相抗衡。当然这一平衡状况并没有维持太久,一方面保守党失去了原有的竞争力,长期处于在野地位,无法跟自由党相抗衡;另一方面1921年以后,加拿大的政治舞台上相继出现了活跃的第三党,不仅仅是国家进步党的突然兴起,还有社会信用党,以及之后新民主党的建立和进步保守党分裂后建立的改革党和魁北克集团等。不过,第三党虽然发展迅速,在联邦大选中也赢得了不少的选票和议席,但是和自由党相比,其仍然没有执政优势。

20世纪60年代后,西方世界的选举权得到了极大的普及,但各国党员数量和选民投票率却降低了,"各国登记为政党党员的人数大幅下降,各党党员占选民比重大幅下降,使得几乎所有欧美政党都不得不放弃继续维持大众组织的假象"。[①] 在这一背景下,加拿大政党面临着与其他欧美政党一样的社会处境,主要政党不仅面临着忠实选民的流失,也遭遇着财政的危机,整个政党体制面临

---

① 王绍光:《政党政治的跨国历史比较》,《文化纵横》2018年第8期,第66—75页。

着转型的压力。

(二) 20世纪70年代到90年代初:政党卡特尔化的争议

因此,当欧洲国家政党普遍出现卡特尔化现象时,加拿大学界也开始反思国内政党政治的变化。根据卡茨等人对卡特尔政党的界定——政党与国家之间的相互渗透以及政党之间的联合共谋,加拿大似乎并未出现"合格的"卡特尔政党,因为鲜有证据证明加拿大政党之间结成了有效联盟并共谋。对这个问题,加拿大学界也有众多讨论,比如希瑟·麦克沃(Heather MacIvor)曾于1996年撰写《加拿大政党形成卡特尔了吗?》(Do Canadian Political Parties form a Cartel?)一文,他认为"卡特尔政党(模式)并不完全适用于加拿大政党"。① 因为相比欧洲大陆国家,譬如奥地利、瑞典等国的政党联盟,加拿大政党没有合作的历史传统。尽管政党之间存在一定竞争,但没有任何一个政党强大到一党执政,也没有政党之间形成稳固的政党联盟。丽莎·杨(Lisa Young)在1998年发表了《加拿大的政党、国家和政治竞争:对卡特尔政党模式的重新思考》(Party, State and Political Competition in Canada: the Cartel Model Reconsidered)一文,以卡特尔政党理论审视了加拿大政党的状况。她通过对加拿大政党公共资金及其资金监管的调查认为,尽管加拿大联邦政党存在垄断国家资金的共谋现象,并阻碍新的政党进入政党体系,但它们并没有像卡茨和梅尔所描述的那样转变为卡特尔政党,而是在充分监管的前提下控制了政党竞争。当然,支持加拿大政党已经卡特尔化观点的学者认为,加拿大政党的资源取向、大党之间的勾结占有国家财政补贴以及排斥新党等现象,已经说明了加拿大政党的卡特尔化。

---

① Heather MacIvor, "Do Canadian Political Parties Form a Cartel?" *Canadian Journal of Political Science*, Vol. 29, No. 2, 1996, pp. 317-322.

加拿大政党体制的转型与调整:卡特尔化与政党全国化

实际上,加拿大政党(包括省级政党和联邦政党)的经费最初是由政党基金中心分配的,资金的主要来源是社会上的各种企业,但这一做法加剧了省级政党与联邦政党的竞争和抗衡,也助长了选举活动中的腐败行为。为了尽可能地确保选举的公正性,限制和规范选举经费的筹集和开支,加拿大于1974年颁布了《选举经费法》,正式确立了选举经费制度,围绕政治捐款的主体和限额、选举经费开支、公共财政补贴等做了明确的要求和限制。公共财政通过直接资助或减免税收的方式鼓励政党和候选人的参与,这一财政政策和选举规则不仅增强了主要政党的财政实力,同时也改善了小党的财政状况,对一些小党具有积极的影响。

数据显示,在1974年《选举经费法》颁布后,一方面联邦大选中注册政党的数量不断增加(详见图1)。在此期间,1997年、2019年政党数量有所下降,这是由于受到选举法案调整以及政党注销的影响,但没有改变注册政党不断增加的趋势,可见加拿大政党体制是鼓励政党的有序创建、注销的,从而保障选举活动的进行,但政党数量较多自然会加剧体制内政党之间的竞争性。另一方面,各政党开始获得大量的政府资助,《选举经费法》的出台控制了选举成本,通过报销全国性政党的选举费用、报销候选人

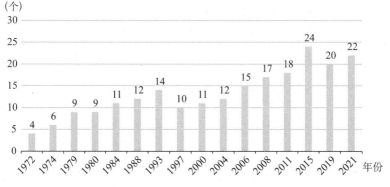

图1　联邦大选中注册政党的数量(1972—2021年)

的选举费用以及对政治捐款税收抵免的策略,为各政党获得公共资金提供了法律监管。资料显示,在 1979—1988 年选举期间,加拿大政府给三个大政党(自由党、保守党和新民主党)的国家补贴占三个政党总开支的平均比重为 37%,未能达到 50%,并且这一补贴呈下降趋势。反而是一些其他小党所获得的公共补贴比重更高,说明当时的国家补贴并未构成加拿大政党的主要资金来源,政党资金没有完全依赖国家,还是需要争取社会捐款。此外,在 1993 年以前,尽管自由党、保守党和新民主党之间的关系密切,但赢得多数议席的政党单独组成政府,从不与其他政党组成联合政府(详见表 1)。由此可见,加拿大政党并未完全形成稳定的合作联盟,无论是在资金还是权力方面都无法完全依赖国家,换句话说,加拿大政党并不符合卡茨和梅尔对卡特尔政党的定义条件。

表 1 1980 年以来加拿大联邦选举获胜的执政党

届次	时间	执政党
第 32 届	1980 年 2 月 18 日	加拿大自由党
第 33 届	1984 年 9 月 4 日	加拿大进步保守党
第 34 届	1988 年 11 月 21 日	加拿大进步保守党
第 35 届	1993 年 10 月 25 日	加拿大自由党
第 36 届	1997 年 6 月 2 日	加拿大自由党
第 37 届	2000 年 11 月 27 日	加拿大自由党
第 38 届	2004 年 6 月 28 日	加拿大自由党
第 39 届	2006 年 1 月 23 日	加拿大保守党
第 40 届	2008 年 10 月 14 日	加拿大保守党
第 41 届	2011 年 5 月 2 日	加拿大保守党
第 42 届	2015 年 10 月 19 日	加拿大自由党
第 43 届	2019 年 10 月 21 日	加拿大自由党
第 44 届	2021 年 9 月 22 日	加拿大自由党

加拿大政党体制的转型与调整：卡特尔化与政党全国化

但加拿大政党在 20 世纪 70 年代至 90 年代期间，的确存在着以政党共谋为特征的政党卡特尔的趋势。当时的自由党、进步保守党和新民主党凭借在联邦众议院中的影响力，通过了《加拿大选举法》和《加拿大选举开支法》，法律中对选举活动、竞选条件的限制有利于老党却不利于小党和新党的产生。① 加拿大学者认为，加拿大政党确实曾经形成了卡特尔联盟。② 但是，1993 年的大选彻底改变了主要政党合作的情况，魁北克集团、改革党在议会的崛起彻底打破了自由党、保守党的统治格局，新民主党也不再是唯一的第三党，这注定了加拿大政党卡特尔趋势的式微。

尽管 2000 年后，《加拿大选举法》使加拿大政党彻底地转变为依赖国家资助③，这标志着政党向国家的进一步靠拢，但加拿大联邦政党的组织结构、默认的党际关系与选举规则已经不再利于卡特尔政党的生存了。即使在联邦大选中获胜的执政党是少数党，执政党也不会与其他政党组成联盟。这种做法和对抗性的政党政治使得政党建立选举联盟的可能性很小。另一方面，加拿大各政党普遍采用公开的规则选举政党领导人，政党领导人也没有法律上的豁免权，这也与主流的卡特尔政党的特征相悖。在新的环境下，加拿大政党必然会重新调整自身与国家的关系，获取和维持在政党竞争中的影响力。

---

① 向文华：《西方卡特尔政党理论研究述评》，《政治学研究》2013 年第 4 期，第 101—113 页。
② Lisa Young, "Party, State and Political Competition in Canada: The Cartel Model Reconsidered", *Canadian Journal of Political Science*, Vol. 31, No. 2, 1998, pp. 339-358.
③ 2004 年前，加拿大大多数政党选举年收入的 1/3 来自国家补贴；2004 年后，魁北克集团和绿党的收入几乎全部由国家资助。其他政党收入的 4/5 来自国家补贴；新民主党不完全依赖国家公共财政，但其 3/5 的收入来自国家的资助。

三、从卡特尔化到政党全国化:政党地区化的倒逼效应

(一) 1993年选举格局的突变

1993年的联邦选举给予加拿大政党政治一次不小的震荡。在1993年以前,加拿大的两大执政党从不会怀疑自身的执政优势。然而1993年大选后,其结果打破了原有的"政治常态",[①]进步保守党地位受到重创,新党兴起且势头强劲。实际上,自20世纪60年代以来,自由党、进步保守党、新民主党三大联邦政党之间达成了一种类似卡特尔联盟的合作默契,使其通过选举、议会法案等方式共谋利益以巩固自身立场,但这种稳定的关系在1993年突然崩溃,并由此改变了加拿大政党的传统格局。

表2详细呈现了1958年至2004年联邦选举中各政党的选票及议席情况。从1867年到1958年,加拿大众议院议席的多数由自由党和进步保守党斩获。尽管在此期间新民主党的兴起打破了两党的平衡,但是两党在历次选举中依然能够获得4/5的席位。然而,这一格局在1993年被打破了,进步保守党作为原执政党遭到了选民的彻底抛弃,对比1988年大选后,进步保守党彼时拥有43%的选票,在众议院295个席位中占据169席。然而1993年联邦选举后,进步保守党只获得了16%的选票,在国会中只占据了2个席位。而作为地区性政党的魁北克集团获得了省内半数以上选民的支持,获得了众议院的54个席位,从默默无闻的小党一跃成为众议院正式的反对党。此外,与魁北克省的地区性政党相同的是,加拿大西部的马尼托巴、萨斯喀彻温、阿尔伯达以及不列颠哥

[①] 尼尔·内维特、理查德·约翰斯顿、安德烈·布莱、亨利·布雷迪、伊丽莎白·吉登吉尔、冯炳昆:《加拿大选举格局的突变:论1993年加国联邦大选》,《国际社会科学杂志》(中文版)1996年第4期,第81—98页。

表2 1958—2004年历次联邦选举中各党所获议席数量及选票占比①

选举年	执政党	议席总数(个)	保守党	自由党	新民主党	改革党	魁北克集团	其他政党	主要政党②席位占比	主要政党②选票占比
1958	保守党③	265	208(54%)	49(34%)	8(9%)	—		0(3%)	100%	97%
1962	保守党	265	116(37%)	100(37%)	19(14%)	—		30(12%)	89%	88%
1963	自由党	265	95(33%)	129(42%)	17(13%)	—		24(12%)	91%	88%
1965	自由党	265	97(32%)	131(40%)	21(18%)	—		16(10%)	94%	90%
1968	自由党	264	72(31%)	155(45%)	21(17%)	—		14(7%)	94%	93%
1972	自由党	264	107(35%)	109(38%)	31(18%)	—		16(9%)	94%	91%

① 数据参考加拿大选举网：https://www.elections.ca/，最后浏览时间：2022年8月18日；数据参尼尔·内维特、理查德·约翰斯顿、安德烈·布莱、亨利·布雷迪、伊丽莎白·吉登吉尔、冯炳昆：《加拿大选举格局的突变：论1993年加拿大选举大选》，《国际社会科学杂志》中文版1996年第4期，第83页。
② 主要政党是指1993年之前的保守党、自由党和新民主党，对比特纳入1997年的数据，此后加拿大政党格局变化已经改变，因此1997年后不再统计。
③ 表格中2004年之前的保守党皆为"进步保守党"，2003年进步保守党与加拿大改革党合并为"加拿大保守党"。此外，因绿党数据较少且与本文内容的关联性不大，因此在本表中未明确列出。

(续表)

选举年	执政党	议席总数（个）	保守党	自由党	新民主党	改革党	魁北克集团	其他政党	主要政党席位占比	主要政党[②]选票占比
1974	自由党	264	95(35%)	141(43%)	16(15%)	—	—	12(6%)	96%	93%
1979	保守党	282	136(36%)	114(40%)	26(18%)	—	—	6(7%)	98%	94%
1980	自由党	282	103(33%)	146(44%)	32(20%)	—	—	0(3%)	100%	97%
1984	保守党	282	211(50%)	40(28%)	30(19%)	—	—	1(n/a)	100%	97%
1988	保守党	295	169(43%)	83(32%)	43(20%)	—	—	0(4%)	100%	95%
1993	自由党	295	2(16%)	177(41%)	9(7%)	52(19%)	54(13%)	1(4%)	64%	64%
1997	自由党	301	20(18.8%)	155(38.5%)	21(11%)	60(19.4%)	44(10.7%)	1(1.6%)	65%	68%
2000	自由党	301	12(12.2%)	172(40.8%)	13(8.5%)	66(25.5%)	38(10.7%)	0(0%)	—	—
2004	自由党	308	99(29.63%)	135(36.73%)	19(15.68%)	—	54(12.39%)	1(5.56%)	—	—

伦比亚四省的大量选民支持了新的政党,即加拿大改革党,使其从选举前默默无闻到一举拿下52个席位,这在意识形态、政策纲领方面,极大地挤压了进步保守党的选民空间。1993年联邦选举之后,魁北克集团和改革党异军突起,作为两个地区性政党取得了历史性突破,而保守党和新民主党则受到重创,主要政党获得的议席席位占比从平均96%跌至64%。在1993年和1997年,魁北克、安大略等省份的选民大量抛弃了传统政党,从而推动了新政党登上政治舞台中央。魁北克集团和改革党的成功,意味着原有的最有可能组成卡特尔联盟的政党集团遭受重创,对许多学者来说这标志着加拿大政党制度的新开始。

(二) 政党地区化危机

1993年联邦大选的结果无疑显示了地区性政党的胜利,即使在此之前加拿大的确存在卡特尔联盟,在此之后则不复存在了。在加拿大历史上,从未有过哪一次联邦大选会产生如此明显的区域差异,给联邦议会和政府带来巨大的压力。一些学者开始反思加拿大的地区化所带来的选民分歧、制度分裂,以及日益分化的政党认同,当然也有学者以政党地区化为因变量,反思卡特尔政党对代议制的影响。

从地区主义角度看,加拿大地区性政党的兴起似乎由来已久,不可避免。由于地理和历史因素,加拿大各省份之间的差异化十分显著。一般认为,当联邦政党无法满足地区需求时,地方政党就会迅速兴起。20世纪70年代以来,处于优渥地理位置的魁北克省经济不断发展,该地法裔群体的民族主义意识也逐渐激进,推动着魁北克提出独立的主张。而拥有丰富的石油矿产但城市化水平较低的西部各省,则一直保有对地区发展的需求。80年代中后期,长期执政的自由党采取了牺牲西部发展东部的政策,导致西部各省转而支持了进步保守党。然而在进步保守党上台执政后,为了保持国家的完整,仍然不惜损害西部利益以寻求魁北克省的合作,其中进步保守党政府承认魁北克独特性的《米齐湖协议》使西部各省感到被抛弃和不公平。因此,在魁北克集团异军突起的同时,西部四省大力扶持改革党,最终也共同削弱了进步保守党在西部的选民基础。这一政党地区性的直接后果是,释放了加拿大政党制度的离心力,导致权力碎片化,削弱了联邦的施政能力。一些省份只支持自己的政党,甚至在本省政治中采取排他性措施,这也间接导致了政党政治在联邦和省两级脱节的现象。在联邦处于执政地位的政党,在某些省可能没有任何代表性,这就极大地限制了全国性政党整合和包容各省利益的能力,造成两级政治的分离。①"这些转变加剧了加拿大选民和政党制度的分裂。政党和选民之间的分歧被放大和成倍增加;政党支持和活动的区域基础更加清晰;选民的忠诚度和偏好在政策空间上更加分化。"②人们往往关注魁北克集团和改革党所带来的政党地区色彩,但是忽视了这一结果对两党轮流执政的政治基础、联邦与各省之间的权力互动造成的失衡。

随着地区化的发展,作为次国家选区的加拿大各省之间的政党竞争愈发激烈,导致地方恩惠主义和腐败集团的产生,而联邦层面的政策却难以下达到地方,使得加拿大政党在形成统一的国家政策方面难度更加大,这种状况可能导致选民对政党的不信任和选票的流失,并形成恶性循环。此外,魁北克集团等地方性政党往往具有分离主义倾向,并以此聚集了一大批选民,这种具有特定地域支持的政党往往会更加片面强调地区利益而忽视整体的利益和

---

① 李剑鸣,杨令侠:《20世纪美国和加拿大社会发展研究》,人民出版社2005年版,第200页。
② Ignacio Lago and José Ramón Montero, "Defining and Measuring Party System Nationalization", *European Political Science Review*, Vol. 6, No. 2, 2014, pp. 191-211.

目标,一旦执政可能对国家产生负面的影响,甚至对联邦国家的稳定性造成一定的影响。相比之下,制定国家纲领的政党更有可能制定渐进的、基于整体的再分配政策。

(三)政党全国化的发展

针对这一政治现状,加拿大一些政党并非无动于衷。与地区性政党不同,全国性政党能够得到领土范围内较为普遍的支持,理论上其施政纲领更具整体性和代表性,从而缓和政党地区化带来的危机。前面已经对政党全国化的由来与概念进行过介绍,本文倾向于将政党全国化视为一个政党为了争取选民和执政地位而采取的政治策略,它与政党卡特尔化一样都是为了维持发展的生存策略和政治工具。具体看,政党全国化是指联邦政党基于自身的组织模式和选举策略进行的组织拓展,譬如强化地方选区的基层组织、提高候选人的地域覆盖面、增强地方党组织之间的联结等,这既是政党内在的发展动力,也是执政党面对地区性危机所作出的战略选择。

那么,为什么自由党、保守党等采取了政党全国化的策略,而魁北克集团等政党则坚持地区性策略呢?加拿大政党的全国化不仅仅与政党自身的组织能力、政党意愿相关,还与其灵活的选举制度和政党制度为政党提供了两种选举策略有关:第一,一个政党可能会采用覆盖全国的选举方式,旨在赢得全国各地的议席,最终目标是赢得组建政府的权力;第二,一个政党可以以特定的省份为目标,只寻求这些核心选区的支持,以此获得选票,这种基于地区的策略使政党能够通过省级政治影响联邦政治。因此,对于加拿大政党而言,如何组合使用这些策略以及它们实施成功的程度,决定了一个政党实现全国化的特征和程度。

实际上,任何一个试图掌握国家中心权力的政党,都必然选择政党全国化的策略,加拿大主要政党亦是如此,它们的全国化历经了较长的历史演变。在联邦建立之初,保守党曾长期执政近三十年,形成了有利于自治领经济发展的"国家政策",完成了联邦的领土扩张,实现了加拿大作为一个统一国家的构想。然而,最早实现政党全国化的并非保守党,而是自由党在20世纪40年代率先实现了在全国所有选区建立党组织,推出候选人,吸引不同阶层的群体,并顺利地成了全国性政党,而保守党则在十年后实现了政党全国化。此后,新民主党依托其前身平民合作联盟的组织和资源,试图在工会的基础上使自己成为全国性政党,直到20世纪70年代,终于在地域和支持率上实现了全国化的提升。最为典型的案例是加拿大改革党,它最初是一个基于地方选区的政党,仅仅在加拿大四个西部省份提名候选人,仅占可用选区总数的24%。由于当时西部地区对联邦政党的不满,1993年改革党与魁北克集团一同在联邦选举中取得重大进展。不过与魁北克集团不同的是,改革党在此后一直试图扩大选民基础,争取保守派的选票。1998年,时任改革党领袖曼宁推出"联合备选"竞选活动,试图将改革党打造成一个以新的国家保守党的形象展开竞选,以吸引不同群体的支持,而不是固守改革党原有的西部选区的支持。[1] 2000年,改革党改组为"加拿大联盟",其势力从加拿大西部选区渗透至东部,表明了这一政党在全国化方面的意图和能力。在经历了近十年的斗争后,2003年加拿大联盟通过谈判与进步保守党正式合并,这一做法既整合和扩充了保守派政党的资源和组织结构,也避免了这两个右翼政党在全国范围内相互竞争而两败俱伤的风险。[2] 在2004年大选中,新成立的保守党获得了99个议会席位,而在之后的2006年和2008年选举中,保守党时隔近二十年终于打败了自由

---

[1] R. Kenneth Carty, William Cross and Lisa Young, *Rebuilding Canadian Party Politics*, University of British Columbia Press, 2000, pp. 56-59.

[2] 埃里克·贝朗格、让·弗朗索瓦·戈德布特、高雅琦:《政党为什么合并?——以加拿大保守党为例》,《比较政治学前沿》2017年第1期,第240—262页。

党,在联邦议会中组建了少数派保守党政府。

同一时期,绿党在全国范围内影响力增强,目前,加拿大五个联邦政党除魁北克集团外,全部实现了政党全国化。总体看,加拿大保守党、新民主党都是通过多次政党合并的方式才取得当下的成功,而政党合并能够迅速提升全国化程度,可见对政党的生存具有重要意义。此外,在加拿大联邦历史上昙花一现的国家进步党和社会信用党,则分别在20世纪30年代和60年代的全国化进程中失败,国家进步党的组织最终分裂退出,而社会信用党则退出了联邦舞台。在此期间,政党地区化的影响一直都存在,尽管政党全国化的趋势占主流,但在1921年、1945年的大选中,地区性政党仍然发挥了较大的作用,尤其是1993年后,学界普遍认为,加拿大政党体制发生了从"非完全两党制""两个半党制"向"一大党外加一党一党又一党"的多党制的历史性转变。

从政党体制的角度看,1993年的加拿大联邦选举使政党全国化水平骤减,这给联邦议会敲响了警钟,执政党继而采取的全国性政策以及改革党、绿党等党派实施的全国化策略,逐渐弥合了地区性政党所造成的政治裂痕。从这个角度看,政党地区化带来了危机,但并不意味着政党地区化完全是负面的,因为地区性政党的出现,往往能够迎合一个社会被忽视的群体的需要,尽管其冲击了既有的政党格局,但也能够在体制内倒逼加拿大主要政党对变化和要求作出反应。

四、体制转型中的平衡与发展

回顾加拿大政党体制的变迁可以发现,从最初稳定的"两个半党制"转变为"一大党外加一党一党又一党"的多党竞争模式的过程中,尽管呈现不同的阶段特征,但政党作为政治行为体在国家政治生活中的作用逐渐加强。当政党靠近国家形成卡特尔联盟时,政党本身作为代表社会某一部分群体利益的功能受到影响,在联邦政党试图通过众议院影响决策以维护本党利益的同时,其无法有效容纳不同地区的社会利益,因此代表地区利益的力量被唤醒和激活了,代表西部省份的地方政党"来势汹汹",有力地回应了政党卡特尔化所造成的政党代表性不足、地区利益分配不公等问题。政党地区化和地方分离主义所造成的碎片化压力使加拿大政党不得不采取在国家和社会之间寻求生存的空间,以期将地区利益合法转化为国家利益。可见,无论是政党卡特尔化还是政党全国化,都是政党在制度环境变化中所采取的策略转变或被动调整,然而由于政党在此过程中缺乏整体的布局和考量,倘若无法把握好与国家与社会之间的关系,将可能面临更为深重的危机。

(一) 平衡"代表性"与"领导性"

以英美的政党模型去套用加拿大的政党政治是不现实的,对特定政党或政党体制最好的理解方式,是深入其社会,在具体的时空场景下理解政党运作和国家构建的模式。从现代化及国家建构的角度看,以英美为代表的西方资本主义富裕国家在早期资本主义工业革命的推动下,率先实现了选举权的普及和全国市场的形成,推动了政治民主化的进程,为民族国家的建构奠定了物质和制度基础。作为北美殖民地的加拿大在没有历史包袱的条件下承袭了宗主国的制度传统,这一路径并无意外。但相比而言,加拿大既缺乏宗主国的政治传统和统治资源,也面临比美国更持久的族群分裂和地区主义压力,在早期资本主义动力失去优势而民族国家建构迫在眉睫的情况下,更重要的是利用内部的政治资源确立合适的发展路径。在此过程中,国家、社会和政党成了现代化进程中三股独立而彼此影响的力量,形成了独特的国家体制、政党组织和民意民情。就加拿大而言,虽然 1867 年宪法法案没有提及政党,但政党却"是加拿大人治理国家的一个重要政治工具",它们"集合

加拿大政党体制的转型与调整：卡特尔化与政党全国化

广泛的利益形成不同选民联盟，发挥着整个政治体系一体化的功能"。① 与同一时期发展起来的欧洲国家相比，加拿大以选民基础构建的社会力量异常强大，且以族群主义和地区主义的形式活动，并在移民政治中愈发呈现出复杂性。正因为这一情况，一些加拿大民众认为自己建立了公平开放的政党制度，使加拿大拥有一个民主而公开的政府；但另一方面，也有一些加拿大民众认为，当前的政党体制难以兼顾弱势选区，其政党代表性严重不足，而传统的左右两党的治理能力有限。的确，加拿大选举制度的运行尽管产生了一个人为的多数，但是实际上的多数并不存在。在以往两大政党轮流执政时期，加拿大西部和其他边缘地区的利益往往得不到充分的表达，区域之间的不平衡愈发明显，这就使加拿大社会会非常排斥政党的卡特尔化，而鼓励地方性政党的产生和发展。对于加拿大的政党而言，在政党竞争过程中，其必须在政党全国化的过程中处理好政党的"代表性"与"领导性"之间的关系，否则就会不断产生新的地方性政党。

无论是在加拿大联邦议会还是在省级议会，政党的生存离不开选民的支持和自身的实力，其隐含了政党所应具备的"代表能力"和"领导能力"。但这一观点在当前的政党政治中受到了挑战，因为它提供了这样一种联系和悖论：由于政府中政党"代表"的存在，政府应该照顾并实现那些政党所"代表"的群体的利益；但是，政府同时又作为一种"领导"者存在，应该更多地考虑整个社会、各个阶层的利益。② 政党执政的技巧，就体现在通过恰当的方式来控制政府，否则就会导致矛盾冲突的产生。以新民主党为例，新民主党虽从未成为联邦执政党，但它在地方政府层面积累了不少执

---

① Roger Gibbins, *Conflict and Unity: An Introduction to Canadian Political Life*, Nelson Canada, 1988, p. 365.
② 柴宝勇：《西方"政党政府"理论的新解读——涵义、运转、理论困境与发展趋势》，《探索》2007年第4期，第55—60页。

政经验。新民主党的主要社会基础是少数民族、工会和妇女，因此其在部分省份执政以后理应照顾加拿大社会的中下层阶层。但是，新民主党按左倾纲领执政必然会面临巨大阻力，在实际的政党治理进程中难以得到上层精英的支持。倘若要进一步发展，新民主党不仅要积极加强自身建设，在地区层面巩固原有选民基础，保持自身的"代表性"，同时必须扩大社会基础，吸收更多选民，制定更符合民众利益的社会政策，还应该积极寻求与自由党或其他党派精英的合作，以增强在执政中的领导力量。

（二）平衡"中间化"与"极端化"

执政基础中间化是加拿大政党应对社会变迁的战略选择，服务于政党内在执政的要求，对其执政的帮助显而易见，但同时也给政党带来一些难题和挑战。因为即便政党努力通过中间化扩展自己的执政基础，但社会多元化的发展使他们已无法像过去那样拥有比例可观的社会支持。同时，众多新党和小党的崛起又分散了政党支持的力量。这也使得政党在以中间化战略扩大执政基础的同时，努力维系本党原有的社会基础。这种支持基础的多元化使政党逐渐向全民性政党转变，但也正是这种由多个阶层群体组成的多元化使其支持基础异常脆弱。加拿大政党必须小心翼翼地在各地区选民间进行利益协调，这对政党来说确实是一个不小的难题，能否很好地应对这些难题和挑战在很大程度上决定了政党未来的政治命运。由于政党普遍采取中间化政策，导致相同政策空间下的政党竞争愈发激烈，很有可能导致政党选举的去政治化和极端化。美国学者丹尼尔·霍普金斯在其著作《越来越美国了——美国政党的政治行为是如何国家化的》中指出，20世纪以来美国的政党地方化尤其明显，因此很多人指责美国政党组织越来越松散，党纲越来越模糊，政党不是政党组织而只是一个选举人的机会主义联盟。在这种情况下，选民推选一个人，并非看这个人的能力和承诺，也并非看其所在政党的纲领和政策，而是看选举之后其能够带来怎样的利益恩惠。因此倘若政党想要赢得大选，就必须全国性地去筹款，要通过金钱去打选战谋选票，因此政党变得越来越极端，通过极端的言论政策来表达政党立场。

对于加拿大政党而言，其本身的意识形态色彩并不浓厚，为了获取选民的支持，左右政党之间的政策纲领可以采取中间化的路径，淡化意识形态色彩，但必须以经济发展和社会治理作为竞选的主要抓手。一方面，随着当代西方国家中间阶层日益壮大成为社会的主流力量，传统的左右各大政党都在逐渐向中间靠拢，并淡化自身的意识形态色彩，走中间化道路，以争取中间阶层的支持。另一方面，在经济全球化和各国竞争加剧的情况下，经济发展成为各政党最为关注的问题。因为选民最关注的是政党关于经济问题、社会问题等的解决方案和政党当政的政绩，并以此作为投票的依据。因此，无论是联邦政党还是省级政党，应该根据形势发展需要来调整和决定政策主张，使其更加温和、务实，以实用主义的态度来解决目前面临的社会经济问题，以获得选民的支持，避免因中间化造成政党极端化的结局。

五、小结

从理论内涵与政党结构的角度看，历史上的加拿大政党并未完全卡特尔化。就本文的讨论看，加拿大的卡特尔政党还未发展就面临强大的地区压力和法律限制，迫使其主要政党进行制度转型和调整。20世纪90年代，魁北克省以及西部各省面对联邦政党的"不公"迅速整合崛起，打破了自由党、保守党和新民主党的联盟格局，阻断了加拿大政党卡特尔化的可能，小党和新党得以在政策支持下迅速成长，并尽可能通过政党全国化的策略维持发展。加拿大政党的卡特尔化和全国化的发展在时间上具有延续性，尤其是在面临政党地区化威胁时。一方面政党卡特尔化趋势被打断,另一方面也极大地刺激了政党全国化的发展,二者实质上是政党体制自我调整的工具,促进了联邦政治的稳定和发展。

从历史变迁角度看,加拿大政党体制的转型相对缓慢,目前还处于调整变化中,当前的模式仅仅是政党变迁中的一个阶段,并不是政党政治的最终模型。但管窥见豹,近半个世纪加拿大政党的所作所为更多地体现了政党向国家靠拢、强化自身的整合功能和选举能力的策略。正如卡茨和梅尔所言,"西方民主社会政党的发展是一个辩证反思的过程,每一种新的政党类型都会产生一种刺激政党更进一步发展的反作用,从而导致产生另一种新的政党类型,接着又会产生另一种反作用,如此循环往复下去"。[1] 对于加拿大的政党而言,其天然成长在多族群的社会之中,作为国家治理的主导力量,政党需要在整体化和地区化的内在张力中获得生存发展,而政党体制在规范政党行为的同时也受到政党竞争的影响。因此,认识加拿大政党体制的转型与发展,不能仅仅从执政党的性质和数量来看,这样下结论往往"悬空"在政党制度的表面。未来对加拿大政党体制的研究,要在掌握足够文献数据的基础上,在历史的基础上比较加拿大政党在选区治理和选举模式上的转变,从而深入地理解加拿大政党、社会和国家的动态关系。

---

[1] Richard S. Katz and Peter Mair, "Changing Models of Party Organization and Party Democracy: The Emergence of the Cartel Party", *Party Politics*, Vol. 1, No. 1, pp. 5-28.

附 录

（一）学术会议精华综述

第五届"复旦-政治思想史"会议综述

2021年4月17、18日,由复旦大学国际关系与公共事务学院政治学系、复旦大学陈树渠比较政治发展研究中心和复旦大学世界政党研究中心联合主办,主题为"施米特:现代政治秩序的危机"的第五届"复旦-政治思想史"年会在文科楼615会议室举行。来自中国人民大学、南开大学、浙江大学、厦门大学、复旦大学,商务印书馆等高校和相关机构的18名专家学者参加会议。本次研讨会旨在重读施米特著述、重温施米特问题,彰明其著述,赓续其学问,发扬其思想。专家学者们围绕"施米特思想评析""施米特与西方""施米特与中国"议题开展了广泛而深入的讨论,主要发言内容如下。

河南大学徐戬老师评述了施米特的世界历史观,围绕"封熊"(陆地大国)与"长鲸"(海洋大国)的生存搏斗,剖析两种迥异的政治原则,具体阐发施米特以空间意识为核心的世界历史观,为审视当今的"东方-西方"问题开启了一个值得探讨的历史视域。

浙江大学李哲罕老师认为施米特的理论可以被视为政治系统优先性的最后一次伟大尝试,而这背后自有其漫长的学理传统,政治系统显然只是对宗教系统的一个世俗化替换方案。在现在的时代背景下强调政治系统的优先性,不仅会显得非常不合时宜,甚至还会有其现实危害性。

中国社科院民族学与人类学研究所方旭老师指出从地缘政治学的传统看,施米特的"大空间秩序"并非原创,起码德国-瑞典地缘政治学派的拉采尔、契伦、豪斯霍弗都曾提出类似的空间理论。施米特的"大空间秩序"希冀揭示"普世帝国"原生状态的两面性。一方面揭示"法"决断下的大空间秩序是法律生效的范围，另一方面则意味着"空间"作为"生命体"有"移动"的自由。

复旦大学林曦老师提出"地狱政治学"概念，认为施米特所提出的"政治性"概念考虑到了"情动"的发动力，政治性就是最高程度的人与人联合。施米特的核心，就是用生死来看待政治，如果没有这样一种史上最强、达到人类极限的爱恨情仇，那么，就不会有有意义的对勘，让大家可以奋不顾身地去牺牲自己的生命，去抛头颅洒热血。

北京理工大学刘毅老师认为在 21 世纪的今日世界，政治技术化的问题以更加复杂和微妙的形态隐藏在国际政治之中。一方面，全球化的鼓吹者和推动者试图以"经济-技术"思维实现"历史的终结"，以抽象化的物质利益考量抹平各国之间的政治立场冲突和社会文化差异，梦想建立基于科技无限进步基础上的全球乌托邦。

中国人民大学娄林老师讨论了施米特的"中立化"概念，认为"中立化"是施米特思想所面对的最重要的思想和政治现象之一，并从《中立化和非政治化时代》《国家内政中立化概念的各种意义和功能概观》这两篇短文出发，分析这一概念本身以及施米特如何根据这个概念梳理西方现代政治和思想进程。

北京外国语大学外国文学研究所孙纯老师的发言呈现了霍布斯-施米特-本雅明的思想关联，他提出施米特对霍布斯的政治理论有着深刻的阐释和批判，并在此基础上展开了对自由主义政治及其思想基础的谱系分析和反思。当施米特试图以"例外状态"和"主权决断"来恢复主权者作为国家至高权力的尊严时，本雅明则通过一种弥赛亚主义的历史哲学，将一切世俗性的权力和暴力推及边界情形中，并由此引入"神圣暴力"的概念。

厦门大学魏磊杰老师认为施米特对世界新秩序的想象植根于他的大空间理论，而这种理论与冷战之后亚历山大·杜金鼓吹的"新欧亚主义"有直接的承续接力关系，两者眼中的"大空间"大体都是一个在具有承载性超级大国政治理念辐射和军事保护下，排除外空间势力，并以普世主义之名进行干预的区域概念。

中国人民大学张龑老师认为疫情之下，国家的法律治理能力成为重要的议题。汉斯·凯尔森的国家与法律同一的法治国家观揭示了国家的规范性特征，而例外情形的出现，使得卡尔·施米特的政治国家观与黑格尔的伦理国家观成为法治国家观重要的理论对手。然而，关键问题不在于国家的政治性与伦理性，而在于凯尔森所忽略的规范性的品质问题。不同的规范品质对应的是文化法治国观念。按照拉德布鲁赫的观点，文化是跨人格生成的。文化的本体是连属关系，而契约关系以及交往关系都是文化的辅助性要素。只有建立以连属文化——"一家亲"文化——为主，商业文化与公共商谈文化为辅的价值评判和法律规范体系，才能提升文化法治国的规范品质，更好地抵御各种例外状态的发生。

同济大学余名锋老师认为将施米特笼统地称作"纳粹法学家"的做法是粗暴的，与海德格尔谈论"存在的遗忘"高度相似，施米特在《政治的概念》这部书中也谈论了"政治的遗忘"。施米特的政治决断基于他对政治现象的颇具现象学意味的理解。如果对施米特的《政治的概念》做一种政治现象学的解读，那么他不但揭示了政治现象，而且还揭示了政治现象的显隐二重性及其历史哲学意义。

中国人民大学李世祥老师指出，施米特在《大地的法》中特别提到不同于海洋封锁或独立空战，陆地战争需要建立占领军与当地人民之间的保护和服从关系。海洋封锁、独立空战等一系列非接触性战争都纯粹地依赖军事技术，而陆地战争则不可避免地具有政治属性。无论军事技术再怎么迅猛发展，都永远不可能在陆地上取代政治问题。这意味着只要侵略者一直还幻想着长久占领,游击队就永远不会消亡,改变的只是游击战术而不是游击队本身。

上海外国语大学郭小雨老师指出,威尔逊主义并不容易被越过。它虽然日渐沦为一种高扬普世和平与自由民主的肤浅理想,但实际上却内含着美国以尽可能经济的方式,借助内外连通的模式,解决内部宪制困难的真实需求。威尔逊虽然用特殊方式将处于边缘的多元群体纳入了美国,但它们进入之后,反而让美国的一体性变得更为空洞和形式化,虽然这被塑造为通过进步获得的秩序,但实际上是一套范围更大,且更为规范、科学、经济的管理体系。

"第四届世界政党与国家治理论坛"会议综述

2021年5月15—16日,复旦大学国际关系与公共事务学院、中联部世界政党研究所、上海国际问题研究院、复旦大学陈树渠比较政治发展研究中心联合主办的第四届世界政党与国家治理论坛在上海财经大学豪生酒店顺利举行。来自中联部研究室、复旦大学、上海国际问题研究院、中国人民大学、北京外国语大学、北京第二外国语大学、华中科技大学、西南交通大学、中国石油大学(华东)、南京社科院、上海社科院、中共上海市委党校、上海外国语大学、上海师范大学等高校和单位的专家学者参加了该论坛,围绕"比较政党研究前沿理论与范式""欧美政党政治与国家治理""亚非拉政党政治与国家治理""中国共产党领导制度与国家治理""中国共产党百年发展的成就与经验"五个议题进行了深入的探讨。

复旦大学陈树渠比较政治发展研究中心、世界政党研究中心主任、复旦大学国际关系与公共事务学院郭定平教授主持开幕式与主旨演讲环节。复旦大学国际关系与公共事务学院院长苏长和教授代表复旦大学国际关系与公共事务学院致开幕辞。他指出,新冠肺炎疫情下全球面临百年未有之大变局,政治经济发生深刻变化。复旦大学具备政党研究的深厚历史传统与丰硕成果,尤其注重概念创新。值此变局的大背景下,对中国、广大发展中国家政党制度与发展的特殊性与一般性需要进行总结,研究呼唤着创新,学界应当将政党话语上的学术创新变为可交流对话的理论。苏院

西方政党政治与民主危机

长赞扬这次论坛是高水平的学术交流平台,希望其不断推动政党研究与理论新突破。上海政治学会会长、复旦大学国际关系与公共事务学院教授、上海国际问题研究院世界政党研究中心主任桑玉成代表上海政治学会致辞。他提出政治学界应当思考改革开放四十年中政治学界发挥的作用,政治学界需要找准新时代政治学的研究议题,这有助于推动新时代的政治发展,有助于实现中国各项制度、法律、政策的成熟定型,有助于推动国家治理体系和治理能力的现代化,有助于推动中国第二个百年愿景的实现,有助于满足人民对美好生活的需求。上海国际问题研究院世界政党与政治研究中心秘书长张建副研究员代表上海国际问题研究院致辞。他简述了上海国际问题研究院的历史与贡献,介绍世界政党与政治研究中心及其参加世界政党与国家治理论坛的合作历程。他提出了两点:一是西方对中共的治理呈现矛盾的姿态;二是美国汉学家无一例外在人权问题上指责中国。张建副研究员认为,党和国家需要更多的智慧讲好中国故事。

中联部研究室主任、世界政党研究所所长金鑫发表主旨演讲。他首先感谢主办方,感谢在场的专家学者对"一带一路"智库联盟的支持,呼吁在场专家学者支持世界政党研究所的工作。金鑫所长赞扬这次论坛议题广泛——既有比较政治宏观理论视角,也有对主要国家与地区政党的关注;既有全球视角,也有聚焦中国的研究,故而具有很强的理论价值和意义。金所长对论坛精彩的观点表达了期待,并分享了个人对当下政党政治与国家治理的思考,提出了一系列具有理论研究价值的议题,例如:全球新冠肺炎疫情后的"甩尾效应"——疫情过后哪些国家和地区可能出现安全与内政问题及经济危机?资本主义的自我修复能力限度是什么?美国政党制度暴露出哪些问题?西方关于制度的思考与政策转化,以及拜登的中产阶级外交对中产阶级萎缩、虚拟经济扩大的修正效果如何?当前世界上百年老党有六七十个,但只有中国共产党队伍在壮大,原因何在?如何讲好中国故事,使世界接受中国的常态复位,接受一个可亲可敬可学的中国共产党?金所长在政党政治与国家治理的研究方法和领域方面提出四点期望:第一,打通内外,把握世界政党政治的规律;第二,加强中观微观研究;第三,打通历史和现实;第四,打通中国与世界。

论坛第二单元"比较政党研究前沿理论与范式"由复旦大学国际关系与公共事务学院院长苏长和教授主持。中国人民大学国际关系学院教授、浙江(嘉兴)中外政党研究中心主任周淑真的发言题为"世界百年大党的现状及类型",她梳理了46个百年大党,将其分类为"执政党-在野党,左翼党-右翼党",指出其中改变社会面貌的只有中国共产党。从组织体系、组织纪律、社会基础、执政和参政能力标准看,百年大党中的百年强党只有中国共产党。华中科技大学国家治理研究院特聘研究员、武汉大学政治与公共管理学院原副院长虞崇胜的发言题为"中国共产党的政党自觉与政党发展",他指出,政党自觉是政党最可贵的品质,政党应对其生存条件、宗旨、历史使命、独特优势、面临的风险挑战有准确的把握,由自由自在向自觉发展,达到政党的成熟。复旦大学高等研究院副研究员、复旦大学当代中国研究中心副主任张春满的发言题为"比较政党政治研究的理论前沿与范式超越",他通过对经典论文的统计分析说明政党主题是比较政治学关注最多的议题,政党政治是比较政治学中最特殊的一个议题领域。他还指出,中国的政党政治研究与西方政党政治研究存在对话困难。张春满副研究员进一步梳理了新世纪以来的国外比较政党研究的六大支柱型议题,反思其中的欧洲中心论、重选举轻治理、很少研究马克思主义政党的问题。中南民族大学讲师张建伟作了题为"家族政治的多副面孔:基于政党类型学的分析"的发言,指出了现有家族政治研究忽视不同政体下政治家族之间本质差异的问题,主张从政党角度研究家族政治,排除传统君主制下的家族政治形态,缩小政治家族的范围，对政治家族进行归类。中山大学讲师、德国海德堡大学政治学博士丁辉的发言题为"数字化政党与政党数字化"，他讨论了数字政治时代政党的代表性、参与性、竞争性问题，指出了数字动员与数字参与、数字自由与数字平等、数字决策与数字治理间存在的张力，指出数字化政党是新政党崛起的新途径，政党数字化是老政党进行调适的必然要求。复旦大学助理研究员温尧的发言题为"作为世界政治行为体的政党：一个新的研究视角"，他试图从世界政治角度思考政党，总结四种政党跨国交往的形态，从制度化、开放性、不对称性几个方面讨论政党跨国交往的属性，考察中国共产党对外交往的强禀赋与强意愿。

论坛第三单元"欧美政党政治与国家治理"由复旦大学国际关系与公共事务学院的陈明明教授主持。北京外国语大学英国研究中心王展鹏教授的发言题为"英国脱欧中的政党政治博弈及其对国家治理的影响"，他回顾了关于英国脱欧的讨论，考察了英国脱欧进程中的政党政治博弈，提出了关于英国脱欧、政党政治博弈、英国国家治理模式转型的若干思考。上海外国语大学陈金英教授的发言题为"美国政党中的身份政治"，其介绍了美国身份政治的起源、演变、争议等，讨论了身份政治对美国当代政党政治的影响，将美国政治的分裂归结于身份政治对阶级分裂事实的选择性忽略。复旦大学美国研究中心王浩副教授的发言题为"2020年大选后美国的政党政治走向"，他指出，2020年美国大选是近一个多世纪以来选民投票率最高的一次选举，反映了美国党争极其激烈、社会极端分裂。尽管民主党在参众两院占据微弱政治优势，但拜登执政后仍将面临来自政党政治层面的三大结构性制约，即更趋极化的两党博弈、更趋显著的党内分化与更趋复杂的政党重组态势。北京第二外国语大学政党外交学院苏淑民教授的发言题为"美国共和党右翼保守主义发展及其影响"，其梳理了美国共和党右翼保守主义的发展进程，讨论了美国共和党右翼保守主义发展的影响，包括保守派媒体的创建、"茶党"运动的兴起、当代美国政治僵局和党派怨怼的频繁出现等。北京航空航天大学王聪聪副教授的发言题为"西方政党政治中的议题所有权理论:研究进路与理论反思",其从关联所有权和能力所有权两个方面讨论了议题所有权理论,提出议题重叠与政党互动、所有权的稳定与变化、议题取向与选民投票的研究进路,并对这一理论提出了反思。中国人民大学博士研究生穆若曦的发言题为"政党极化与分权体制的双重制衡——美国国家治理的否决困境",她通过统计发现,美国正面临史无前例的政党极化现象,参众两院内制度型否决者与党派型否决者并存,美国政治中心主义缺乏立足点与吸引力,现有选举制度下意识形态极端化成为胜选法宝,选民的分化及其利益诉求多样化促进了政党的极端化发展。

论坛第四单元"亚非拉政党政治与国家治理"由上海国际问题研究院全球治理研究所副研究员、中国特色大国外交理论与实践研究中心秘书长毛瑞鹏主持。中国社科院拉美研究所副所长袁东振研究员的发言题为"拉美国家政党政治的特点及其对国家治理的影响",他指出,拉美地区政党历史相对悠久,政党政治相对连贯,政党制度相对成熟,存在政党发展的分散化、碎片化趋势。在此基础上,他指出,拉美政党的分散化和碎片化给政府决策、治理效率、政府合法性等带来一系列消极影响。重庆大学钟准副教授的发言题为"韩国政党政治对其涉华政策的影响:以萨德入韩与中韩自贸区协定为例",其通过两个案例说明,韩国两大政党阵营在经济领域和安全领域的分化程度不同:两派在涉华安全问题上存在分歧,在对华经济合作上具有共识。韩国政党在安全领域受国际体系因素影响较大,政党政治更有可能决定经济领域的对华政策结果。在对华政策上韩国保守政党的影响力更大,激进政党执政期间,中韩关系能实现平稳发展,但难以取得重大突破。复旦大学日本研究中心王广涛副教授的发言题为"日本政治右倾化与社

西方政党政治与民主危机

会右倾化辩证关系研究",他对日本是否右倾化、日本右倾化的主体、政治右倾化和社会右倾化的相关观点和现象进行了深入的讨论,认为日本社会右倾化的可能性正在增加,其社会右倾化与政治右倾化存在传导机制。上海社科院助理研究员王盈的发言题为"日本公明党与自民党关系的演变与对中日关系的影响",其梳理了日本公明党的历史,关注公明党与自民党在"五五年体制"时期、动荡期、联合执政期的关系及其特点,认为公明党与自民党维持长期合作的原因,在于两党共同的保守底色与互补性、日本未完成的人为两党制建设和创价学会与公明党的盟友选择。中国石油大学(华东)讲师毕松的发言题为"统一俄罗斯党在俄罗斯国家治理中的功能评析",他主张跳出"政权党"——执政党的分析范式,从党政关系、政党关系、党社关系、政党外交四个角度分析统一俄罗斯党在俄罗斯国家治理中的作用,认为统一俄罗斯党对于协助普京团队控制全国局势、推动国家治理有突出的贡献,但该党长期"一党独大"造成了政党制度的僵化,其自身官僚化,独立性受损。复旦大学国际关系与公共事务学院博士研究生魏翙的发言题为"国家建构策略与政党政治动员——当代非洲政党制度化的政治起源",其通过塞内加尔、肯尼亚、坦桑尼亚和加纳的案例比较,提出冷战期间的非洲国家建构策略选择决定了多党竞争时期的社会权力结构,塑造了政治精英的动员模式偏好及政党联盟的性质,进而影响了该国的政党制度化水平及政体运转。

论坛第五单元"中国共产党领导制度与国家治理"由复旦大学国际关系与公共事务学院副院长李辉教授主持。上海师范大学哲学与法政学院教授、《比较政治学研究》主编李路曲的发言题为"关于构建政治学和比较政治学话语体系的方法论思考",李路曲教授强调了社会资本对国家治理的重要性,主张要深刻认识国家间特殊性和共同性的关系、认识政治学话语体系的客观性和科学性,认清量的差异性与质的差异性。西南交通大学马克思主义学院田雪梅教授的发言题为"论新时代中国共产党政党自信的内涵、价值与提升路径",强调新时代中国共产党的政党自信是党在对自身各要素科学认知基础上形成的积极肯定感和自我效能感,凝聚了党对既往历史、当下能力与未来发展的全过程评价,彰显着自我与他者的交融性、稳定与波动的统一性、主导与吸纳的协调性三大鲜明特点。而持续推动国家治理现代化,重视政党理论创新,坚持和完善新型政党制度,纵深推进全面从严治党,则是新时代提升政党自信的重要路径。上海国际问题研究院副研究员、世界政党与政治研究中心秘书长张建的发言题为"中国共产党百年背景下讲好中国故事的机遇与挑战",他指出,中国面临西方对中国态度的恶化、社会认知负面、传播平台遭遇打压等挑战,需要做好中国故事的科学化、专业化、温情化等。复旦大学社会科学高等研究院贺东航教授的发言题为"中国共产党领导国家成长的复线逻辑——一项历史政治学的考察",他指出在中国共产党领导中国人民的百年历程中,中国共产党从革命逻辑、现代化逻辑、民族复兴逻辑出发,先后经过了站起来、富起来和强起来三个阶段,尝试开创一个符合中国国情的社会主义道路模式。根据情势的变化,三种逻辑线索相互交织,在不同阶段各有主导,也似乎有循环现象。当代中国共产党治国理政更多地沿着复线发展。

论坛第六单元"中国共产党百年发展的成就与经验"由复旦大学国际关系与公共事务学院郭定平教授主持。中共上海市委党校教授、中外政党研究中心主任周建勇的发言题为"中国共产党百年组织建设的政治逻辑",从组织逻辑、动员逻辑和和执政逻辑的视角分析了中国共产党的组织建设,总结出中国共产党始终围绕"建设什么样的党、怎样建设党"这个主题,坚持党要管党、全面从严治党,认为党的建设是一项工程。武汉工程大学副教授彭颜红作了题为"中国共产党推进马克思主义大众化传播的百年经验研究"的发言,认为在全媒体时代马克思主义大众化传播面临一些困难,回顾中国共产党推进马克思主义大众化传播的百年经验，新时代党应当坚持政治家办报，不断创新传播方法，充分利用大数据新技术，提升受众传媒素养，加强舆论引导。南京社会科学院发展研究所李义波研究员作了"'国家-政党-社会'范式与党的基层组织变迁研究——以七大至十九大《党章》为中心"的发言，基于对七大至十九大《党章》中成立基层组织的论述和相关基层单位的数量分析，其指出党的基层组织随着党领导国家建设的历史进程同步变迁，体现出鲜明的时代特征，党的基层组织应被视为一个独立变量，将"国家-社会关系"范式拓展演变为一种在当前中国国情下的具有中国特色的"国家-政党-社会"三维分析框架。复旦大学国际关系与公共事务学院博士后梁君思的发言题为"中国共产党中央政治局会议制度的源起"，其基于历史资料回顾了中央政治局的初创及其会议制度的总体性设计、中央政治局会议制度的运行及其适应性变革、中央政治局的改组及其会议制度的结构性调适、中央政治局会议制度的赋能及其纠错，揭示了中国共产党在坚持和完善中再造制度生命力，并在"在场"与"再造"的双向雕刻中实现会议制度体系的新陈代谢。

经过论坛各单元热烈的发言与讨论，会议最后，复旦大学国际关系与公共事务学院郭定平教授致闭幕词。郭定平教授指出，比较政党研究应当追求范式创新与范围全覆盖，不断追求理论化、概念化，为中国完善政党自信、制度自信提供基础。本次会议体现了学术共同体的良好氛围。

"比较政党政治理论创新学术研讨会暨第十二届比较政治学论坛"会议综述

2021年11月20日,"比较政党政治理论创新学术研讨会暨第十二届比较政治学论坛"在复旦大学成功举办。会议由复旦大学国际关系与公共事务学院、复旦大学陈树渠比较政治发展研究中心与天津师范大学《比较政治学研究》编辑部共同主办。来自天津师范大学、中国人民大学、云南大学、山东大学、南京大学、复旦大学等17所院校的专家学者以线上线下相结合的方式参与会议研讨。会议分四个单元举行。

第一单元为开幕式和主题演讲,由复旦大学国际关系与公共事务学院教授、陈树渠比较政治发展研究中心主任郭定平教授主持。在论坛致辞环节,郭定平教授代表复旦大学国际关系与公共事务学院苏长和院长对线上线下参与活动的老师和同学表示欢迎,对各方的支持表示感谢。郭教授介绍了本次论坛以征文的方式举办,共收到60多篇投稿,经专家评审,精选了其中差不多半数的作者与会。郭教授回顾了比较政治学研究在复旦大学的发展历史,希望此次会议能够结合复旦源远流长的比较政治学研究传统和资源,为学者们提供更好的交流平台,助力复旦比较政治学研究达到一个新的高度,并合力推动中国比较政治学研究不断取得更大成就。郭教授表示,作为比较政治学的学术共同体,我们有责任和义务让中国的比较政治学"走向世界,誉满全球"。接下来,本次会议主办方之一,《比较政治学研究》主编、上海师范大学哲学与法政学院教授李路曲致辞。李教授首先对复旦大学组织举办此次论坛表示感谢。李路曲教授在解释论坛主题时指出，比较政党论坛的特色在于侧重世界政党比较，同时也离不开以中国政党为中心，但都基于比较政治学的基础。若要构建中国模式，不仅要进行个案研究，走出个案是更重要的方式。构建中国话语体系和中国模式如果不在比较的意义上进行，就始终走不出个案，无法形成一种模式。话语体系的构建建立在理论和方法论上的创新。这种构建具有两种模式：一种是通过构建修正西方不合理之处；另一种是完全抛弃西方的路径，但无论是哪一种都要研究好具体的议题。随后，李路曲教授在回顾中国比较政治学研究发展的基础上，表示在这次会议后将持续推动比较政治学研究，继续办好《比较政治学研究》集刊、比较政治学论坛和比较政治学研究公众号。比较政党研究是比较政治研究中的一个基础性研究，李教授高度肯定了本次比较政党政治理论创新论坛举办的意义。

随后进入第一单元的主旨演讲环节。天津师范大学政治与行政学院院长佟德志教授首先以"基于民主的政党评价标准"为题发表演讲。佟德志教授指出，评价政党最根本的在于如何评价政党和政党制度。在分析了有关党的领导人的文集材料后，佟教授认为政党、政党制度、政治制度、社会秩序与社会进步是五个关键词。接着，佟教授阐述了人民、民主、效能与结构的关系，认为民主是最重要的工具，使党真正以人民为中心。结构化的政治规范有助于政党包容、政党发展和政党和谐。最终可以实现社会进步、社会秩序水平与治理效能的提高。对比中西方在政党制度评价上的差异后，佟德志教授总结道，政党评价标准涉及人民标准、民主标准和结果标准三个层面。中国人民大学国际关系学院姚中秋教授以"现代世界体系中的政党生成逻辑"为题进行演讲。姚中秋教授首先阐明了其研究的问题意识。姚教授指出，西方主流政党理论具有明显的西方中心主义倾向，不适合中国等大多数国家；我们需要一个统一的事实刻画框架，把所有现代政党纳入其中，才能克服西

"比较政党政治理论创新学术研讨会暨第十二届比较政治学论坛"会议综述

方中心论,构架普遍的政党理论。依据列宁的论述,姚教授认为存在三类现代世界政治体系,并提出了一个基本命题:现代政治是世界性的,世界是体系化的。各国体系之"位"与工业化之"时"以及各种体系化的机制影响了各国政治的发展,因此考察一个国家的政党要将其置于世界政治体系之中。随后,姚中秋教授以英国、德国、苏联与中国政党的发展为案例进行了具体分析,指出政党的发展存在明显的规律。其中,中国共产党处在从西方到东方的尽头,从北方到南方的开端,成为世界政党研究的最佳范本。本单元的最后,复旦大学国际关系与公共事务学院包刚升教授发表了题为"社会冲击与欧美政党体制的变迁"的演讲。包刚升教授表示,近十年来,面对相似的社会冲击,西方政治发展出现了一些新现象。然而,从"有没有新政治家崛起"与"有没有新政党崛起"两个维度观察,英美法德的政治新变化存在差异性与相似性。基于此,包刚升教授从政治制度与宪法设计的视角构建了解释机制:政府首脑选举制度影响了政治新星崛起的难易程度,议会(下院)选举制度则影响了新政党崛起的难易程度,二者之间还存在着强化或逆转的联动效应。通过对英美法德进行案例分析,包刚升教授认为政治制度的重要性得到了验证。在社会冲击之下,政党制度的稳定性很大程度上取决于选举制度,这涉及政府首脑选举制度的政治效应、议会选举制度的政治效应以及两者的组合与联动效应三个层面。最后,包刚升教授总结了该研究引发的有关政党制度稳定性与灵活性、政党制度与民主的思考。

第二单元议题为"比较政党研究的新概念与新理论",由复旦大学国际关系与公共事务学院陈周旺教授主持。云南大学民族政治研究院郭台辉教授以"现代政治科学的三种形态:比较历史分析的视角"为题作了报告。郭台辉教授首先提出了中国政治学研究存在"仅仅聚焦于自身内在的变迁过程,没有把特殊性置于现代政治科学的普遍进程中审视"的问题。随后,郭台辉教授对现代政治科学告别以历史（经验）与哲学（规范）为核心的传统的过程进行了总体性梳理，指出最终在20世纪先后出现了三种产生世界影响的现代政治科学形态。这三种形态分别是：以国家权力为中心的权力政治学（德国政治科学）、以个人权利为中心的权益政治学（美国政治科学）以及以马克思主义为中心的阶级政治学（苏联政治科学）。三种形态在政治主体、政治过程、政治理想方面各有不同，形成了独特的话语体系。通过深入分析这三种形态的形成路径，郭台辉教授总结道，这三种知识形态在百年中国政治学史中均有痕迹，并不断更替与竞争。复旦大学国际关系与公共事务学院曾庆捷副教授以"政党起源、基础性能力与治理绩效"为题作了发言。他首先提出了"发展中国家之间为何治理绩效存在差异？"这一问题，并表示将从执政党能力的强弱对之作出解答。在指出现有理论存在的两个缺陷之后，曾庆捷副教授从政党的基础性能力概念出发，提出了理论框架，并从意愿和能力两个维度对政党基础性能力如何转化成为民众提供基本公共产品能力提出了理论假设。通过运用ARPD数据库进行定量分析，曾庆捷副教授指出，政党在非西方民主政体中的功能取决于政党的起源类型，即运动型政党或非运动型政党。对治理绩效影响最大的是政党基础性能力，而非精英层面的变量。因此，对治理绩效的研究，不能只关注国家能力，也要重视政党能力。山东大学（威海）法学院助理研究员李新廷博士以"政治极化研究前沿追踪：概念、缘起与影响"为题作了发言。李新廷博士首先对政治极化的现象和研究现状进行了梳理，随后对政治极化的概念和测量进行了分析。李新廷博士从结构、制度与能动的角度梳理了有关政治极化缘起的解释并提出反思。李新廷博士指出，政治极化存在双重影响：在政党体制与民主政治层面，政治极化既起到了促进作用，又带来了风险；而在国家建构和国家治理层面，政治极化的影响主要是消极和负面的。

上海交通大学公共政策与治理创新中心赵吉博士以"西方政

党政治中分歧理论的演进及其价值"为题作了报告。赵吉博士分别从经典分歧理论的概念和类型、分歧理论与政党竞争以及分歧理论的发展三个方面进行了介绍。首先,赵吉博士指出,经典分歧理论认为一个完全的分歧必须满足一个社会结构要素、一个集体意识以及一个组织/行为要素三个层面要求才能实现,并存在国民革命、工业革命、选民联盟与冻结假说四种类型。随着社会结构的变化,新的分歧理论认为文化分歧,而不是传统阶级和宗教,是划分社会群体的标准,这更新了此前对政党政治竞争的研究。赵吉博士指出,在新分歧理论下,通过历史场景、社会结构、政党行为以及竞争过程可以重新系统地理解当代西方民主政治问题。中南民族大学公共管理学院讲师张建伟博士以"政党的本体论透视:组织特性与复合逻辑"为题进行了线上发言。张建伟博士首先指出政党本体论存在四种既有认知,分别是社会基础视角、政治目标视角、政治手段视角以及目标与手段结合视角。这四种视角都存在一定程度的局限,因此,通过对组织的比较,张建伟博士提出政党作为"独特组织"的视角。以组织属性为基本维度,张建伟博士将政党与其他五种人类社会的组织进行了比较,包括家族、教会、军队、公司以及工会,并在此基础上提出了政党作为"复合组织"的新政党谱系。山东大学政治学与公共管理学院博士研究生李宸以"先锋代表制:对一个中国特色新政治概念的提出与解析"为题进行发言。李宸博士首先从先锋代表制的概念谈起,从构成性维度定义了代表的概念,指出代表制存在一种现代性转向,并通过与选举代表制的比较阐明了先锋代表制的运作原理。随后,他指出了先锋代表制的制度内核是对党的先锋队属性的长效维护,其构成作用是党的全面领导下政治场域的深度变革。最后,李宸博士指出了先锋代表制属于"党和国家"的制度范畴,关系到国家治理现代化赖以发生的政治场域本身的构成。

第二单元最后,陈周旺教授对每位发言人的演讲一一进行了点评。

第三单元的议题为"比较政党研究的新进展和新取向",由复旦大学国际关系与公共事务学院郭定平教授主持。天津师范大学常士訚教授以"政党联盟与马来西亚政治稳定1957—1999"为题作了发言。常士訚教授首先梳理了马来西亚从三党联盟到国民阵线的发展过程中族际政治沟通平台的建设。在族际政治沟通机制的构建中,联盟党遵循了国家原则、协商原则,这有利于维持马来西亚的政治稳定。常士訚教授指出,合宜机制作为政治体系中的一种变通和协调机制,对于缓和变革社会中的矛盾和冲突起到了减震器的作用。在政治发展进程中,政治制度的建构和完善需要通过一定的合宜机制来实现。国防大学政治学院讲师武祥博士以"政党能力与国家建构——印度和巴基斯坦的比较分析"为题作了汇报。武祥博士首先通过对英印时期地图的分析提出了他的问题:为什么相同的"制度遗产"会产生迥异的国家建构结果?随后,武祥博士进一步从政体稳定、中央权力和军政关系层面对印度和巴基斯坦进行比较。在对既有解释进行评述后,武祥博士从政党自主性的角度提出了理论分析框架。武祥博士指出,政党在自主性的驱动下,会发展出整合吸纳(横向)与组织建设(纵向)的能力,政党能力在这两个层面的不同将造成国家建设的差异。接着,武祥博士分析了印度和巴基斯坦在建国前期分别与殖民者边缘力量和中心力量的互动,指出高政党自主性是强政党能力的必要但不充分条件,低自主性和政党开展多层次组织建设并不矛盾,但自主性较低会影响对其他政治精英的整合吸纳。

山东大学政治学与公共管理学院李济时教授以"反移民因素与西欧国家右翼民粹主义政党的兴衰逻辑——基于团体理论的视角"为题进行了演讲。李济时教授认为,反移民议题是民粹主义政党崛起的主要促动因素。通过对团体理论"稳定-干扰-反抗"框架的阐释,李济时教授意在探析处于稳定利益格局下的诸个体在受到干扰情况下采取的行动。其认为,通过分析丹麦、德国、英国以及瑞士近期的选举结果,可以清晰看到反移民因素对右翼民粹主义政党兴起与消退的影响。右翼民粹主义政党在大部分选民强烈的反移民情绪下,在选举中取得优势,影响急剧扩大,这反过来促使主流政党调整政策取向。尽管民粹主义的发展势头会受到一定程度的制度限制,但其存在的土壤未消失。民粹主义将持续影响欧美政治的走向和政策倾向。北京大学政府管理学院助理研究员张刚升博士以"政党制度碎片化与巴西国家治理困境"为题发言。张刚升博士以巴西为案例探讨政党制度对国家治理绩效的影响。首先,张刚生博士指出,巴西国家治理困境主要表现为经济、社会、政治和疫情多重治理危机的交织以及弱政府的特性。从拥有议席政党数量和议席分散程度等指标看,巴西传统两大政党迅速衰落,政党制度呈现碎片化的特征。但张刚升博士指出,社会多元化并非巴西政党制度碎片化的原因,相反,两轮投票制度的影响更大。最后,张刚升博士指出了政党制度碎片化导致巴西弱政府的现实并加剧了其政治腐败,巴西的经验从反面验证了强政府是解决治理问题的必要因素。

上海政法学院政府管理学院杨友孙教授以"中东欧和西欧族党核心诉求的差异及其内在逻辑"为题发言。杨友孙教授首先对族党进行了概念界定,并按照三分法将族党分为温和族党、中等族党以及激进族党。通过对中东欧44个族党、西欧(包括北欧)47个族党进行对比,他发现西欧族党表现出更强的政治能量和影响,诉求更激进。这是中东欧、西欧族党受冷战结束的不同影响,面对不同的政治环境和民族政策,由于选民基础不同和民族诉求发展阶段不同造成的结果。燕山大学文法学院讲师朱炳坤博士以"欧洲激进右翼政党代表性分析"为题发言。朱炳坤博士首先解释了选择以激进右翼政党而不是民粹主义政党定义这些政党的原因,在于目前学界对民粹主义政党的定义还未达成共识。随后,朱博士从三个层面论述了引入代表性视角分析欧洲激进右翼政党的原因，并展示了计算代表性的图示。在理论梳理部分，朱炳坤博士从文化诉求与经济诉求、受教育程度与政治兴趣、贫富差距与代表性差异以及选民理性选择方面提出了四个假设，并从政党维度和个人维度运用 CHES2014 和 EES8 数据库对激进右翼政党代表性进行分析，指出这些激进右翼政党的经济政策未必趋同，但是在文化代表性层面的政策是趋同的，普遍代表了选民的诉求。上海社会科学院政治与公共管理研究所助理研究员魏翊博士以"政体转型过程中的当代非洲国家政治秩序——一个执政党类型学的解释"为题作了发言。魏翊博士首先提出了其研究的问题"为什么有些非洲国家在冷战结束后的政体变迁中遭遇秩序崩溃，而有些没有？"。随后，魏翊博士分析了非洲社会的宏观结构，指出非洲国家在政治秩序方面比较脆弱，而政党可以成为解释非洲国家政治秩序的切入点。在对五种涉及非洲的政党与政治秩序理论进行回顾后，魏翊博士从政党权力结构和政治连结形式两个维度对非洲执政党进行了类型学分析。魏翊博士认为，多党竞争政治转型中有三个政治离心机制对政党能否主导政治过程、维持政治秩序造成了很大挑战。

第三单元最后，南京航空航天大学马克思主义学院郑易平教授对每位发言人的演讲一一作出了点评。

第四单元议题为"国外政党政治的新问题与新挑战"，由上海师范大学哲学与法政学院李路曲教授主持。复旦大学马克思主义学院张春满副研究员以"疫情下的欧洲政党政治与国家治理：基于德国的案例分析"为题发言。张春满副研究员首先以比较视野介绍了如何从自然实验的角度，观察和研究不同政党体制与疫情政治的交互影响。德国作为代表多党制的国家，从德国案例中能够发展出一般性理论。通过对疫情前的德国政党政治、疫情暴发初期德国政党的回应、德国政党控制疫情的政策、疫情下的德国大选以及大选后德国疫情态势五个方面深度分析,张春满副研究员对德国疫情与政党政治进行了反思,指出第四次疫情暴露出了德国联邦与地方之间存在权力冲突、民众与政府之间存在矛盾的问题,政府公信力有待加强。同济大学马克思主义学院杨云珍副教授以"从政党政治到个人政治的演变——以政治素人唐纳德·特朗普为例分析"为题作了发言。杨云珍副教授首先对政治素人的概念作出界定,指出政治个人化为政治素人崛起提供了契机。随后,其指出政党政治向个人政治演变存在政治机构个人化、媒体个人化、选举行为个人化三个维度,并以特朗普为例进行分析。杨云珍副教授认为,日益增强的政治个人化将向民主政治注入非理性元素,强化民粹主义趋势,而天生带有民粹主义色彩的政治素人,会在崛起过程中向政党政治持续注入民粹主义,反过来进一步加深政治个人化的程度。浙江红船干部学院讲师周超博士以"冷战后的波兰民粹主义政党"为题作了汇报。周超博士根据有无民粹主义政党活动以及民粹主义政党在政治舞台上的位置(边缘/中心)两个维度,将波兰民粹主义分为 1989 年之前、1989 年至 2005 年的后转型时代以及 2005 年至 2019 年三个阶段。在对三个阶段进行历史性分析中,周超博士指出,波兰政党政治的基本态势是右翼民粹主义持续得到加强,中间派十分弱小。对于中东欧政治的走向,周超博士认为可以通过考察其在两次世界大战期间到恢复建国时期的历史作判断。同济大学马克思主义学院助理教授牛霞飞博士以"左右之战:当代美国政治极化的社会文化根源"为题作了发言。牛霞飞博士通过一种综合性的多文化因素交互作用的视角,审视了当代美国政治极化的根源,指出导致美国政治极化的文化冲突存在于两个层面:一是自由主义内部观念的冲突;二是自由主义与其范围之外的文化之间的冲突。民权运动后的第三条分裂线已超出美国自由主义文化的范畴,导致了更为激烈的文化冲突。20 世纪 70 年代以来,随着美国社会新型阶级结构的形成与阶级冲突的尖锐化与复杂化，美国的文化冲突也更加凸显，向着突破美国传统的主流政治文化的方向发展。

北京语言大学国际关系学院讲师项皓博士以"左翼政党参与地方治理：以巴西工人党为例"为题进行汇报。项皓博士首先介绍了社会运动存在政党化、制度化以及衰退三种演变方向，指出巴西案例涉及第一种和第三种方向，即社会运动促成了巴西工人党的建立和崛起，但最终社会运动（参与式治理）走向了衰退。随后，项皓博士通过时间脉络讲述了巴西工人党的成立及其红色改革，指出改革目的在于以参与式民主对抗代议制民主，构建平行的权力结构。由此，相关的研究需要探讨参与式预算是如何进行的，又是如何走向衰落的。通过考察工人党在2000年初取得政权后的政治实践，项皓博士指出参与式治理处于名存实亡的状态。项皓博士还指出参与式治理的衰退与制度因素有关，他进一步分析了左翼政党执政的困境与参与式民主的诅咒之间的关联，即随着时间的推移，公民社会依赖政府，没有对抗政府的力量，沦为政府的附庸。南京大学政府管理学院博士研究生闫亮以"从2020年大选看新加坡政党政治的新变化与人民行动党的困境"为题进行发言。闫亮博士首先对新加坡政党政治的新变化进行了介绍，指出新加坡政党政治呈现出反对党在政治上逐步崛起以及政治文化发生变迁的特征。为了适应这一新变化，人民行动党主动进行自我更新改造，以便能够在新的政治时期继续获得选民的支持。人民行动党一方面积极自我检讨，转变执政理念，重塑民意基础；另一方面主动求变，为反对党松绑。然而，在2020年的大选中，人民行动党的选举成绩不如预期。从直接原因看，是疫情之下的内外危机给人民行动党带来了负面影响；从深层结构看，这是政治多元化成为趋势的结果，选民对政治多元化和监督制衡的诉求超越了疫情造成的危机感。复旦大学国际关系与公共事务学院博士研究生冯斐斐以"韩国政党的卡特尔化与腐败治理"为题进行发言。冯斐斐博士首先对卡特尔政党进行了定义,指出韩国政党出现了卡特尔化的趋势。随后,冯斐斐博士介绍了韩国治理腐败的制度体系,指出韩国治理腐败的绩效呈现从迅速好转到徘徊不前的状态,这反映了政党政治的卡特尔化与腐败治理之间存在复杂的关系。一方面,腐败治理因应社会结构变化产生的选民反腐诉求,有助于提高政党竞争的优势,提升民众的支持度;另一方面,卡特尔政党结构下,腐败治理中存在政治资金不透明、政党与财阀勾连的裙带资本主义以及行政权独大的权力结构问题。因此,韩国的卡特尔政党与腐败共生。

第四单元最后,同济大学政治与国际关系学院吴新叶教授对每位发言人的演讲一一作了评论。

在闭幕总结环节,复旦大学国际关系与公共事务学院郭定平教授对整场会议进行了评论。郭定平教授首先总结了学者们对政治学研究方法的讨论,主张政治学研究方法的多样性,强调不同阶段的学者要找到适合自己的研究路径。其次,郭定平教授指出,今天的会议充满了精彩、全面的讨论,受益匪浅。郭定平教授特别强调,当前中国政党研究的核心主题总体逐渐呈现聚焦的趋势,涉及两大焦点。第一个焦点是关心西方的政党及其民主体制的变化和发展,第二个焦点是政党与治理。郭定平教授指出,对于中国的政党研究来说,不能再像西方一样走选举中心的老路,政党与治理应该是最重要的研究主题,这与我们国家全面深化改革的总目标以及实现治理体系的现代化关联紧密。最后,郭定平教授再次表达了对中国比较政治学研究"走向世界,誉满全球"的期待。

(二) 学术讲座精彩回顾

王珏副教授主讲"科技人才的跨国流动与合作网络"

2021年4月9日,新加坡南洋理工大学公共政策与全球事务系王珏副教授在复旦大学文科楼615室主讲"科技人才的跨国流动与合作网络"。讲座由复旦大学国际关系与公共事务学院唐莉教授主持。到场的有来自复旦大学公共行政系和人口研究所的老师以及各专业的学生。

王珏副教授在讲座开始时指出,科技人才已成为国家技术进步和经济发展的主要推动力,世界各国政府为延揽、吸引和留住人才出台了各种政策。过往的研究主要集中于美、加、澳、英等留学大国,或中国、印度等人才"流失"与海归大国,而王珏副教授的研究则重点关注新加坡这一独特案例。新加坡人口较少,其中40%是外来人口,其科技人才中70%是外国移民,这一比例全球最高。与留学大国不同,新加坡科技人才并不主要在新加坡学习,也往往不是留学归来的"海归",外国学历的新加坡科技人才占比达90%。新加坡出台基于薪酬的、可能惠及家庭的优厚政策待遇吸引海外人才。高度国际化的新加坡学界是研究科技人才跨国流动与合作网络的独特样本。

国际化科技人才的流入,不仅带来知识资本,也带来其社会资本。科技人才的合作网络是这方面研究的主要关注点。学界相对政界和企业界较为透明,有利于研究的展开。王珏副教授带领其团队通过简历、调查问卷、Scopus平台建立了涉及新加坡几百位教授的数据库。研究者通过学者简历收集其姓名、职称等基本信息，通过调查问卷收集学者的学习、工作履历、前来新加坡的原因、合作经历与形式等信息，通过 Scopus 数据库收集这些学者总计 4 万多篇学术文章和学者的 ID。问卷回收率约为 27%。为了保证学者在新加坡形成研究网络，王珏副教授筛选在新加坡生活 5 年以上的学者，从性别、职称、领域、年龄、在新加坡生活年限、出生及博士毕业国家分布、工作过（定义为发表过文章）的国家数、前一站工作国家、移居新加坡的动机、合作者的地域分布等方面，对数据进行了详细的介绍，其中，英文工作环境、薪水和研究经费等是吸引国际人才前来新加坡的主要原因。王珏副教授还展现了几个具体的海外人才流入新加坡的案例。

研究假设，时间、学者的海外经历、资历、研究领域等是影响合作网络的因素。王珏副教授通过固定效应面板回归和随机效应最小二乘法回归发现，从距离与合作的视角看，学者移居后在移居地的合作迅速开始，以往的合作在移居后还能继续，但逐渐减少，在移居地的合作对此前的合作有挤出效应。从学科与合作视角看，理工科学者可能受制于设备等因素，移居后在移居地的合作增加较快。从时间视角看，距学者移居时间越近的国家，合作越多。从国家分布视角看，新加坡学者对本地合作更为热衷。这项研究为政府的科技人才政策提供了启示：学者维持以前的合作需要支持，政府或学校提供旅行费用、开展国际研究项目、学校提供授课和行政任务减免、允许灵活安排等，对于维持学者的国际合作网络将有所帮助。

王珏副教授扎实、独到的研究引起了在场老师和同学的极大兴趣，给同学们的学习提供了良好的示范。在场老师和同学就研究中的变量考虑、研究与发表的滞后性、研究进一步深化的可能以及对中国的启示等，与王珏副教授进行了深入的交流。

（复旦大学国际关系与公共事务学院纪昊楠整理）

王珏副教授主讲"政府干预与创新行为效果研究"

2021年4月22日下午,由复旦大学陈树渠比较政治发展研究中心举办的2021年度主题演讲第2期在复旦大学文科楼622室进行。新加坡南洋理工大学副教授、南洋公共管理研究生院副院长王珏副教授以"政府干预与创新行为效果研究"为题,为在场师生带来了一场精彩的讲座。本次讲座由复旦大学国际关系与公共事务学院公共行政系唐莉教授主持。

讲座伊始,王珏副教授首先对当前学界关于政府干预的两种典型性观点——新自由主义和国家主义——进行了讨论,指出现实中政府干预的政策都介于二者之间。

随后,王珏副教授转入了对具体研究问题的讨论。王珏副教授的研究聚焦于政府干预对于企业创业行为的影响,并通过新加坡和中国香港的案例进行比较。王珏副教授指出,对新加坡和中国香港进行比较,是考虑到二者在城市经济、资源拥有度、人口构成等初始条件上具有可比性,而二者在政府和社会的关系上存在明显差异,这样能更好地展现出政府干预对企业创新的影响。

在具体的比较中,王珏副教授采用了双重差分法,选取了美国专利局数据,以技术的重要性和技术复杂度作为因变量进行比较。在第一组对照中,王珏副教授将新加坡和中国香港的本土企业作为干预组,新加坡和中国香港的外资企业作为对照组;在第二组对照中,王珏副教授将新加坡本土企业作为干预组,将中国香港本土企业作为对照组。

通过对1980—1990年、1991—2005年以及2006年至今三个阶段的比较发现,在政府干预方面,新加坡的干预强度和资金投入很大,中国香港的干预则比较微弱,市场对技术创新的作用更大。在创新产出方面,二者在20世纪90年代以后都开始加速,但2000年后,新加坡的增长率更高。在创新领域方面,新加坡的产出集中在政府规划的领域,中国香港的较为分散。在创新主体方面,新加坡的外资企业占比更高,本土企业少,中国香港的本土企业和个人创新更多。

在对新加坡和中国香港进行比较后,王珏副教授进一步指出了政府干预对企业创新的影响。政府干预促进了新加坡企业的发展,在技术重要性和技术复杂度方面看,两者都超过了同时期的中国香港。政府强干预带来的创新能力的提升非常明显,产出数量迅速增加,本土企业发展快于外资企业。但这也带来了资源配置的问题,因为本土企业群体较小。与此同时,中国香港虽然没有强大的本土企业,但是小型的创新企业较多,创新文化更加活跃。总之,强政府干预会造成资源的过度集中,少干预或不干预则可能会使企业错过发展的机遇。

讲座结束后,王珏副教授与参与讲座的师生进行了热烈互动,就研究的具体方法、数据获取等其他问题进行了更深入的讨论。

(复旦大学国际关系与公共事务学院纪昊楠整理)

虞崇胜教授主讲"提升制度秉赋：超越制度优势的国家治理现代化目标"

2021年5月14日，2021年度复旦大学陈树渠比较政治发展研究中心讲座第3期（总第314期）在复旦大学文科楼615室举行，华中科技大学国家治理研究院特聘研究员、原武汉大学政治与公共管理学院副院长虞崇胜教授主讲"提升制度秉赋：超越制度优势的国家治理现代化目标"，讲座由复旦大学国际关系与公共事务学院教授、陈树渠比较政治发展研究中心主任郭定平教授主持。

讲座主持人郭定平教授介绍了主讲嘉宾虞崇胜教授的学术背景，赞扬虞崇胜教授作为学界前辈硕果累累的政治学学术贡献。虞崇胜教授回顾了自己从事政治学研究的历程，介绍了他对于中国特色社会主义政治制度自我完善的关注，提出制度的自主性这一重要的研究问题。

虞崇胜教授以汉密尔顿之问和托克维尔之问引入研究的问题。美国政治家汉密尔顿在《联邦党人文集》中提出了一个事关人类政治文明发展的核心问题："人类社会是否真正能够通过深思熟虑和自由选择来建立一个良好的政府，还是他们永远注定要靠机遇和强力来决定他们的政治组织？"托克维尔写就了《旧制度与大革命》一书，围绕"为什么大革命在法国而不是在其他国家爆发？"，讨论了旧制度的局限与延续。他们的问题说明，制度的最初选择不可能真正做到深思熟虑，任何制度体系都是有局限的；僵化的制度体系是难以维持的；制度的生命力在于不断创新发展，良好的制度必须始终保持进取的状态;只有通过积极的制度变革,不断补齐制度短板,制度才能充满生机与活力。

虞教授指出,中国特色社会主义制度延续至今,取得了重大成就,展现出显著的制度优势。他引用美国爱荷华大学讲席教授唐文方的研究结论——对不同的中国民意调查数据和研究成果的分析表明,中国政体并非西方学者通常认为的那样脆弱,反而具有相当的韧性。我们应当坚持制度自信,发扬中国特色社会主义的制度优势。

虞崇胜教授进一步分析认为,制度是为社会发展服务的,其自身的发展更是一个常新的课题。要辩证地去看待、认识和理解制度优势。中国的制度优势常常被描述为"集中力量办大事",但从发展的角度看,制度优势总是相对的,过去的优势不等于现在的优势,现在的优势也不等于未来的优势;同时,制度优势也不等于治理效能,不一定能带来有效的治理。要想保持和发展制度优势,就必须实现创造性转换,将制度优势转化为治理效能。

然而,制度是规范,治理是行为,制度优势不可能直接转化为治理效能。将制度优势转化为治理效能,必须借助于中介,即首先要将制度优势转化为制度优性。虞崇胜教授以物理学的能量来进行类比,认为优势是一种势能,优性是一种性能。势能是外在的,需要借助他力才能发挥作用;性能是内在的。势能在体外,往往容易丧失;性能内藏于体内,不容易丧失。因此,只有通过制度变革,将制度势能转化为制度性能,使制度本身具有优秀的品质(即制度秉赋),制度优势转化为治理效能才能实现,从而保证制度自身的长治久安。

虞崇胜教授主张,衡量一种制度是否科学、先进,主要是要看制度秉赋,也就是看制度所内含的优良品质。虞教授进一步分析认为,制度是人类主观的创造物,但制度的生命力深藏于社会环境之中。他引用了政治学家拉斯基的论断:"制度是有生命力的,环虞崇胜教授主讲"提升制度秉赋：超越制度优势的国家治理现代化目标"

境如果发生变化，则制度本身也就发生变化，它是传统、成规和惯例的结晶。"因此，理解制度，不仅要充分注意到不同制度有不同的生成条件，而且还要看到不同生成条件给予制度的深远影响以及因生成条件不同而带来的不同制度秉赋。新制度主义政治学发现，任何制度结构和运作效果都取决于其生存的社会环境；每种制度发展都有其特定的基础、前提和条件，应然的东西必须与可行性结合才能变为现实。提升制度秉赋其实就是一个主观与客观、环境条件与主观创造、制度成长与制度选择相结合的过程。正如习近平总书记所指出的："设计和发展国家政治制度，必须注重历史和现实、理论和实践、形式和内容的有机统一……不能想象突然就搬来一座政治制度上的'飞来峰'。"[①]

虞崇胜教授列举了提升中国特色社会主义制度秉赋的实现路径。其一是提升制度适应性。提升中国特色社会主义制度秉赋，必须精准把握中国国情的特点、现实发展阶段和未来长远发展的要求，反映和体现社会主义本质和人民群众对美好生活的需要。其二是提升制度包容性，使之更加适应组织复杂性和社会多样性的需求。其三是提升制度共识性，着力保障和改善民生，使改革发展成果更多更公平惠及全体人民，进而最大范围地凝聚共识，使中国特色社会主义制度体系获得广泛的民意支撑。其四是提升制度自主性，不受外来势力和观念的影响、干扰，自主地根据本国国情、人民意愿和实际需要决定制度的内容和形式。其五是提升制度进取性。虞教授认为，制度的进取性来自两个方面：一是制度的开放性。任何制度只有开放并学习和借鉴人类制度文明的优秀成果，才能获得新的发展动力。二是制度的创新性。任何存在的制度都有落后于社会发展要求的一面，制度只有通过改革创新，不断革除

---

① 摘自2014年9月5日习近平总书记在庆祝全国人民代表大会成立60周年大会上的讲话。

自身存在的痼疾,才能获得新的生机和活力。其六是提升制度有效性,制度有效性来自内外两方面的因素。除了外在的制度执行者的能力、素质、方法等因素外,还包括科学性、权威性、可操作性等内在因素。

讲座结束后,虞崇胜教授就制度秉赋与政党自觉之间的联系、制度禀赋的经验依据等话题回答了在场同学提出的问题,展现了虞崇胜教授深刻的学术思考和务实的治学态度。

(复旦大学国际关系与公共事务学院纪昊楠整理)

钱皓教授主讲"加拿大联邦大选后中加关系的走向"

2021年9月23日下午,由复旦大学陈树渠比较政治发展研究中心举办的2021年度主题演讲第6期在复旦大学文科楼615室举行。上海外国语大学加拿大研究中心主任、国际关系与公共事务学院钱皓教授以"加拿大联邦大选后中加关系的走向"为题,为在场师生带来了一场精彩的讲座。讲座由复旦大学国际关系与公共事务学院政治学系郭定平教授主持。

讲座伊始,钱皓教授对近日举行的加拿大第44届联邦大选结果进行了分析。此次大选由总理特鲁多于8月15日宣布提前进行。从选举结果看,特鲁多领导的自由党以158席组成了少数党政府。钱皓教授认为,尽管与上次选举相比只多了一个议席,此次自由党的胜选可能在于特鲁多政府的疫情政策取得了良好效果。钱皓教授指出,加拿大在少数党政府执政的情况下提前举行大选是一种常态,一般每一年半到两年会提前进行大选。两个主要原因可能导致了政府提前进行大选。一方面,反对党联合攻击执政党,提出不信任案被下议院通过,迫使选举提前进行;另一方面少数党政府为了争取获得多数党执政地位,也会采用提前大选的手段。

随后,钱皓教授详细分析了自由党、保守党、新民党、魁人政团和绿党在此次大选中的具体表现,并对自由党和保守党在大选中的选战情况进行了重点介绍。在分析中,钱教授指出了此次大选

西方政党政治与民主危机

反映出许多新特点,比如华裔候选人数下降,对华政策成为竞选辩论主题之一,媒体/自媒体对选民投票的影响增大,往年的"策略性投票"今年并没有出现。之后,钱教授进一步分析了加拿大政治制度对联邦大选的影响,强调了加拿大议会制联邦制的政治体制与美国、英国政治体制的区别与联系。钱教授还指出,对于新一届政府政策作判断需要进一步跟踪一个月后的"王座演说",届时新政府会对其内政外交政策进行更为详细的介绍。

接着,钱皓教授转入了对中加关系的分析。钱皓教授首先对中国与加拿大在彼此国家外交中的定位进行了梳理。在中国的外交定位中,加拿大属于重要的多边伙伴;在加拿大的外交定位中,中国则被认为是其多边框架下的重要伙伴以及第三种选择。在此,钱皓教授着重分析了加拿大对自己的定位从"边缘依附观"到"中等国家""主要大国"定位的转变。在不同的定位下,加拿大存在不同的外交期待和外交行动。随着加拿大试图从追随者向倡导者、推动者和领导者转向,加上自由党少数派政府面对反对派的掣肘,其存在随时倒台的可能,再加上美国因素的作用和影响,中加关系的发展将会受到挑战。

在对新一届特鲁多政府对华政策进行预判后,钱皓教授对中加关系如何打破僵局提出了自己的看法。首先在面临冲突时,双方可以采取逐案解决的方式,也可以通过三边或多边实现合作。其次,应关注二轨外交在双边关系中的作用,通过民间先行帮助改善中加官方关系。最后,中加关系应始终保留合作窗口。

讲座结束后,钱皓教授与参与讲座的师生进行了热烈互动,并对华裔在加拿大政治中的角色、中加民间外交的推进等问题进行了更深入的讨论。

(复旦大学国际关系与公共事务学院柯孜凝整理)

陶然教授主讲"转型发展的中国模式"

2021年11月5日上午,由复旦大学陈树渠比较政治发展研究中心举办的年度主题演讲第7期在复旦大学文科楼615室成功举办。中国人民大学经济学院陶然教授以"转型发展的中国模式"为主题,给在场师生带来了一场精彩的讲座。讲座由复旦大学国际关系与公共事务学院教授唐世平主持。参加讲座的不仅有国务学院的包刚升老师、陈醒老师、胡鹏老师、张平老师、郑宇老师和同学们,也有来自社政学院和新闻学院的同学。

陶然教授的讲座深入探讨了中国过去四十年转型发展不同阶段的经济增长及动态,提出了一个阐释中国转型发展的系统性分析框架。

讲座伊始,陶然教授基于对中国过去四十年快速成长的变化梳理,发出了"转型发展的中国模式之问"。陶然教授指出,中国改革开放四十年的成长、变化是人类经济发展史上最重大事件之一。中国从一个实行传统的计划经济体制的封闭国家,发展为了一个初步达到小康生活水平的国家,成为了全球最大贸易国、第一制造业生产国和第二大经济体。陶然教授表示,学界应当对此给出好的理论解释,然而,现有文献在"中国模式"的问题上并没有取得一致意见。基于制度经济学视角的研究提出了财政分权体制、官员晋升"锦标赛"等理论解释"中国模式";另一些研究则错误地直接否认"中国模式"的存在,强调中国的发展是由于所谓政府后退使得市场不断发挥作用的结果。

陶然教授认为，这些争论缺乏深入的理论分析和扎实的实证考察，对转型发展不同阶段的中国政治、经济、社会的变化机制没有进行共性和特性的考察，没能回答政治和经济互动方式究竟是什么的问题，最终沦为政治立场乃至意识形态的争论。相反，陶然教授强调考虑初始条件和关键历史事件的互动十分重要，不同的互动结果及其后的演化路径就可能对应着不同的转型发展模式。因此，在没有对重大社会经济现象的产生原因和发展逻辑深入研究之前，不应先进行价值判断，也不应直接否定或肯定其存在。

陶然教授以1972年这一关键节点如何导致中国与苏联走向不同发展路径为例说明了这点。陶教授指出，苏联丰富的自然资源禀赋，尤其是对石油和天然气的大规模开发，使其从20世纪60年代中期开始展现出在国际政治和军事领域的扩展意图，此举推动了中美从1972年基于各自战略利益的逐步接近，有效降低了中国的军事压力，但增加了苏联面临的军事压力。在1972年这个关键节点上，中美关系的缓和对中苏相似的计划经济体制带来了方向相反的冲击，两国的经济体制从此走上了分叉的道路。一方面，中国通过降低军事压力，通过70年代末期的渐进转型实现了国家建设的转变；另一方面，面临巨大军事压力的苏联选择进一步集权化，以创造一个更强大的重工业和军工集团缓解压力，这带来了苏联经济体制的进一步僵化。苏联最后由于无法启动渐进化市场转型以增强消费品市场，而不得不启动政治改革导致全面崩溃。因此，解释这类重大的转型发展问题，并不能机械套用某种理论。陶然教授总结道，研究此类问题的一个更好的方式是，首先把"模式"当成一个中性词，"实然"地分析特定初始条件和关键历史事件的互动怎样诱发了特定的转型路径和发展模式，仔细辨析各种转型路径和发展模式背后的结构性机制和偶然性因素。

随后，陶然教授转入了对"经济体制持续分权理论"和"地方官员晋升锦标赛理论"两类文献的深入讨论，强调二者仅从地方发展激励的角度解释中国整体的政治经济体制变化，无论从理论逻辑上还是实证上，二者都面临难以克服的重大挑战。

经济体制持续分权理论将中国出现的经济增长归因为中国财政体制分权下，地方政府为最大化财政收入大力发展本地的国有企业和乡镇企业的结果。这些理论认为，即便是在1994年分税制改革后，由于地方掌握了土地出让金，因此中国财政体制仍然保持了分权，因而促进了中国经济的高速增长。然而，陶然教授以央地在收税权力分配上的互动为例指出，是一些更基础的结构性效应，包括国内国际两层逐底竞争，第二、第三产业交互强化型溢出效应，而非财政或经济分权这一结果，才是影响中国经济增长的关键所在。地方官员晋升锦标赛理论则是作为对财政分权理论的补充，强调地方主要官员的政治激励在推动本地经济增长中的作用。该理论认为中国存在一个层层向下、以增长率为主要指标的"地方主官考核和提拔体制"，其缓解了分税制后财权上收对地方发展的负向激励。陶然教授指出，这类理论的问题在于，其认为是中国经济增长基础的、层层向下考核并以GDP增长率为主要依据的地方官员考核提拔体制事实上并不存在。总之，通过对上述两类文献的反思，陶然教授指出二者的解释力十分有限。不仅无法找出过去四十年转型中国实现较快经济增长的根本原因，也难以解释此过程中的工业地价不断下降、居住地价不断上升，基础设施超常规建设以及其他典型性事实，同时其还忽略了国际和国内结构性因素的影响。

在此基础上，陶然教授提出了一个解释中国经济增长的"三二一"理论框架。他指出，20世纪90年代后期以来，中国的发展沿着一条类似、但又不完全相同于东亚发展型经济体增长模式的道路，是东亚模式的更极端版本。在中国的经济管理体制下，形成了民营企业在下游制造业行业的"一类市场化竞争"，中央和地方政府卷入国际、国内"两层逐底式竞争"，以及国企在上游部门、国有银行在金融行业、地方政府在商住用地出让上的"三领域行政性垄断"。其中,中央和地方政府分别在国际和国内层面展开的"逐底式竞争",非常有力地支持了"一类市场化竞争"中民营企业的成长和出口,为中央和地方政府带来了税收收入,并为上游国企、国有银行和地方政府实行"三领域行政性垄断"创造了条件。具体而言,中央和地方政府在国际和国内层面的"逐底式竞争"是驱动中国经济增长的两个结构性因素。为了应对产能过剩和内需不足的问题,中央和地方分别在国际竞争和国内竞争中以政策逐底的方式,压低制造业生产成本并提高中国出口产品国际竞争力。中央通过压低汇率、出口退税等政策,地方则通过放量低价供应工业用地,放松相关政策,以增加出口、吸引投资。这有力地促进了以生产出口导向型消费产品为特征的下游民营企业参与国际市场,继而积累了大量贸易顺差。在此过程中,还存在三个领域的行政性垄断,即上游制造业(能源、原材料行业)与高端服务业行业的国有行政性垄断、国有银行为主体的金融体系行政性垄断以及地方政府对城市商住用地供应的行政性垄断。这进一步使得中国在国内和国际上被卷入激烈的"双层逐底式竞争"之中。相较而言,尽管日韩等东亚发展经济体也存在政府对金融行业的严格管控与市场保护,但并未像中国这样存在上游国企、银行和地方政府全面实施"三领域行政性垄断",这也是中国和东亚模式之间的差异。

　　讲座最后,陶然教授同与会师生就其所提出的理论框架进行了更加深入的探讨。讨论涉及对国企和民企在其中扮演的角色差异、推动中国经济发展的动力、基于该理论框架对中国发展的展望,以及理论构建如何符合现实变化等问题。陶然教授对老师及同学们所提的问题都一一解答,并特别指出,要实现中国的可持续增长与发展,避免落入中等收入陷阱,需要高超的经济智慧和政治智慧,以及非常良好的国际环境配合。

(复旦大学国际关系与公共事务学院柯孜凝整理)

张望教授主讲"岸田时代的日本政治与中日关系走向"

2021年11月2日下午,由复旦大学陈树渠比较政治发展研究中心主办的年度主题演讲第8期在线上成功举办。日本早稻田大学国际教养学部张望教授以"岸田时代的日本政治与中日关系走向"为主题,给百余名师生带来了一场精彩的讲座。讲座由复旦大学国际关系与公共事务学院教授郭定平主持。参加讲座的不仅有学院的包霞琴教授、日本研究中心的王广涛副教授等复旦大学老师和学生,也有韩国安保研究院的朴炳光研究员等来自海外的专家学者。

张望教授就讲座主题深入探讨了派阀政治在2021年9月自民党总裁选举中究竟起了多大作用?岸田政权是不是"没有安倍的安倍政权"?众议院选举后的日本对华政策走向何方?

讲座伊始,张望教授对派阀政治在本次自民党总裁选举中扮演的角色进行了分析。张教授认为,派阀政治并非解读岸田文雄胜选的唯一因素。尽管学界多从派阀政治的视角解释岸田胜选,但从各个候选人的支持者来自背景极为不同的派阀以及基层议员并未接到派阀指示这两个事实来看,派阀政治究竟在2021年9月自民党总裁选举中起了多大作用,对之仍然需要进一步剖析。张教授认为只有了解日本的选举制度才能更好地理解日本的派阀政治。通过回顾1994年前后日本选举制度的变革,张望教授强调在当前小选区制度和比例代表制度并立之下,派阀政治的解释日渐式微。张教授从大众政治和精英政治的平衡与博弈视角对此进行了说明,并指出,党员为了保证自己获得席位会倾向于投票给在大众政治方面具有选举优势的候选人。在此情况下,该候选人在议员中的支持度也会扩大,更容易连任。反之,如果该候选人在大众中支持率低,议员对其的支持率也会收窄,导致其下台。由此,张教授总结道,在日本选举政治中发挥重要作用的往往是制度因素而非派阀政治。随后,张望教授进一步梳理了小泉政权、安倍政权以及菅义伟政权的支持率变化趋势,并进一步说明了这一点。张教授以小泉政权为例指出,当时属于森派的小泉纯一郎通过"邮政民营化"和"参拜靖国神社"等推高自身在大众层面的内阁支持率,令精英政治层面的国会议员认识到只有小泉才能令他们在国会选举中当选,导致当时处于党内主流地位的桥本派大幅萎缩,也令自民党在2005年众议院大选中大获全胜。

此外,张望教授也分析了以派阀政治预测当选结果的矛盾之处。派阀政治视角的解读聚焦于安倍晋三(Abe)、麻生太郎(Aso)和甘利明(Amari)(简称3A)。但事实上,从本次选举的结果看,岸田、河野、高市的支持者来自背景极为不同的派阀。以小林鹰之为例,作为二阶派的小林鹰之在选举中却投票给了高市早苗(无派阀),同时与甘利明(麻生派)关系密切。由此看来,仅从派阀政治视角进行解释存在局限。基于此,张望教授提出了另外两个可供解读的视角:一是议员的理性选择;二是河野因素。议员理性选择视角关注议员在选举中的理性计算,认为议员会考虑"谁能令自己当选"从而做出投票选择。张教授指出,派阀协调更多存在于资深议员之间,在当前日本的选举制度下,年轻议员的投票行为更可能受到理性选择的影响,"安倍电话"就是最好的例证。另一个视角强调竞争对手河野的竞争力因素。在此,张望教授比较了岸田文雄和河野太郎的性格因素对各自获得日本政界支持率的影响。张教授指出,河野的美式作风在日本政界水土不服,相反,作为"好好先生"的岸田人气更高,两人犹如中国历史上楚汉相争时的项羽和刘邦。

接着,张教授探讨了本次讲座的第二个重要议题:岸田文雄政权是不是"没有安倍的安倍政权"。通过对岸田内阁的人事安排进行分析,张教授指出,岸田政权尽管在一定程度上受安倍政权的影响,但也在刻意与安倍政权保持一定的距离。尤其从内阁官房长官、政务秘书官、新干事长的人事任命等多方面,可以看出岸田文雄对于安倍政权的疏远。张教授指出,岸田在干事长和内阁官房长官的人事安排上并没有同安倍推荐的人选保持一致,这也引起了安倍的不满。政务秘书官的人选也并非安倍的人马,而是选择了岸田的高中校友岛田隆。新干事长的人选是竹下派的茂木敏充,选用这位非安倍派阀的成员,既可以保持与安倍的对话,又可以有效保持与安倍的距离。随后,张教授进一步分析了岸田此举的深意在于"大宏池会"的构想,并指出,岸田派、麻生派以及谷垣集团的共同源头都是宏池会。如果岸田内阁支持率足够高,达到40%—60%,三派有可能合流,那么派阀总人数可达到115人,将超过安倍的细田派(96人)。因此,岸田这一系列的人事安排可能存在一个更大的布局,是否如此,还需要观察安倍与麻生、甘利的关系走向,尚难定论。

最后,张望教授对众议院选举后的日本对华政策走向进行了展望。基于国际关系学的视角,张望教授用层次分析法解析了体系层面、国内层面和个人层面上日本对华政策的影响。首先,在体系层面,日本对华政策受到美日关系稳定度的影响。当美日关系不稳定,日中就会靠近,日本形成了对华"战术对冲",这在特朗普时代尤为明显;当美日关系稳定,日中形成对立,日本对华进行"战略制衡",这体现在拜登时代的日本外交政策中。在国内层面,日本对威胁的认知程度、与中国的经济相互依赖程度以及政权的稳定性三个因素都会影响日本对华政策的制定。张教授指出,政权的稳定性可能是其中最为重要的因素。他认为此次岸田政权的稳定性属于中等程度。在个人层面，领导人个性、特质和思想也对外交政策的制定存在影响。接着，张教授以2006年安倍对华破冰之旅和日本外务省与通产省在对中国台湾地区加入亚太经合组织（APEC）上的矛盾态度两个案例，进行了深度分析，并强调内政因素在日本外交政策中的重要性。一方面，通过对前日本驻华大使宫本雄二的访谈发现，安倍对华的破冰之旅是其作为新首相上任的政绩需要，目的是备战2007年参议院选举。由此可见，日本对华外交并不一定是对外交/体系力量分布变化的反应，而是基于国内选举的需要（首相个人利益需要）。另一方面，通过对外务省外交史料馆2020年的解密档案的阅读分析发现，有关日本就APEC会议成立方针的外交文书（1989）中，外务省对中国台湾加入APEC持慎重态度，而通产省从经济角度出发，支持中国台湾加入APEC。然而文件中披露，外务省要求东南亚各国日本使馆不要协助通产省官员的外访活动。这也表明日本不是一个统一行为体，印证了沃尔夫伦（Karel Wolferen）的观察，即日本不存在一个强大的政治中心，权力分散在若干半独立半相互依赖的实体中。

随后，张望教授就众议院选举结果和对华政策进行了联动分析。张教授指出，作为鸽派的岸田的对华政策首先取决于他的政权稳定度。如果支持度少于过半数议席（233席），岸田会受到安倍较大的制约，对华政策强硬的可能性偏大。如果能够维持"安定多数"（244席左右或以上），岸田在外交政策上会有一定自由度，对华政策相对和缓。且岸田是2014年中日首脑会谈"四点共识"的见证人，了解中方关于敏感问题的底线，会偏向于对华实施鸽派色彩的外交。最后，张望教授基于日本国内政治对岸田内阁的影响做了展望，他指出有两个时间点可能会影响岸田支持率的走向：一是2021年12月至2022年4月新冠肺炎疫情第六波的可能性；二是2022年7月的参议院选举。张教授判断，如果岸田能够顺利度过这两关,将实现长期执政;如果无法度过,可能会出现短命首相的情况,继而出现"3A"的合流或是高市早苗政权诞生的可能性。

讲座最后,张望教授同与会师生就维新党和立宪民主党在此次选举中的表现、东亚国际关系与国家安全、外务省和通产省在日本对外政策制定中的角色,以及中美关系与中日关系的关联等问题,进行了深入交流和探讨。

(复旦大学国际关系与公共事务学院柯孜凝整理)

王胜强教授主讲"现代人自由的三个层面"

2021年11月11日上午,由复旦大学陈树渠比较政治发展研究中心主办的年度主题演讲第10期在复旦大学文科楼615室成功举行。《学术月刊》资深编辑王胜强教授以"现代人自由的三个层面"为主题,给在场师生带来了一场精彩的讲座。讲座由复旦大学国际关系与公共事务学院王正绪教授主持。参与本次讲座的还有国务学院公共行政系李瑞昌教授、张平副教授以及来自各院系的复旦师生。

王胜强教授本次的主题旨在探讨如何理解现代人自由的问题。基于对政治哲学中理想主义、自由主义、共和主义三种自由观的深度分析,王教授提出了理解现代人自由的三个重要层面。

讲座伊始,王胜强教授首先向在座师生提出了讨论现代人自由必须涉及的问题,即"自由是什么?"在认真听取了同学们对自由的理解后,王教授提到,理解现代人的自由应当从政治哲学的角度进入。随后,王胜强教授按照时间顺序依次介绍了十八位思想家对自由的定义,并深入分析了这些思想之间的内在继承性与批判性。

王胜强教授首先分析了霍布斯的观点。霍布斯认为,自由指的是"在力量和智慧所能办到的事物中,可以不受阻碍地做他所愿意做的事情"。王教授强调,霍布斯对自由的强调有两点值得注意:一是"不受阻碍";二是自由存在伤害别人的可能性。这两点表明了自由与侵权有关。第二位思想家斯宾诺莎对自由的理解聚焦于个体自主决策的行为。作为天然之权,每个个体的"不顾一切,只有自己"的自然权利,是自然的最高律法与权利。第三位思想家弥尔顿的自由观则强调自由需要通过政府实现,他主张建立政府是为了保卫共同的安全,为了保证自由需要建立一个没有国王、没有上院的议会主权的共和国。第四位思想家洛克则从法律的角度理解自由。王教授在此指出,洛克的思想表明法律和自由是有相容性的,并不存在冲突。随后。在对第五位思想家孟德斯鸠的分析中,王教授指出其与弥尔顿、洛克一样都强调政治自由的重要性,但孟德斯鸠更加深入到对经济安全带来的自由的探讨,因其认为"一个公民的政治自由是一种心境的平安状态,这种心境的平安是以人人都认为他本身是安全的这个看法产生的"。第六位思想家汉密尔顿同样持有通过制度保障自由的观点,并提出了以两院制、司法独立、加强总统权力等具体方法来保证自由。第七位思想家贡斯当认为"现代人的自由是个人生活独立性的自由"。王教授指出这种观点的重点在于承认自由是不妨碍个人的隐私活动。第八位思想家休谟对自由的理解基于财产与契约关系划定的边界,他提出"正义是一种人为的美德,而不是自然的美德"。

第九位思想家康德的纯粹理性思想强调在这种纯粹理性之下的行动构成了自由意志的行为。王教授指出,这是一种对斯宾诺莎观点的回归。第十位思想家边沁则持一种偏霍布斯式的自由观,因其提出"义务对个人来说就是某种自由的丧失,也就是痛苦"。王教授解释道,这种观点表明,任何损害个人的事情都是自由的丧失,因此只要不发生具体的损害行动,个人就是自由的。第十一位思想家密尔持一种类似康德式的观念,认为自由是不被他人妨碍而能按照自己的计划实现自己的好处。第十二位思想家斯宾塞则强调"一个公民享有的自由不是由国家机器的本质决定的,而是由强加于他之上的限制数量决定"。王胜强教授特别指出,斯宾塞从具体行动看待自由的观点与霍布斯有相似之处,但同时批判了其忽视国家机器本质的观点,因其忽视了当国家机器独裁时其妨碍法律自由的可能性。第十三位思想家哈耶克对自由的定义则从抽象下移到了现实中,强调自由在人与他人的关系之中,也即个人具有某种不被干涉的、被保障的私域。第十四位思想家伯林则将自由区分为积极自由和消极自由。王胜强教授评论道,伯林提出的积极自由中可能存在强制性自由的可能性,消极自由强调不主动也拥有自由的观点反而更加有意义,因为其提出个人拥有一个不能被妨碍的行动领域。

第十五位思想家罗尔斯则指出"自由是制度的某种结构,是规定种种权利和义务的某种公开的规范体系"。王胜强教授认为罗尔斯对自由的定义进一步打开了康德的自由观,提出了如何在现实中实现这种抽象的纯粹理性的办法,即一套公开的规范体系。王教授表示,罗尔斯将康德自由观现实化的做法亦是其思想的一大贡献。第十六位思想家诺齐克延续了霍布斯的观念,强调侵权与自由的观念。第十七位思想家佩迪特则将霍布斯的有关干涉的观点进一步发展,指出"无支配自由要求没有人能够在一种专断的基础上干涉自由人的选择"。王教授解释道,这种观点强调自由是由法律保障的地位形成的状态。最后一位思想家斯金纳对自由的定义很简单,自由即"不依从"。王教授指出,这种自由意味着在法律、道德层面都是平等的,承袭了洛克的观点。

基于对上述思想家自由观的分析,王胜强教授提出,作为秩序的自由可分为三个层面,即自律的自由、无干涉的自由与无支配的自由。这三个层面分别对应了政治哲学的三个传统,即理想主义、自由主义与共和主义。理想主义以斯宾诺莎、康德、罗尔斯为代表,其强调自由与个人做出选择有关。自由主义以霍布斯、哈耶克为代表,强调法律、道德存在边界,只要具体行动中不存在侵权就可以实现自由,强调消极自由。共和主义以洛克、孟德斯鸠、斯金纳、佩迪特为代表,强调公民地位平等、自由的实现必须要依赖法律制度,尤其是司法独立与财产保障。在此,王胜强教授以"一个寄人篱下无人打扰的瘾君子"的思想实验对三者进行了说明。一个寄住亲戚家拥有不被打扰的私人空间的少年,在学校中由于孤儿的身份遭到同学霸凌。由于各种各样的原因,该少年长大后成了一名瘾君子。王胜强教授指出,该故事中少年拥有了无干涉自由,但丧失了自律的自由和无支配自由。不被亲戚打扰的私人空间意味着少年获得了消极自由的环境,具有无干涉自由;在学校中被霸凌意味着少年在公开的环境中和同学的地位并不平等,失去了无支配自由;成了一名瘾君子意味着少年只有吸毒这一个选择,从而失去了自律的自由。

最后,王教授总结了三种自由的关系并强调自律的自由是三种自由的基础。

在讨论阶段,王教授和在场师生们进一步探讨了有关自由的词源学问题、无支配自由与无干涉自由的区别、无支配自由与道德和法律的关系以及自由和平等的关系等问题。在对上述问题的解答中,王教授进一步对无支配自由的含义作出了进一步的解释。王教授指出,无支配自由既涵盖了法律,也涵盖了道德,更重要的是无支配自由与权力有关,实际上法律和道德在一定程度上都是权力的象征。此外,王教授还厘清了自由和平等之间的关系,他指出机会平等才能实现自律自由,地位平等才能实现自律自由,但是财产平等则会与自由发生冲突,因为人力资本存在差异,完全、绝对的财产平等是无法实现的。最后,王胜强教授解释了东西方关于"自律"的不同理解。王教授指出,东方对自律的理解只有自己控制自己这一层面,西方对自律的理解则涉及自己控制自己、不伤害别人以及实现自己正当理想三个层面,因此在理解相同名词时需要注意其背后的差异。同时还需要注意的是,不同时代的西方资产阶级思想家对自由这个概念的认识和阐释,带有明显的时代和阶级烙印,对此我们要有正确的认识。

(复旦大学国际关系与公共事务学院柯孜凝整理)

徐勇教授主讲"长周期与中国政治"

2021年11月17日上午,由复旦大学陈树渠比较政治发展研究中心举办的年度主题演讲第9期在复旦大学美国研究中心104室成功举行。华中师范大学人文社会科学资深教授、教育部首批文科长江学者特聘教授徐勇以"长周期与中国政治"为主题,给在场师生带来了一场精彩的讲座。讲座由复旦大学国际关系与公共事务学院教授熊易寒主持。参与本次讲座的还有华中师范大学的陈军亚教授、吴春宝副教授,复旦大学国际关系与公共事务学院政治学系系主任刘建军教授,政治学系陈周旺教授、李辉教授、包刚升教授,公共行政系系主任李瑞昌教授,国际政治系郑宇教授,社会科学高等研究院贺东航教授,以及上海师范大学陶庆教授等校内外近百名师生。

讲座伊始,徐勇教授首先阐述了转换对国家认知视角的重要性和必要性。徐勇教授认为,一个国家的政治学主要研究本国政治,但当前人们更多通过外来思想认识和定义中国政治。这些外来思想往往存在某种基于价值提出的理论预设。由于价值会随着事实的变化发生改变并对过去的价值取向提出质疑,从而新的认识尺度和话语表达也得以建立。在此,徐勇教授向政治学研究发问,中国为什么在厚重的传统帝国基础上迅速跨越至现代国家?历史传统对于现代化而言是否都是负资产?徐勇教授表示,回答这一问题应当以中国内部性变化为视角,强调中国内部性的演变需要有新的历史观。

西方政党政治与民主危机

　　徐勇教授基于内部性演变提出了理解中国政治的一种新历史观——"长周期历史观"。首先，徐勇教授比较了西方文明与中国文明的历史观。在徐勇教授看来，西方是典型的空间文明，文明中心不断地发生空间位置的转换，文明在旧的废墟或新的空地上建立起来，是一种文明形态对另一种文明形态的替代。因此，西方从空间的角度理解自身的文明和国家进程。中国则是典型的时间文明，是一个在固定的空间内长期延续的国家实体，并通过改朝换代的方式来实现国家演进。因此，理解中国应该从时间的维度进行。特别是近代以来，中国的时间出现了跳跃性，呈现出特有的时间观，拥有"百代皆行秦政制""三千年未有之大变局"与"百年未有之大变局"的丰富内涵。随后，徐勇教授回顾了布罗代尔的"长时段"历史观、金观涛的"超稳定"历史观和黄仁宇的"大历史"历史观，并指出三者的共同点，是站在现代的高度反观历史，以西方的标准定义中国。在此，徐勇教授详细分析了"超稳定"和"大历史"观蕴含的理论预设。前者以西方为标准研究中国传统社会为何呈现超稳定状态，后者则对中国下了"早熟国家"的价值判断。徐勇教授强调，二者尽管对于认识中国为何落后于西方有重要的价值，但随着中国迅速追赶甚至超越西方，需要建立一种更中性的、从中国内部性演变的视角来理解中国的历史进程。

　　徐勇教授认可美国学者费正清强调中国的"政治只能从其内部进行演变性了解"的观念，这在一定程度上破除了西方中心主义，但他却没有对此进行更深入的讨论。徐勇教授指出，基于费正清对中国政治的理解，他进一步以"长周期"的历史观解释中国政治。在徐勇教授的定义中，"长周期"是一种基于事物内部演变性的历史观，重视外部性因素的作用，甚至认为其具有十分重要的作用，但不以外部性作为唯一标准，而是将外部性作为参照，着重于事物内部演变性的理解。长周期指事物在一定条件下长期运行并由于内在规律发生周期性变化的状态，由构成长周期的时间段及给定条件、长周期内有规律的周期性变化和造成周期性变化的机理三个要素构成。在时间维度层面,徐勇教授指出,中国政治的长周期特点表现格外突出,在相当长的时段内,政治现象反复发生并有规律的起伏变化形成了政治长周期,"百代""三千年""百年"均属于长周期的时间规定。在周期维度层面,徐勇教授以国家税收的"黄宗羲定律"阐述在长周期内发生的周期性变化。在演变维度,徐勇教授指出,长周期不是历史循环,更不是历史停滞,而是指会发生周期性跳跃变化。在此,他指出长周期存在两种演变维度:一是持久性演变,表现为历史的不可逆转性和可变性;二是周期性演变,表现为历史的延续性和不变性。接着,徐勇教授根据其对农业文明的观察,指出农业文明更重视经验描述而不追问现象背后的机理,然而对长周期的研究最核心的就是发现造成长周期的机制,这也是他的研究所重点关注的。

在讲座的第二部分,徐勇教授转入中国历史本身,基于长周期的历史观分析中国传统的政治。徐勇教授首先指出,政治学应当关注与现实有关联的历史,应当从历史本身去发现历史。在中国历史中,政治周期比经济周期更加明显,因此布罗代尔对经济周期的刻板划分不太适用于分析中国的政治。由此,徐勇教授基于长周期的历史观对"百代皆行秦政制"中的"秦政制"进行了细致的分析。"秦政制"由中央集权的上层皇帝制、地方郡县官僚制和社会组织家户制三层结构所构成。上层皇帝制度将国家权力集中于皇帝之手,有助于获得国家的统一性,避免争斗,但也可能造成权力滥用,出现"暴政"。徐勇教授评论道,正是由于该制度,秦始皇因此具有"千古一帝"和"暴君"的双面性。底层家户制度主要源于商鞅变法中的分家和立户政策,它意味着个体农民摆脱了宗族共同体的人身依附,具有了独立性,每个人都是国家的平等臣民;同时也意味着必须承受国家负担,成为"苛政"的承受者。徐勇教授表示,从这个角度分析,过去所说的"皇权不下县"并不准确,家户制度下收税能够深入户的层级。总之，在家户制度下，中国的基本单元变为了个体家庭。中层的郡县制，配合皇权制度和家户制度，通过自上而下的郡县官僚制将亿万分散自立的家户从政治上联结起来，进行制度锚定。徐勇教授指出，这三大制度构成传统国家的政治骨架，正常运行便能获得"治国平天下"的效果，但难以保障王朝的"万世长存"。徐勇教授强调，"百代皆行秦政制"的原因在于生产方式和国家结构形式。在分散的小农户基础上，唯有中央集权的皇帝制度才能获得国家的统一性，皇权衰败必然分裂；家户制将家与户合为一体，具有天然的再生产功能，为统一国家提供物质基础；只有通过郡县官僚制才能获得国家整体性。因此，"百代皆行秦政制"构成了中国政治中的不变性。

然而，近代之后，外来工业文明造成"三千年未有之大变局"与"百年未有之大变局"，意味着新旧周期的替代，中国走出"百代"周期，进入一个新的长周期，实现了巨大的历史跨越。徐教授指出，历史的爆发力和跨越性促使我们反观历史传统，需要考虑"历史传统是否都是现代化的负资产？""中国为什么在厚重的传统帝国基础上迅速跨越至现代国家？"的问题。关于这些问题，近代以来的中外学者已经意识到传统中国具有某些超越西方的国家要素，但却以现代西方为标准观察历史，其背后都不免存在一种理论预设，即"为什么中国早就有了现代国家要素，却迟迟未能成为一个现代国家？"。徐教授指出，这种预设使得这些学者直接得出"中国的政治制度压抑了经济社会的发展"的结论。相反，徐勇教授通过长周期的历史观对中国传统政治进行分析后得出，中国历史上的现代国家要素为步入现代化轨道之后的中国提供了直接的形式要素。从长周期的视角看，中国步入"百年未有之大变局"之后，国家性质发生根本性变化，而国家结构形式却继承了历史遗产，帝国馈赠了现代国家要素，使中国在原有基础上形成了一个现代单一制国家，这是长周期中的"不变性"。"大变局"已改变了原有的政治环境，对治国理政的要求更高，由此提出国家治理体系与治理能力现代化，这是长周期中的"可变性"。最后，徐勇教授总结道，通过长周期的视角，可以发现中国历史进程中的延续性和创新性的意义在于，延续性提供变革的基础，创新性提供变革的动力。历史传统不全是负资产，且有相当程度的积极意义。

在接下来的讨论环节，主持人熊易寒教授首先对徐勇教授的讲座进行了总结。熊教授表示，徐勇教授此次讲座讲述了长周期中的"不变性"与"大变局"之间的关系，破解了基于西方中心论所提出的"早熟国家"问题。"为什么中国早就有现代国家的要素，但是没有成为现代国家"是一个以西方为中心提出的问题，徐教授在讲座中则做了一个大逆转，以中国为中心解释厚重历史传统与快速现代化之间的"悖论"，从空间文明、时间文明角度切入十分富有启发性。

随后，政治学系系主任刘建军教授对此次讲座发表了评论。刘建军教授从方法论、理论贡献和演讲内容三个层面对徐勇教授的讲座进行了评论。在方法论层面，刘建军教授认为徐勇教授的研究带有"读人读山读水读历史"的特点，是现场与历史的完美融合。在理论贡献层面，刘建军教授引用康德名言"没有概念的直觉是盲目的，没有直觉的概念是空洞的"，指出徐勇教授的理论概念建立在概念和直觉的完美融合之上。祖赋人权论、家户论、长周期理论、关系叠加理论都非常具有原创力，绝不仅仅是依靠文献发明，而是在"山水"中发现出来的。在演讲内容层面，刘建军教授对封建制进行了进一步的延伸阐释。在比较了封建制和契约关系后，刘教授指出封建制度中还存在一种保护性关系。最后，刘建军教授分享了他对本次演讲内容的四条总结。第一是历史延续论，即"百代行秦制"是一种帝国的馈赠，体现了历史中不变之处；第二是历史超越论，体现了历史中超越的一面，这些突破也正是政治学需要关注的；第三是历史关联论。刘建军教授指出，与历史学的研究不同,政治学研究的是与现实有关联的历史。第四是历史决定论。刘建军教授在此强调,将此次讲座内容归纳为决定论不是对徐勇教授的误解,而是一种赞誉。

最后,徐勇教授与在场师生交流了有关如何进行质性研究、现代化过程中的性别、中西方文明中的时间和空间因素以及豪族社会和门第社会之后的家户制度等问题。在回答如何进行质性研究时,徐勇教授强调,田野是一种现场主义,可以引出新的事实现象,发现新的问题,需要切实感知和思考,由此弥补书本知识的不足。在回答中西方文明中的时间和空间因素的问题时,徐勇教授进一步阐明,空间文明与时间文明的划分并不是一种简单的相互排斥,实际上空间中有时间,时间中有空间。以中国为例,中国的空间层面表现在中国具有地域差别,但始终保留了以农业/土地为生的核心文明;时间的中国则表现在政治共同体、文明共同体和民族共同体三个层面。

(复旦大学国际关系与公共事务学院柯孜凝整理)

郭台辉教授主讲"中国政治学创新的历史资源"

2021年11月19日上午，由复旦大学陈树渠比较政治发展研究中心举办的年度主题演讲第11期在复旦大学文科楼615室成功举办。云南大学郭台辉教授以"中国政治学创新的历史资源"为主题，给在场师生带来了一场精彩的讲座。讲座由复旦大学国际关系与公共事务学院李辉教授主持。参与本次讲座的还有陈树渠比较政治发展研究中心主任郭定平教授，以及来自国际关系与公共事务学院、哲学院等各院系的复旦师生。

讲座伊始，郭台辉教授结合自己研究方向的转变历程引出了其对历史在政治学中的角色的思考。郭台辉教授介绍道，在将研究重心转向概念史与历史社会学以及之后的历史哲学的过程中，他开始对西方传统对社会科学的影响进行反思，意识到西方历史社会学家背后存在某种共同的假设。随后，他将视野进一步转向中国，思考中国政治学转向历史的方法。郭教授提到，政治学研究领域对历史的关注早已有之，但一方面既有研究忽视了运用历史需要有坚实的积淀，另一方面在分析史料的过程中，社会科学也面临瓶颈。基于此，郭教授尝试对中国政治学的创新如何运用历史资源这一问题作出解答。

针对这一问题，郭台辉教授首先说明了当前中国政治学的现状。郭教授指出，中国政治学学科研究在一些方面正面临萎缩危机，新时代中国社会科学出现了转向历史的趋势。尽管在转向历史的过程中,历史社会学是中国社会科学转向历史的典范,但由于学科本位的影响,政治学并不愿意重复历史社会学的道路,因此一些政治学者提出了"历史政治学"范式。这一创新性的尝试表明,在探索如何推动"历史政治学"的同时,需要从不同角度与层次追问创新"何以可能?"。换言之,需要对如何推动政治学利用历史学的资源作出解答。接着,郭台辉教授展示了中国政治学创新的构成模型,他指出这涉及两个层面的问题:一是在对中国现实的理解上创新;二是学科创新。郭教授指出,当前对历史资源的理解涉及了历史作为本体、历史作为认知和历史作为方法三个层次。历史作为本体层次认为所有社会科学都是一种工具,历史作为认知强调时间意识,历史作为方法则强调历史材料的重要性。在这三种层次之外,还有一种态度直接认为在研究中不需要考虑历史,只关注现在和未来即可。郭台辉教授表示,这四种对待历史的态度在当前的学术界都有所体现,呈现出各自为政的现象。当前,将历史作为本体的研究很少,大多数的研究都是将历史作为方法,越年轻的学者越倾向于将历史作为方法,但也有学者开始强调要把历史作为本体进行理解。不过西方社会在将历史资源带入政治学研究的过程中,也存在分化。20世纪90年代之前的社会科学转向历史的尝试中,其主要关注于历史作为方法和材料,而且主要利用二手材料。例如斯考切波研究苏联和中国的材料都是20世纪前半期的二手材料,未关注20世纪后半期的新材料是其研究的一大问题,因其仅仅将历史作为一种材料。90年代之后,西方的研究开始强调历史过程的差异性、机会结构的问题,将时间作为关键节点。时间意识不是均等的,而是匀速变动的,要将历史事件带入具体的历史结构中观察事件前后的差异。但是,在将历史作为本体层面,社会科学学者不愿意将自己作为工具被对待,史学家认为社会科学利用模型来理解历史规律,二者出现了分歧。

郭台辉教授强调,社会科学对待历史的确存在分化,但是郭台辉教授主讲"中国政治学创新的历史资源"

20世纪之前的政治学并未完全脱离历史学和哲学,直到20世纪之后,政治学才出现完全关注当下的转向,这也是美国政治学的一大特征。郭台辉教授表示,在对政治学的历史传统进行反思的时候,我们需要思考更早时候政治学和历史学的结合方式。通过回顾学科发展史,郭教授指出,政治学具有生长并浸淫于历史的漫长传统,政治学和历史学是无法被切割的。相反,20世纪的政治学是一种异化,美国和苏联的政治学是反历史的。改革开放之后,中国政治学将美国和苏联的政治学结合起来,但二者恰恰都是反历史的。在此,郭台辉教授以美国为例对政治学与历史学的关系进行了分析。郭教授指出,美国政治学曾经的历史传统也十分浓厚,后来经过现实的历史主义、历史的现实主义阶段,逐渐走向当前的时代,政治科学兴起并成为主导。通过对美国政治科学的反思,郭教授指出,美国的政治学学科体系在20世纪50年代基本完成体系化。美国政治科学以例外论为基础,但当它兴盛后,就把例外论去掉向外扩展,建立了"学术霸权",美国学界认为美国政治学提出的模型就是世界走向现代化的模版,这是美国政治科学的陷阱。80年代美国学界进行了自我反思与重建,但其基本底色还是50年代的观念。与此同时反思中国政治学学科,尽管中国政治学科看到了应当从内在演化去进行解释,但却没有自主性,也没有意识到当时知识体系对外的高度依赖。改革开放以来,中国政治学研究糅合美苏两种对立模式,并未产生知识层面的反思。由此,中国政治学研究出现了没有历史感的问题。郭教授指出,如果在研究中能够带入社会、历史中的鲜活之物,中国政治学研究就会变得不一样。实际上,中国政治学研究也存在重启历史资源的尝试,形成了历史政治学、长周期政治、政治现象学、概念史以及历史制度主义等议题和论述。郭教授指出,上述尝试具有主题扩展、角度多元、技术多样、材料多层的优点,但也因此是一种碎片化的自发式研究。此外,在重启历史资源中,中国政治学研究也存在缺乏共同关注的时代大问题、视角不聚焦、方法抵牾、材料凌乱以及结论零散的不足。总体上看，当前的研究并没有突破西方历史社会学的主题与方法论范畴，也没有关注中国人自己的时间观念与时代大问题意识。

接下来，郭台辉教授以习近平总书记2021年10月9日在纪念辛亥革命110周年大会上的讲话文本为案例进行分析，意在说明如何将时间意识与主题意识带入政治学研究中。首先，郭教授分析了讲话的结构与逻辑，提出其分为总括、辛亥革命的历史意义、辛亥革命对建党的意义、辛亥革命对建国方略的意义以及中华民族未来统一的意义五个部分。郭教授指出，这一安排逻辑显示出了时间意识的回归。时间意识是指立足当下看辛亥革命，将这110年作为整体对待，将过去、现在和未来用一条线连接起来，强调辛亥革命这一事件对当今和未来的影响。这样的编排也将百年中国与更漫长的中华民族复兴关联起来。在此，郭教授以卡夫卡对时间关系的理解对中国政治的时间意识做了进一步的阐释。郭教授表示，时间就是权力，如何安排时间就说明权力怎么需要它。过去我们过于强调空间意义上的权力，现在需要强调时间意义上的权力，强化某个特定的时间点，并围绕其进行不同的叙事。过去、现在和未来是一种关系，按照不同方式组合可以产生不同的效果。例如按照线性关系编排，过去就可以为未来辩护，现在为未来做出辩护。但郭教授认为，三者之间更像是一种三角关系。这种三角关系意味着，现在是主动的，可以挑选有利于论证当下的历史。如果当下很弱，就会形成两派：一派强调过去的优先性和合理性，另一派更激进，转向强调未来。此时，过去和未来就在斗争。这意味着处于当下的我们有两个对手，一个来自出发点过去，另一个来自未来。如果当下很强，就会将过去和未来合成一条逻辑，形成线性。郭教授认为，学者最重要的是知道现在如何抓住过去，又如何规划未来，这将有助于跳出现在既有的叙事，看清叙事背后的意识形态和价值追求。由此,可以把时间作为认知,把本体带进研究中,而不是仅仅将其作为一种方法。

郭台辉教授指出,沿着这种思路分析讲话文本,就可以找出几个关键时段。文本中涉及的关键时段包括:中华文明5000年、1840年鸦片战争作为民族复兴征程的开启、辛亥革命以来110年作为民族复兴的丰碑、中共100年强调组织力量、新中国70年突出中国特色社会主义是正确道路和民族复兴新纪元,以及当今新时代10年则强调强起来与民族复兴的飞跃。通过这些关键时段,依靠中华民族作为联结时间段的主题,讲话文本将过去与未来链接起来,把社会主义、中国共产党、民族复兴的合理性纳入其中。此外,讲话文本还反映了一种大问题意识的回归。讲话文本以中华民族复兴作为大问题,而这一问题自孙中山开始就在讨论,文本中涉及的复兴、崛起与铸牢都在一个大问题中得到讨论,并因这一个大问题最终将时间串联起来。郭台辉教授指出,虽然存在中华民族复兴的大问题,但在不同的语境中存在不同的叙事方式,为此郭教授细致分析了与此大问题相关的四个命题及其时空意识。第一个命题是"中华民族伟大复兴",其背后存在"兴盛—衰败—重建—复兴"的循环史观与历史周期意识。第二个命题是"中华民族崛起",同样存在时空关联预设,"崛起"表明时间的过程状态与空间的中间地带已开始但未完成。第三个命题"中华民族屹立于世界民族之林"也存在空间预设,表明中华民族、世界与其他民族之间的共生关系。第四个命题"铸牢中华民族共同体意识"表明整体性与向心力。四个命题都将中华民族作为主流的叙事方式,但分别强调了时间、空间、观念与性质。通过该案例,郭台辉教授展示了如何将时间意识和大问题带入研究,以及如何处理大问题和时间之间的关联。

中国政治的现实已经体现了时间意识和大问题意识,学术研究应当如何利用?针对这一问题,郭台辉教授将历史和政治的三种维度(事实、观念与哲学)进行匹配,提出了以下八种利用历史资源的路径。第一种路径涉及政治事实(人物、言辞、活动、事件)与历史事实层面,关注书写什么历史,如兰克学派的政治史。第二种路径涉及政治事实与历史观念层面,关注选择什么政治事实进入历史的历史标准,如《伯罗奔尼撒战争史》。第三种路径涉及政治事实与历史哲学层面,关注什么构成政治事实,如马克思的阶级斗争史。第四种路径涉及政治观念与历史观念层面,关注某种政治意识在某个历史时刻、历史阶段与进程的表现或意义,如历史主义观念与共和理念之间的关系。第五种路径涉及政治观念与历史哲学层面,关注特定政治观念形态如何有助于过去通向未来,如黑格尔的国家观与历史哲学,马克思的共产主义与人类普遍历史。第六种路径涉及政治哲学与历史事实层面,关注论证某种政治信念永恒普遍的历史注脚。第七种路径涉及政治哲学与历史观念层面,关注政治哲学的永恒命题如何经受历史的冲刷、如何选择或结合特定的历史认知,如阿伦特《过去与未来之间》以古希腊循环史观反对基督教传统的进步史观。第八种路径涉及政治哲学与历史哲学层面,关注如何使形而上学的预设达成统一,如康德建构的"科学形而上学"以及黑格尔统一国家观念(伦理观念的现实)与绝对精神。

郭台辉教授认为,尽管中国政治学创新存在上述多种路径,但仍然面临两种历史观带来的困难。首先是强调阶段性的循环史观,其不仅在古希腊传统中有所体现,在中国传统的历史周期与轮回观念以及中华民族复兴意识中也存在。另一种是始于中世纪基督教神学时期的进步史观,其中以世俗进步史观的影响最为突出。世俗进步史观强调从过去到现在(归纳)的经验主义史学,强调从未来到现在(演绎)的理性主义史学以及强调从过去到未来(想象)的历史主义史学。郭台辉教授认为,整个现代世界都受到这三种传统的影响,现代化、进步论都是进步史观的表现。对于中国而言,实际上面临着中国传统的历史观念(因果轮回论、政体循环论)与近代以来接受的历史观念(进化论的影响)之间的两难抉择。最后,郭教授总结道,中国政治学在转向历史时应当思考两种史观的切换与选择,以实现历史书写与未来想象之间的逻辑自洽。面对此两难处境,不能只是在方法论层面重启历史资源,而需要在本体论与认识论层次处理好中华民族复兴与马克思主义之间的关系。在具体的研究层面,研究者在研究特定主题时,需要细致考察是什么史观在影响材料的选择与书写。

在接下来的讨论环节,主持人李辉教授首先对本次讲座进行了评议。李辉教授表示,现代政治学作为社会科学的一部分,在大部分情况下低估了时间的作用。政治学重视事件有没有发生、如何发生,但却没有重视时间的长短与顺序,郭教授讲座对时间意识的强调十分富有启发。此外,李辉教授还指出,郭台辉教授对于习近平总书记在10月9日纪念辛亥革命110周年大会上讲话的文本分析非常重要,从党如何看待历史的角度分析将会成为未来重要的议题。李辉教授还总结了三点本次讲座带给政治学研究的启发:第一,应对历史事实进行政治学的思考;第二,对于历史研究也要有政治学的思考;第三,当历史与政治相结合的时候,需要非常小心和谨慎,并进行严谨的政治学分析。

最后,郭台辉教授与在场师生共同讨论了对马克思主义时间观的理解、道家时间观在研究中的可借鉴性、创新的历史资源回归马克思主义的可能性以及历史中的稳定性四个问题。

(复旦大学国际关系与公共事务学院柯孜凝整理)

佟德志教授主讲"何为政治？中国共产党百年政治话语体系及其变迁"

2021年11月19日下午,由复旦大学陈树渠比较政治发展研究中心举办的年度主题演讲第12期在复旦大学文科楼615室成功举行。天津师范大学政治与行政学院院长、教育部长江学者特聘教授佟德志以"何为政治？中国共产党百年政治话语体系及其变迁"为主题,给在场师生带来了一场精彩的讲座。讲座由复旦大学国际关系与公共事务学院教授郭定平主持。参与本次讲座的有复旦大学国际关系与公共事务学院以及其他院系的学生。

讲座伊始,佟德志教授首先对研究主题进行了界定。佟德志教授指出,此项研究首先要在时间和空间层面作出界定,将时间限定在1921年至2021年的长时段中,并把空间限制在中国。在界定语料库时,将语料聚焦到领导人层次。佟德志教授指出,这是因为不同的主体对政治的界定都很不一样,非常复杂,但中国共产党对政治的理解是可以研究的,因为中国共产党党内的思想高度一致。对于研究中国共产党如何理解政治这一问题,尽管技术上可以实现全网抓取党员的观点,但实际操作非常繁杂,因此最后将研究主题确定在党的领导人层面。佟教授介绍道,该研究不仅建立了一个理解中国政治的一般性的概念模型,还通过在空间中加入时间,进行了历史变迁分析。

随后,佟德志教授对他的研究进行了具体的介绍。首先是关于语料库的选择,佟教授选择了涉及中国共产党领导人毛泽东、邓

佟德志教授主讲"何为政治?中国共产党百年政治话语体系及其变迁"

小平、江泽民、胡锦涛、习近平的二十卷著作。二十卷文本的编辑十分严谨,领导人使用的词汇保持了一致性。通过初步分析可以看到,这二十卷文本的参考点都在150以上,覆盖率达2%,因此,抓取二十卷文本中与政治有关的词汇是可靠的。

其次,佟教授对该研究的起点和三个基本假设进行了讨论。在研究策略上,佟教授采用了一二级语料的混合策略。在佟教授的文本分析中,一级语料库是二十卷领导人文集,二级语料库是通过筛选与"政治"有关的词语抽取出的语料库。这种将一二级语料库混合的方式可以使研究更加精确。由此带来的就是定性和定量结合的研究,通过定量实现对词频的捕捉,通过定性实现与政治学理论的结合。在文本分析的假设方面,该研究涉及文本假设、词频假设和共现假设三种。文本假设强调分析只对文本负责,通过文本捕捉规律,不对具体的动机进行分析;词频假设认为出现频率越多的词汇越重要;共现假设认为如果两个词经常一起出现,二者之间就具有联系,呈现出时空伴随。基于上述的方法和假设,佟教授的研究表明,经常与政治共同出现的词汇包括党、发展、人民、领导与民主等。

基于上述的文本分析,佟德志教授提出了一个政治概念模型,即政治就是"党领导人民,以民主的方式实现发展"。在这一模型中,党是最重要的主体。佟教授解释道,中国共产党的政治概念里,主体只有两个:一个是党,另一个是人民。在党的话语体系中,党和人民是不可分离的。模型中提到的发展则是中国共产党最主要的目标。通过比较美国的政治,佟教授指出中国创造了发展型政治,以政治的手段发展经济。而实现发展的方式,在佟教授看来与主体如何运用政治工具有关,这涉及两个层面。一方面这涉及党通过"领导"处理与人民的关系,另一方面也涉及人民通过"民主"来处理与党的关系。此外,佟教授还从时间的维度展示了历代领导人使用一些特定词汇的趋势,这表明了话语体系也在不断创新和融合。通过聚类分析，佟教授指出，由于不同时期面临不同的环境，存在不同的任务，也因此产生了不同的话语，这可以解释某些词汇出现的频率变化。最后，佟教授指出了该研究存在的两个创新点：第一，文本分析显示毛泽东对政治的理解与军事联系在一起。在与毛泽东有关的前十个词汇中，一半都与军事有关，涉及军队与政治的关系、军队与党的关系；第二，通过文本分析可以看出"全面"一词的覆盖率飞速跃升，到习近平新时代已经达到了0.13%，这表明在中国特色社会主义建设的新时代出现了新的发展。

随后，佟教授从定性的角度对上述分析中呈现的趋势进行了时间变迁的分析，提炼出中国共产党领导人对中国政治的理解随着时间变化的特征。革命时期对政治的理解强调军事政治。革命时期的中国共产党人深刻认识到，"枪杆子里面出政权"。通过与西方军政关系的对比，佟教授指出，中国创造性地提出了"军事民主"的观念，在军队里实行民主。改革初创时期对政治的理解强调经济政治，通过对中印发展的比较，佟教授指出，这时期中国政治的最大特征就是用政治发展经济。此外，中国政治还体现出三种演进转向。首先是由革命向改革转型。革命的词频下降，有关革命的内容也有所减少。其次是法治的加强。这体现了依法治国的国家治理方式，也体现出改革和法治深入人心。最后是制度化得到了加强。制度化的加强符合市场经济的要求。

最后，佟德志教授总结道，通过上述的文本分析，可以从语义上发现"党领导人民，以民主的方式实现发展"这一独特的政治话语。中国政治的演进特征表现在革命转向改革、法治和制度化得到加强，这涉及革命时期的军事政治、改革初创时期的经济政治以及改革深化的全面政治三个发展阶段。其中存在一种复合结构，具体表现为关系复合、领域复合以及工具复合。

讲座的讨论环节，主持人郭定平教授首先对本次讲座进行评佟德志教授主讲"何为政治？中国共产党百年政治话语体系及其变迁"

议。郭定平教授指出，本次讲座，既是一堂理论课、方法课，又是一堂思想政治课，十分深刻。围绕什么是政治、怎样理解政治、怎么做政治学研究、怎么做好的政治学研究等内容，佟德志教授做了非常全面深刻、高屋建瓴、细致入微的讲座，令人获益匪浅。随后，佟德志教授又与在场师生就文本分析的技术性问题进行更深入的交流和讨论。

(复旦大学国际关系与公共事务学院柯孜凝整理)

卢先堃教授主讲"世贸组织改革"

2021年12月16日晚,由复旦大学陈树渠比较政治发展研究中心主办的年度主题演讲第13期在线上成功举办,吸引近百人参与。中国驻世贸组织前参赞、瑞士日内瓦莱科咨询中心主任卢先堃教授以"世贸组织改革"为主题,给师生们带来了一场精彩的讲座。讲座由复旦大学国际关系与公共事务学院朱杰进教授主持。

讲座伊始,卢先堃教授首先提出了本次讲座的核心问题:中国加入世贸组织(以下简称WTO)二十年来改变了中国的命运,当前正面临WTO的改革,中国又该如何应对?围绕着这一问题,卢先堃教授在讲座中深入探讨了中国、美国和WTO的互动关系。

在"全球化的演变和美国"部分,卢先堃教授首先简要回顾了WTO的历史及其法律框架。由于"Smoot-Hawley Tariff Act"这一违反了经济规律的法案出台,从美国到欧洲,全世界的贸易壁垒增加,经济大萧条出现。各国开始反思,需要以国际合作促进相互往来,解决分歧和争端。WTO的前身关贸总协定(GATT)就是在此背景下成立的,与世界银行、国际货币基金组织共同构成了布雷顿森林体系。关贸总协定框架下,成员国进行了数轮多边贸易谈判,前五轮旨在实现降低关税,后三轮则是解决遗留问题。在1986年至1994年的乌拉圭回合谈判中,服务贸易、知识产权、争端解决、纺织品与服装、农产品都被纳入其中,并最终于1994年在马拉喀什签署建立WTO的协议,1995年1月协议生效,WTO建立。WTO协定是一个引领性协定,其下存在四个附件,在这个法律框架下形成了WTO的运行体制。最高运行体制是部长级会议,是最高决策机构。在此之下,有总理事会负责日常决策。在此之下,每一个协定会对应一个理事会或委员会。总之,在这一法律框架下,WTO有效地建立起了一个框架:首先由各成员参与这些委员会共同讨论问题,然后再启动谈判。

尽管美国在WTO的历史上发挥了重要作用,但金融危机之下美国的作用发生了变化。卢先堃教授将这一变化归纳为"东升西降和南北差异并存"。中国、印度、巴西等新兴经济体以及发展中国家,在全球的政治和经济尤其经贸领域,实力不断上升,发达国家无论是在经济还是在贸易方面所占比重逐步下降。此外,国内治理上的偏差也加剧了这一态势。相关管理体制不完善的情况下,政府"有形的手"缺位。在选举体制下这些问题被进一步放大,出现了逆全球化现象。

接着,卢先堃教授指出了特朗普时代的美国行为对WTO的影响。首先是特朗普"退群"行为对全球经济的影响。其次,美国还阻挠WTO在总干事与上诉机构方面进行正常的人员竞选。其中,上诉机构涉及WTO的争端解决机制。在"两层系统"的争端解决机制下,对专家组裁决不满意的成员可以上诉到上诉机构进行仲裁,由上诉机构的三名成员同时审议。然而,由于美国反对任何新的遴选程序,正值换届的上诉机构成员从七个减少到了一个,无法承担审议的职责,导致上诉机构无法正常运转,只剩下专家组还在运转。这一方面导致了大量悬而未决的案子存在,另一方面也可能被败诉的成员加以利用。从2019年底开始,相关机构最终停摆,12个案子始终悬而未决,给WTO带来了极大的混乱。

随后,卢先堃教授进入"全球化与中国"的讨论。卢先堃教授指出,中国加入WTO后,经历了从规则接受者到参与者的角色转换。经过三四年的磨炼,从2005年开始,中国活跃于各议题的谈判中。在此,卢先堃教授结合中国在WTO提出的第一份文件"8

号文件"进行了阐述。随着经济全球化和全球价值链的布局,东升西降的趋势明显加强,中国和新兴经济体崛起。中国发起了由发展中国家牵头的亚投行,提出人类命运共同体的概念、"一带一路"倡议,建立与拉美国家、中东国家、非洲国家等一系列的合作机制。中国角色发生了改变,成了全球治理的引领者、公共品的提供者,在此情况下,中美关系出现了变化。

中美关系的变化与WTO改革的影响存在关联。卢先堃教授首先从"中美体制性竞争和经贸关系深度调整期"的角度讨论了当前的中美关系。卢先堃教授指出,中美关系的核心问题是政治制度和模式之争。中美综合实力的此消彼长,再加上双方政治经济制度和发展模式的不同,给双边关系带来了一些新内涵和要素,双边经贸关系进入一个深度调整期。卢先堃教授认为,即便是在拜登政府治下,经贸关系上也是继承大于调整。美国继续保留对中国的关税,继续相关协议的谈判,继续把中国定义为战略上的竞争对手,不过,拜登政府回归谈判和多边,比特朗普不参与更好一些。实际上,在对中国的期待上,美国存在一种所谓"推广民主价值观"的传教士思维。克林顿和小布什的讲话以及基辛格的《论中国》都体现出希望能够通过推动中国加入WTO,融入全球经济和全球经贸规则体系,带来中国社会乃至政治上的一些变革。卢先堃教授指出,在这种观点下,"变"是指中国改革开放还在继续,"不变"是中国的体制和社会政策方面没有发生他们所期望的变化,由此使得美国国内存在"美国犯的最大错误就是让中国加入WTO"这种说法。

接下来,卢先堃教授将上述问题纳入WTO改革的问题中进行分析。全球贸易和投资不断的演变,电子商务发展、全球投资带来全世界的蓬勃发展,这需要制定新的规则来规范新的贸易。但是WTO迟迟未能做到这一点。WTO规则还停留在1986—1994年的乌拉圭回合时代,不能适应适合21世纪全球经贸治理的需求。具体而言,卢先堃教授认为WTO面临着以下几个方面的挑战,包括协商一致、一揽子协议、发展中国家地位及特殊和差别待遇、透明度和监督机制、争端解决机制(包括上诉机构)、谈判和新规则的制定、"非市场经济"的政策和做法。

目前,许多机构和成员都针对WTO的三大支柱提出了有关改革的提案。卢先堃教授介绍了其参与的德国贝塔斯曼报告所提出的WTO改革提案,指出其中的关键有二:一方面要解决中美等主要成员之间的战略和地缘政治冲突,另一方面要支持开放的多边主义,允许成员有不同的前进速度。在此基础上,卢先堃教授进一步总结了当前有关WTO改革提案中的主要内容。在监督层面,应加强透明度,督促各成员国履行通报义务,否则实施惩罚机制;同时给予WTO秘书处更多权限,包括自发加强研究并出具报告等。在谈判层面,改进谈判模式,通过多边方式探索新议题谈判;重新定义"发展中国家地位",发展中大国应主动放弃"特殊和差别待遇"等。在争端层面,尽快重启上诉机构成员的遴选程序,恢复上诉机构以及争端解决机制的运作;应全面谈判,重新审查争端解决机制的"初心"。此外,中国在WTO改革方面也有自己的立场。中国在承认WTO存在不完善之处的基础上,赞同WTO应与时俱进,进行改革。中国也愿意做更多贡献,但不会放弃发展中国家地位或特殊差别待遇。WTO改革也不能异化为"中国改革",不能只涉及产业补贴问题。中国认为WTO改革应更具包容性,各成员平等参与,充分听取各方尤其是发展中国家意见。

最后,卢先堃教授指出,WTO的改革不是中国改革。但在WTO改革上涉及四个层面与中国相关的问题。在认知层面,涉及中国与WTO的关系究竟如何的问题。在地位层面,涉及中国到底是发达国家还是发展中国家的问题。在体制层面,涉及中国是市场经济国家还是非市场经济国家的问题。在改革层面,涉及中国自身的改革开放如何走的问题。卢先堃教授强调,WTO或任何联合国体制都不可能解决国家体制的问题,这个必须由国家自己来进行。针对中国改革的问题,卢先堃教授指出,中国改革应该解决体制所带来的外溢效应问题,需要制定规则解决国有企业的运作方式问题。

最后,卢先堃教授就如何降低体制的外溢效应等问题与师生们进行了更深入的交流和讨论。

(复旦大学国际关系与公共事务学院柯孜凝整理)

图书在版编目(CIP)数据

西方政党政治与民主危机/郭定平主编. —上海：复旦大学出版社，2023.7
(比较政治发展研究丛书)
ISBN 978-7-309-16581-4

Ⅰ.①西… Ⅱ.①郭… Ⅲ.①政党-政治制度-研究-西方国家②民主-研究-西方国家 Ⅳ.①D564②D082

中国版本图书馆 CIP 数据核字(2022)第 201475 号

西方政党政治与民主危机
郭定平　主编
责任编辑/邬红伟

复旦大学出版社有限公司出版发行
上海市国权路 579 号　邮编：200433
网址：fupnet@ fudanpress.com　http://www.fudanpress.com
门市零售：86-21-65102580　团体订购：86-21-65104505
出版部电话：86-21-65642845
上海盛通时代印刷有限公司

开本 890×1240　1/32　印张 10　字数 251 千
2023 年 7 月第 1 版
2023 年 7 月第 1 版第 1 次印刷

ISBN 978-7-309-16581-4/D·1142
定价：65.00 元

如有印装质量问题,请向复旦大学出版社有限公司出版部调换。
版权所有　侵权必究